福澤諭吉著作集

第1巻

西洋事情

慶應義塾
大学出版会

福澤諭吉　1862（文久2）年　パリにて

慶應義塾福澤研究センター蔵

『西洋事情初編』初版本　巻之一　扉絵

1866（慶応 2）年　　　　　　　　　慶應義塾福澤研究センター蔵

『西洋事情初編』初版本　巻之一　扉絵

1866（慶応 2）年　慶應義塾福澤研究センター蔵

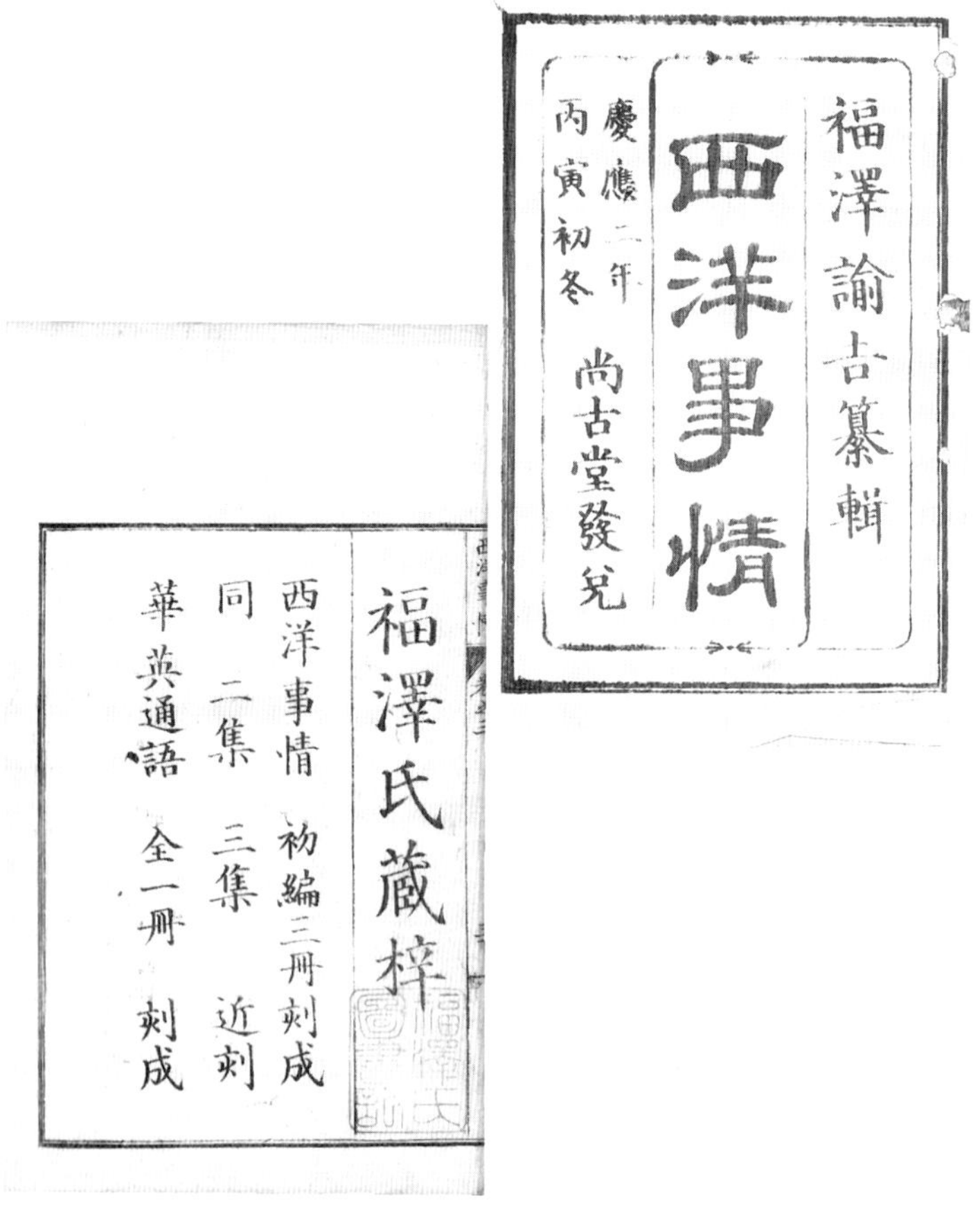
福澤諭吉纂輯
西洋事情
慶應二年
丙寅初冬
尚古堂發兌

福澤氏藏梓
西洋事情　初編三冊刻成
同　二集　三集　近刻
華英通語　全一冊　刻成

『西洋事情初編』初版本　巻之一　見返し、巻之三　広告
1866（慶応 2）年　慶應義塾福澤研究センター蔵

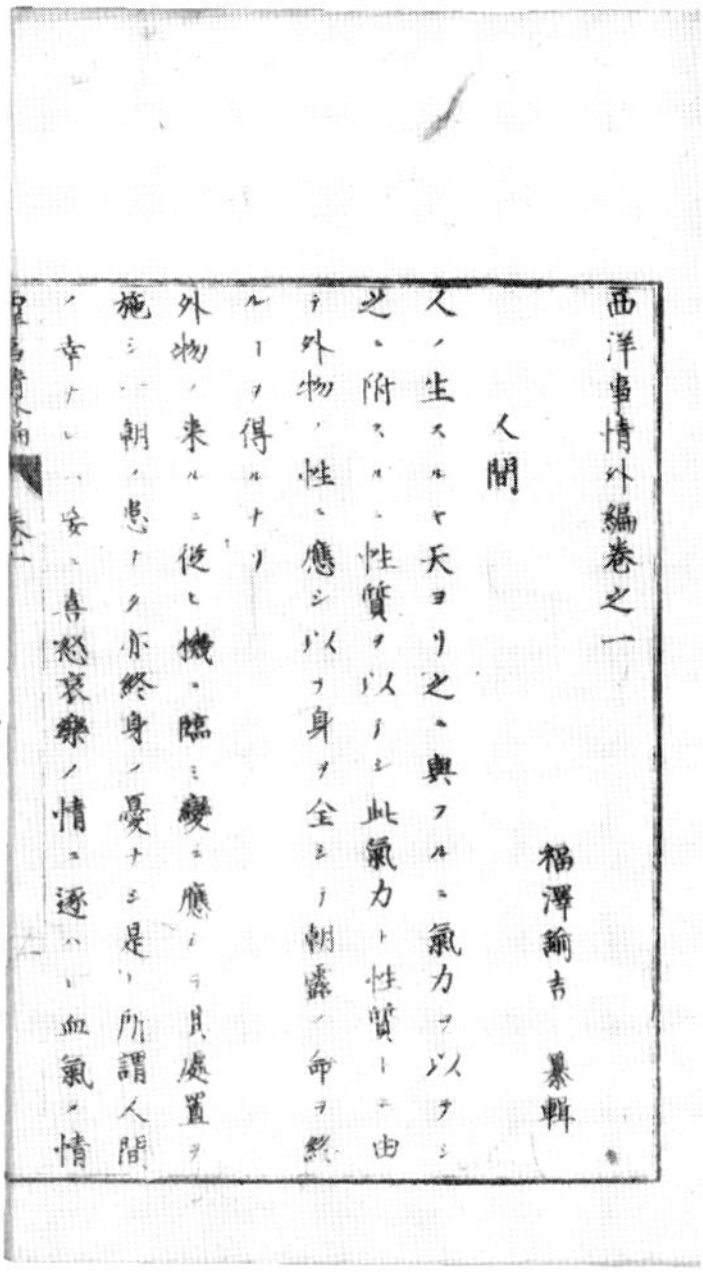

西洋事情外編巻之一

福澤諭吉　纂輯

人間

人ノ生スルヤ天ヨリ之ニ與フルニ氣力ヲ以テシ之ニ附スルニ性質ヲ以テシ此氣力ト性質トニ由テ外物ノ性ニ應シ以テ身ヲ全フシ以テ朝露ノ命ヲ終ルヿヲ得ルナリ外物ノ来ルニ從ヒ機ニ臨ミ變ニ應シテ其處置ヲ施シ一朝ノ患ナク亦終身ノ憂ナシ是レ所謂人間ノ幸ナレハ妄ニ喜怒哀樂ノ情ニ逐ハレ血氣ノ情

西洋事情外編　巻一

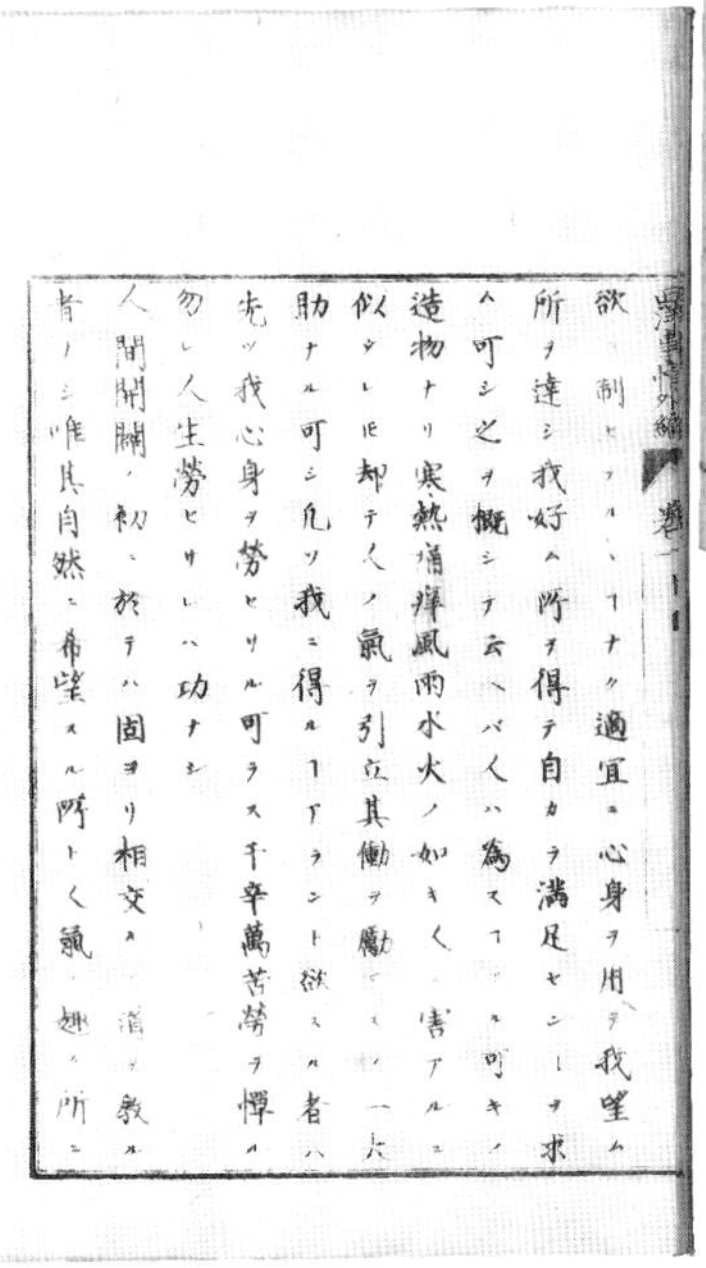

欲ニ制セラルヽヿナク適宜ニ心身ヲ用ヒテ我望ム所ヲ達シ我好ム所ヲ得テ自カラ満足センヿヲ求ム可シ之ヲ概シテ云ヘバ人ハ為スヿル可キノ造物ナリ寒熱痛痒風雨水火ノ如キハ害アルニ似タレトモ却テ人ノ氣ヲ引立其働ヲ勵マスノ一大助ナル可シ凡ソ我ニ得ルヿアランと欲スル者ハ先ツ我心身ヲ勞セザル可ラス千辛萬苦勞ヲ憚ル勿レ人生勞セザレハ功ナシ

人間開闢ノ初ニ於テハ固ヨリ相交ルノ道ヲ教ル者ナシ唯其自然ニ希望スル所ト氣ノ趣ク所ニ

西洋事情外編　巻一

『西洋事情外編』初版本　巻之一　本文

1868（慶応 4）年　　慶應義塾福澤研究センター蔵

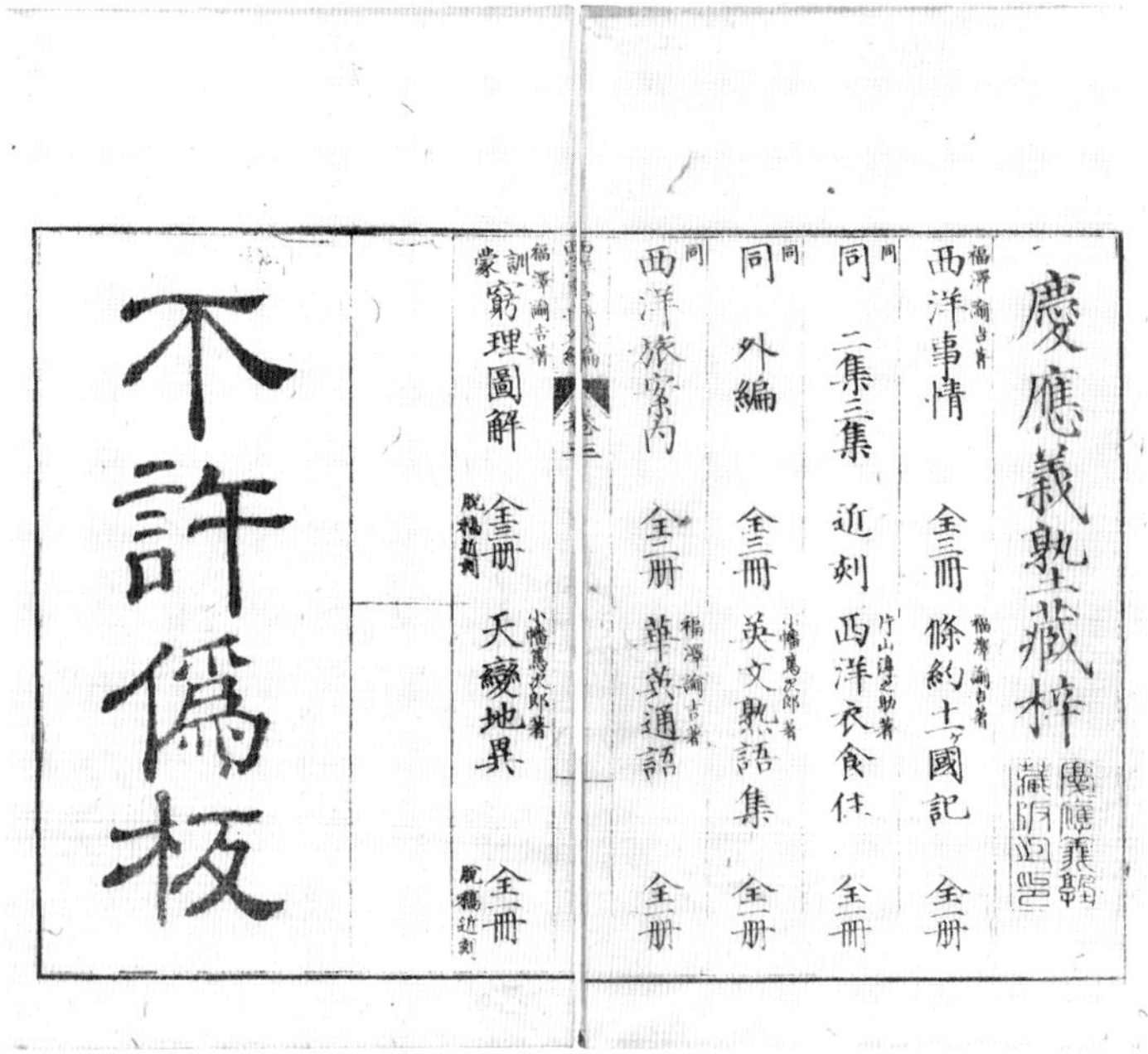
慶應義塾藏梓

慶應義塾藏版之印

福澤諭吉著 西洋事情 全三冊
福澤諭吉著 條約十一國記 全一冊
同 二集三集 近刻
片山淳之助著 西洋衣食住 全一冊
同 外編 全三冊
小幡篤次郎著 英文熟語集 全一冊
同 西洋旅案内 全二冊
福澤諭吉著 華英通語 全一冊
福澤諭吉著 訓蒙窮理圖解 全三冊 脱稿近刻
小幡篤次郎著 天變地異 全一冊 脱稿近刻

西洋事情外編 巻三

不許僞板

『西洋事情外編』初版本　巻之三　広告

1868（慶応 4）年　　慶應義塾福澤研究センター蔵

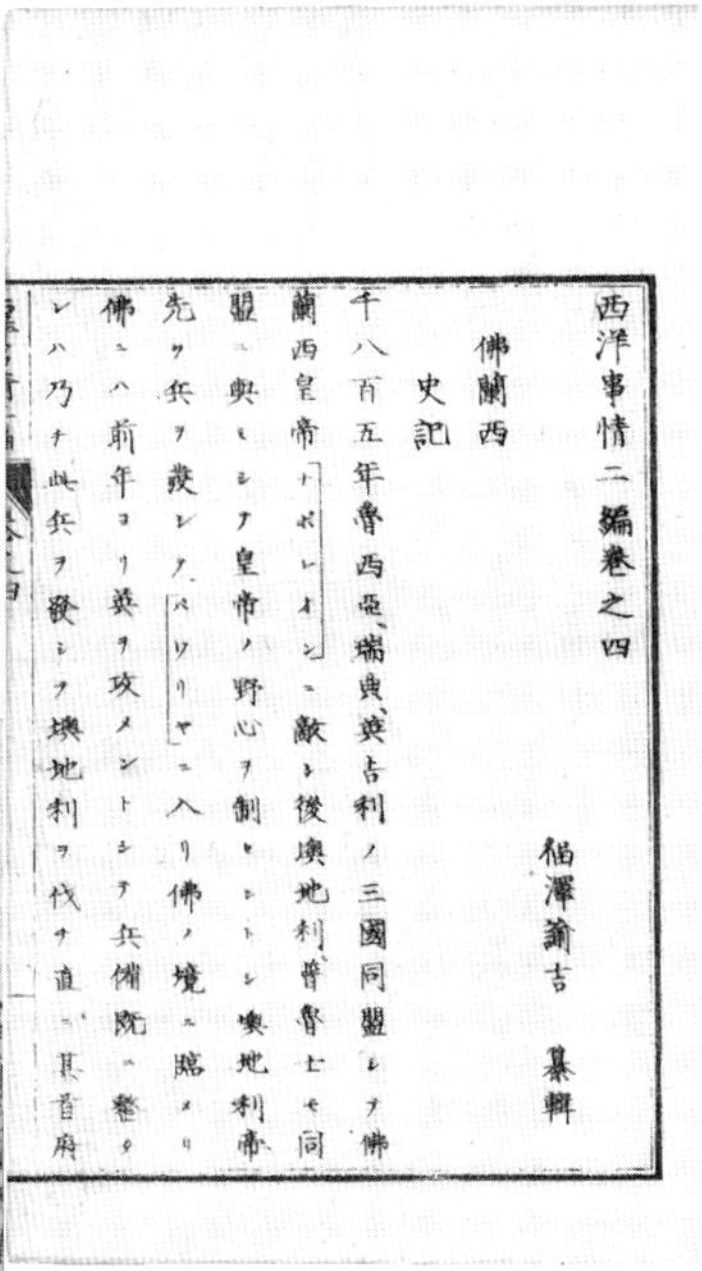

西洋事情二編巻之四

福澤諭吉　纂輯

佛蘭西

史記

千八百五年魯西亞、瑞典、英吉利ノ三國同盟シテ佛蘭西皇帝「ナポレオン」ニ敵ス後墺地利普魯士モ同盟ニ與ミシテ皇帝ノ野心ヲ制セントス墺地利帝先ツ兵ヲ發シテ「バヷリヤ」ニ入リ佛ノ境ニ臨メリ佛ニハ前年ヨリ英ヲ攻メントシテ兵備既ニ整タレハ乃チ此兵ヲ發シテ墺地利ヲ伐チ直ニ其首府

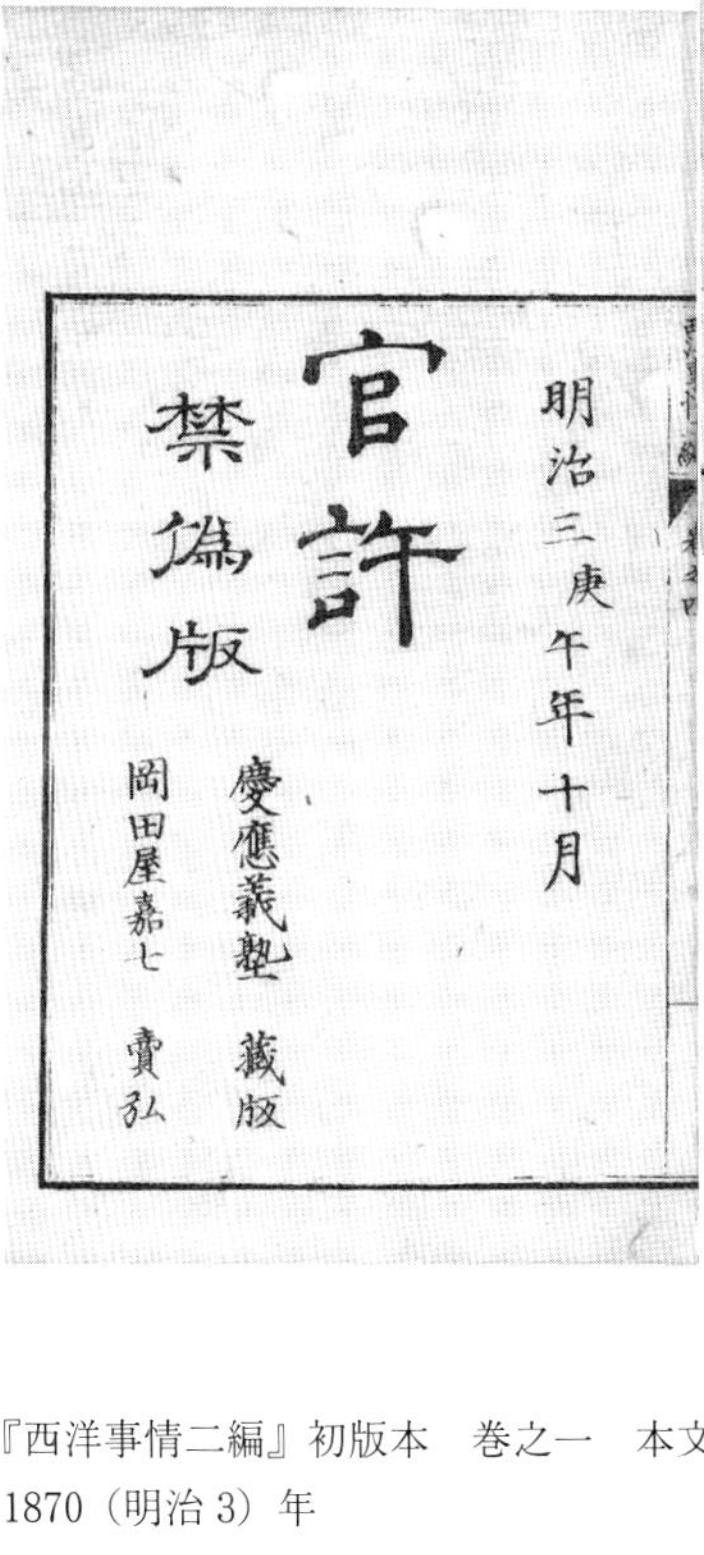

官許

禁偽版

明治三庚午年十月

慶應義塾　藏版

岡田屋嘉七　賣弘

『西洋事情二編』初版本　巻之一　本文、巻之三　奥付

1870（明治3）年　　慶應義塾福澤研究センター蔵

幕府軍艦受取委員の一行（右端が福澤諭吉）

1867（慶応3）年　ワシントンにて　　慶應義塾福澤研究センター蔵

福澤諭吉著作集　第1巻　西洋事情

凡　例

Ⅰ　本著作集各巻の収録著作は、本著作集編集委員会と各巻編者との協議の上、選択、決定した。

Ⅱ　本著作集は、現代の読者のために読みやすい本文を提供することをめざした。

本巻編集方針

一、底本について

①底本には福澤諭吉生前の最終版本である『福澤全集』(一八九八〔明治三十一〕年、時事新報社)を使用し、『西洋事情(初編)』再刻本(一八七〇〔明治三〕年)、『西洋事情外編』初版本(一八六八〔慶応四〕年)、『西洋事情二編』初版本(一八七〇〔明治三〕年)の各版本等を参考にして本文を作成した。

②底本における明らかな誤字、脱字・衍字は別本（参考諸版本）に従って訂正した。

③別本にはあるが底本にはない語句や文については、別本に従った方が文意が明確になると思われる場合に限り、その部分を〔　〕に入れて補った。

［例］　狐疑する〔所ある〕が故なり　　出師に〔於て〕魯の将軍

④底本・別本ともに文意からみて誤った文字が用いられていると判断される場合、また通常行われていない当て字が用いられている場合は、正しいと思われる文字、現在通行の文字を〔　〕に入れて示した。

［例］　賀吊〔弔〕　孳々伋〔汲〕々　大〔太〕陽暦　卒〔率〕い

⑤底本には片かな表記の外国の人名・地名に傍線（人名は右側、地名は左側）が施されているが、これはそのまま残した。

［例］　ワット　ステフェンソン　ロンドン　ニューヨルク

⑥清音および濁音表記については現在通行のものに従った。

⑦底本には若干の句読点が施されているのみだが、現代の読者の読みやすさに配慮し、新たに句読点を施した。

⑧改行は底本に従ったが、読者の読みやすさに配慮し、若干の改行を新たに行った。

二、漢字について

①漢字は一部の固有名詞（福澤、慶應義塾など）を除き、常用漢字表、人名漢字表にあるものはすべてその字体に改め、それ以外の漢字については表外漢字字体表の印刷標準字体に改めた。また、右のいずれにも属さないものについては、底本の表記に従ったが、俗字・異体字は現在通行の字体に改めた。

②左に示した頻出する漢字表記の代名詞・助詞・助動詞を平がな表記に改めた。

［例］　其→その　此→この　乎→か　歟→か　可し→べし

三、かな遣いについて

①かな遣いは現代かな遣いに改めた。また、外国語・外来語のうち片かな表記のものは底本の表記に従った。

②おどり字（ヽ、ゝ）は底本の表記に従ったが、「〻」が使用されている場合は「ゝ」または「ゞ」に改めた。

③送りがなは底本の表記に従い、一定の基準による統一は行わなかった。

四、振りがなについて

①底本にある振りがなは現代かな遣いに改め、原則としてこれを残した。また、読みにく

い語句や、読み誤るおそれがある語句については、新たに現代かな遣いによる振りがなを施した。

②漢字表記の外国の地名には、新たに現在通行の読み方による片かなの振りがなを施した。

③振りがなは原則として見開き頁の初出語句に付した。

五、語注について

①現代では理解しにくい語句や、福澤に特徴的な用法の語句などには語注を施し、見開き頁の奇数頁ごとに配した。

六、索引について

①読者の便を考え、巻末に事項索引と固有名詞索引を付した。

七、差別的表現について

①本文中に、差別的と考えられる不適切な語句や表現が用いられている場合があるが、著作のもつ歴史的性格を考えて、そのままとした。

＊『西洋事情外編』は巻之一の見返しに「慶応三年丁卯季冬　尚古堂発兌」とあるが、巻之三の末尾には「慶應義塾蔵梓」とあること等から、実際の刊行は慶應義塾の名称が成立した慶応四年四月以降のことであったと推定される。

目次

西洋事情　外編……79

『西洋事情　初編』および『西洋事情　二編』は抄録である。目次には収録した項目のみを掲げ、省略した項目については各編冒頭の目録の当該項目の末尾に［略］と記した。

西洋事情　初編（抄）

西洋事情目録

初編

巻之一

文学技術
学校
新聞紙
文庫
病院
貧院
唖院
盲院
癲院
痴児院
博物館
博覧会
蒸気機関
蒸気船
蒸気車

伝信機
瓦斯燈
附　録

巻之二
合衆国
史　記〔独立宣言訳を含む〕
政　治〔略〕
海陸軍〔略〕
銭貨出納〔略〕
荷　蘭
史　記〔略〕
政　治〔略〕
海陸軍〔略〕
銭貨出納〔略〕
巻之三

編者注　巻之二、合衆国の政治以下および巻之三は割愛。その理由は紙数の制約、ならびに外編、二編の記載との兼ね合いによる（巻末の「三ヵ国「史記」ノート」を参照）。

英国

史記〔略〕

政治〔略〕

海陸軍〔略〕

銭貨出納〔略〕

附録〔略〕

二編

巻之四

魯西亜

史記

政治

海陸軍

銭貨出納

巻之五

編者注　上掲の二編の目録は、初編刊行時点（慶応二〔一八六六〕年）における予定目録であったが、実際はこのとおりにはならなかった。その経緯は外編題言、二編例言・目録に述べられている。

海　陸　軍

銭貨出納

西洋事情　初編　巻之一

小引

○洋籍の我邦に舶来するや日既《すで》に久し。その翻訳を経るもの亦尠《またすくな》からず。然《しか》して窮理《きゅうり》[1]、地理、兵法[2]、航海術等の諸学、日に闢《ひら》け月に明《あきらか》にして、我文明の治《ち》を助け武備の闕《けつ》を補うもの、その益豈《えきあに》亦大ならずや。然りと雖《いえ》ども余《よ》窃《ひそか》に謂《おもえ》らく、独《ひと》り洋外の文学技芸[3]を講窮[4]するのみにて、その各国の政治風俗如何《いかん》を詳《つまびらか》にせざれば、仮令《たと》いその学芸を得たりとも、その経国[5]の本《もと》に反《かえ》らざるを以《もっ》て、啻《ただ》に実用に益なきのみならず、却《かえっ》て害を招《まねか》んも亦計るべからず。抑々《そもそも》各国の政治風俗を観《み》るにはその歴史を読むに若《し》くものなし。然れども世人、夫《そ》の地理以下の諸学に於《おい》てその速成を欲するが為《た》めに、或《あるい》は之《これ》を読むもの甚稀《はなはだまれ》なり。実に学者の欠典と云《い》うべし。余、頃《けい》日《じつ》[6]、英亜開版[7]の歴史地理誌数本を閲《けみ》し、中に就《つい》て西洋列国の条を抄訳し、毎条必ずその要を掲て史記、政治、海陸軍、銭貨出納の四目と為《な》し、即《すなわ》ち史記以て時勢の沿革を顕《あら》わし、政治以て国体の得失を明《あきらか》にし、海陸軍以て武備の強弱を知り、銭貨出納以て政府の貧富を示す。蓋《けだ》しこの四者既に世人の眼目に触れれば、これに由《より》て略々《ほぼ》外国の形勢情実を了解し、果して彼の敵視すべきものかその友視すべきものかを弁別し[8]、友は則《すなわ》ち之に交わるに文明を以てし、敵は則ち之に接するに武経[9]を以てし、文武の両用その所を錯《あやま》ることなきに庶幾《ちかか》らんか。此《こ》れ余が是《この》挙の目的とする所なり。徒《いたずら》に世間海防家[10]の口吻《こうふん》に云えるが如《ごと》き、彼を知て後に彼を伐《う》たんとするのみの趣旨には非《あ》らざるなり。

○書中、本邦と通信の国[11]を先にする所以《ゆえん》は、唯《ただ》その近きに取るの趣意のみ。尚《な》おその他諸国の条も次《つい》で翻訳に及ぶべし。

○本編の翻訳は今茲《ことし》三月より公務の暇、業を起し、六月下旬に至り初編初て稿を脱せり。これを校正するに及《および》て、或人《あるひと》余に謂《い》える者あり。この書、可は則ち可なりと雖《いえど》も、文体或は正雅[12]ならざるに似たり。願くは之を漢儒某先生に謀《はかり》て正刪《せいさん》[13]を加えれば、更に一層の善美を尽して永世の宝鑑とするに足るべしと。余笑て云《いわ》く、否《しか》らず。洋書を訳するに唯華藻文雅《かそうぶんが》[14]に注意するは大に

1 **窮理**　窮理学。物理、化学、医学、動植物学等の総称。究理とも書く。　2 **兵法**　戦の仕方。用兵と戦法。　3 **文学技芸**　学問、技術。　4 **講窮**　研究。　5 **経国**　国を治めること。　6 **頃日**　このごろ。日ごろ。　7 **英亜開版**　英国（イギリス）と亜米利加（アメリカ）での出版。　8 **弁別す**　見分ける。識別する。　9 **武経**　兵法の書。　10 **海防家**　海の守りを固くして外国船を撃ち払おうと主張する人。攘夷派。　11 **通信の国**　交流のある国。　12 **正雅**　正確で優雅。　13 **正刪**　文章の表現を正したり削ったりすること。　14 **華藻文雅**　技巧を凝らした華やかで優雅な文。

翻訳の趣意に戻《もど》れり[1]。乃《すなわ》ちこの編、文章の体裁を飾らず勉《つと》めて俗語を用いたるも、只《ただ》達意を以《もっ》て主とするが為《た》めなり。然《しか》るに今之《これ》を某先生に謀《はか》るも、徒《いたずら》に難字を用い、読者をして困却せしむるの外《ほか》、決して他事なかるべし。加之《しかのみならず》漢儒者流が頑僻固陋《がんぺきころう》[2]の鄙見《ひけん》[3]を以て原書の情実を誤《あやまり》認《したた》むるも亦図《またはか》るべからず。是《これ》余が甚《はなは》だ欲せざる所なり。且方今《かつほうこん》[4]文運隆盛、世人洋籍を学ぶもの一日一日より多し。蓋《けだ》し数年の後は人皆原文を解し、この編の如《ごと》きも亦牖下覆甕《ゆうかふくおう》の故紙[5]とならんこと必せり。又余が本志と雖《いえど》も、敢《あえ》て不朽を計るに非《あ》らず、畢竟唯《ひっきょうただ》一時新聞紙の代用に供するのみ。故に浅日《せんじつ》急成し、疎漏杜撰《そろうずさん》[6]の罪遁《のが》るゝに所なしと雖も、読者冀《ねがわ》くは余が意を体し、文字に拘泥《こうでい》せずして主意の大概を失うことなくば則《すなわ》ち幸《さいわい》甚《はなはだ》し。

○書中各国の条に掲載せる四目は、唯その一国に限る所の事件[7]とす。然れども亦、その西洋一般普通の制度風俗ありて、我国俗と異なるもの多し。今その大概を左に条挙件説して本編の備考と為《な》す。乃ちこの条は去る文久辛酉《かのととり》の年[8]、余が欧羅巴《ヨーロッパ》に航して現に聞見せし所のものを手録し、傍ら経済論等の諸書を引て編輯するものなり。但《ただ》し吾欧羅巴の旅行と雖も僅《わず》か期年[9]を踰《こ》えざれば、固《もと》より一時の観光のみにて、詳《つまびらか》に彼《かの》国の事情を探索するに暇あらず。故に又伝聞の誤謬《ごびゅう》、事件の遺漏《いろう》なきこと能《あた》わず。是《こ》の如きは唯後来《こうらい》博雅[10]の訂正を待つのみ。

慶応二年丙寅《ひのえとら》七月

福澤諭吉　誌

1 **戻る**　反する。 2 **頑僻固陋**　ものの見方、考え方が狭く頑固なこと。 3 **鄙見**　卑見。取るに足りない意見。自分の意見の謙称。 4 **方今**　現在。 5 **牖下覆甕の故紙**　窓の下に並べてある酒がめのふたになる、転じて著書が時勢にあわなくなり流行しなくなって反古紙になること。自分の詩文・著述を謙遜していう言葉。 6 **疎漏杜撰**　粗雑。いい加減。 7 **事件**　ことがら。 8 **文久辛酉の年**　文久元（一八六一）年 9 **期年**　満一ヵ年。一周年。 10 **博雅**　広く物事を知っていること。また、その人。博識。

備考

政治

○政治に三様あり。曰《いわ》く立君《モナルキ》礼楽《れいがく》征伐[1]一君より出《い》ず。曰く貴族合議《アリストカラシ》国内の貴族名家相集て国政を行う。曰く共和政治《レポブリック》門地貴賤を論ぜず人望の属する者を立て丶主長となし国民一般と協議して政《まつりごと》を為《な》す。又立君の政治に二様の区別あり。唯《ただ》国君一人の意に随《したがっ》て事を行うものを立君独裁《デスポット》と云《い》う。魯西亜《ロシア》、支那等の如《ごと》き政治、是《これ》なり。国に二王なしと雖《いえど》も一定の国律ありて君の権威を抑制する者を立君定律《コンスチチューショナル・モナルキ》と云う。現今欧羅巴《ヨーロッパ》の諸国この制度を用ゆるもの多し。○斯《かく》の如く三様の政治各《おのおの》その趣《おもむき》を異にすれども、一国の政に之《これ》を兼用するものあり。即《すなわ》ち英国の如き、血統の君を立て、王命を以《もっ》て国内に号令するは立君の体裁なり。国内の貴族、上院に会して事を議するは貴族会議[2]の政治なり。門閥を問わず人望の属する者を選挙して下院を建つるは共和政治なり。故に英国の政治は三様の政治を混同せる一種無類の制度なり。又立君独裁と称する政治にても、事実に於《おい》て生殺与奪[3]の権を一人の手に執《と》るものなし。魯西亜皇帝の如き人民の之を尊仰すること神の如しと雖も、尚《な》お一人の私意を以て国政を専らにすること能《あた》わず。又共和政治と雖も或《あるい》は有名無実なるものあり。千八百四十八年、仏蘭西《フランス》の共和政治[4]はその法律の苛酷なること、当時立君独裁と称したる墺地利《オーストリア》よりも尚お甚《はなは》だし。純粋の共和政治にて、事実人民の名代人《みようだいにん》[5]なる者相会して国政を議し、毫《ごう》[6]も私なきは亜米利加《アメリカ》合衆国を以て最とす。亜米利加は建国以来既《すで》に百年に近しと雖も、嘗《かつ》て国法の破れたることなし。

○欧羅巴政学家[7]の説に、凡《およ》そ文明の政治と称するものには六ヶ条の要訣ありと云えり。即ち左の如し。

第一条　自主任意」国法寛にして人を束縛せず、人々自《みず》からその所好《このむところ》を為し、士を好むものは士となり、農を好むものは農となり、士農工商の間に少しも区別を立てず、固《もと》より門閥を論

1 **礼楽征伐**　適正な秩序を維持するための礼法・文化と、軍備体制。2 **貴族会議**　貴族合議に同じ。3 **生殺与奪**　思いのままに生かしたり、殺したりすること。4 **千八百四十八年、仏蘭西の共和政治**　二月革命後の第二共和政のことで、ルイ・ナポレオンが圧倒的多数で大統領に選出された。ただし、福澤は一七九二年の八月革命後の恐怖政治と年紀を取り違えていると思われる。この点については、外編巻之二冒頭の注6を参照（本書一三三頁）。5 **名代人**　代表者。6 **毫も**　少しも。7 **政学家**　本書三五一頁の「解説」注（6）参照。

ずることなく、朝廷の位を以《もっ》て人を軽蔑せず、上下貴賤各々その所を得て、毫《ごう》も他人の自由を妨げずして、天稟《てんぴん》[1]の才力を伸べしむるを趣旨とす。但《ただ》し貴賤の別は、公務に当《あたり》て朝廷の位を尊ぶのみ。その他は四民の別なく、字を知り理を弁じ心を労するものを君子として之《これ》を重んじ、文字を知らずして力役《りきえき》[2]するものを小人とするのみ。本文、自主任意、自由の字は、我儘放蕩にて国法をも恐れずとの義に非らず。総てその国に居り人と交て気兼ね遠慮なく自力丈け存分のことをなすべしとの趣意なり。英語に之を「フリードム」又は「リベルチ」と云う。未だ的当の訳字あらず。

第二条　信教」人々の帰依《きえ》する宗旨を奉じて政府よりその妨《さまたげ》をなさゞるを云《い》う。古来宗旨の争論よりして人心を動揺し国を滅し人命を害するの例尠《すくな》からず。英国にてもハノオーフル家[3]の世に至てより以来は、専ら「プロテスタント」[4]の宗旨を奉じ、一時は国内に令を下して他宗を禁じたれども、阿爾蘭《アイルランド》人の如《ごと》きは古来天主教[5]を信じて政府の命に服せず、由《より》て又法を改め、宗門は人々の意に任すべしと定めたり。然《しか》れども政府は固《もと》より「プロテスタント」を奉ぜしめんとする意なるが故に、或《あるい》は大にその寺院を建立し或は他宗の教師を擯斥《ひんせき》して「プロテスタント」の教師に大禄《たいろく》を与うる等のことありて、動《やや》もすれば人心に戻《もと》り、又近来は一法を立て、国政に関る大臣は「プロテスタント」宗の人に非《あら》ざれば才徳ある者と雖《いえど》も擢用《たくよう》[6]することなし。右等の故を以て、天主教に帰依する者は家を挙て他国へ移住すと云う。是即《これすなわ》ち政府にて信教の趣意を失する一例なり。

第三条　技術文学を励まして新発明の路《みち》を開くこと。

第四条　学校を建て人才を教育すること。

第五条　保任安穏《ほにんあんのん》[7]」政治一定して変革せず、号令必ず信にして欺偽《ぎぎ》なく、人々国法を頼み安《やすん》じて産業を営むを云う。譬《たと》えば、或は国債を償わず、或は通用金[8]の位を卑《ひく》くし、或は商人会社[9]の法を破り、或は為替問屋[10]の分散[11]する等、皆その政治に保任の趣意を失うものなり。現今仏《フ》蘭西《ランス》帝所有の金を英国の為替問屋へ預けしと云うも、その制度の固くして頼むべき所あるの一証なり。

第六条　人民飢寒《きかん》の患《うれい》なからしむること。即ち病院、貧院等を設て貧民を救うを云う。

1 **天稟**　生まれつきの性質、才能。天性。 2 **力役**　力仕事。肉体労働、筋肉労働。 3 **ハノオーフル家**　ハノーヴァー家。スチュアート家のアン女王が死んで後嗣がなく、ジェームズ一世の曾孫、ドイツのハノーヴァー選帝侯ゲオルクがジョージ一世として即位して開いた。 4 **プロテスタント**　キリスト教の一宗派。新教。 5 **天主教**　キリスト教の一宗派。カトリック教。旧教。 6 **擢用**　抜擢。 7 **保任安穏**　保証があり安泰なこと。 8 **通用金**　流通貨幣。 9 **商人会社**　商社。営利会社。 10 **為替問屋**　荷為替や為替送金を扱う問屋。のちの為替銀行。 11 **分散**　破産。

収税法

○西洋各国は工作貿易[1]を以《もっ》て国を立るの風にて、その収税の法、日本、支那等の制度に異なり。今こゝに英国の税法を挙て一例を示す。

港運上《うんじょう》[2]　歳入第一の高《たか》なり。この内酒類、烟草《タバコ》の運上、最も重し。千八百五十二年、港運上の高、三千一百十七万「ポント」[3]余なるに、運上所役人の給料幷《ならび》に不時の褒美《ほうび》等、諸雑費を合せて六十五万「ポント」に足らず。収税の法の簡便なること推《おし》て知るべし。

国内産物幷に官許の運上　国内の産物より尽《ことごと》く運上を取るには非《あ》らず。又物に由《より》て運上の軽重あり。有税品の大略は、酒類、麴《こうじ》、烟草、紙、石鹼、蠟燭《ろうそく》、石炭、材木、硝子《ガラス》等なり。例えば麦酒《ビール》百樽 凡七斗入 を醸《かも》すものは一「ポント」十一「シルリング」[4]の運上を納め、千樽以下を醸すものは二「ポント」二「シルリング」、四万樽以上を醸すものは七十八「ポント」十五「シルリング」を納む。○官許の運上とは、商売柄により官府の免許を受けて別段の運上を出すものを云《い》う。即《すなわ》ち酒を売り、麴を売り、烟草を製するもの、茶店、料理屋、馬車を以て家業をなす者 江戸の駕籠屋の如し 等、是《これ》なり。又冬の間、遊猟の免許を受るにも定りの運上あり。

証印税[5]　屋宅《おくたく》の貸借《たいしゃく》、金銀のことに就《つい》ての約書、両替屋[6]の手形、為替手形[7]、借財、質入、貨物譲渡《ゆずりわた》し、弟子入《でしいり》職人等の年期を定て弟子となるを云う　婚姻、離縁、遺言、任官、火災請負《うけお》い[8]、海上請負い[9]、新聞紙出版、金銭請取《うけとり》等、皆書面を用ゆるときは官府の印を押して後日の証となし、その証印の税として定りの高を納む。例えば金銭のことに就て約束するとき、その金高二十「ポント」にして約書の字数二千百六十字以下なれば証印税二「シルリング」半を納め、借財質入の高二百五十「ポント」より三百「ポント」なれば証印税七「シルリング」半を納め、三百「ポント」より以上は百「ポント」を増す毎《ごと》に二「シルリング」半を納むる等、夫々《それぞれ》の定法あり。若《も》し官府の証印を押さずして私に証書を取替《とりかわ》すときは、後日に至り争論を生ずるとも官の裁判を願うこと能《あた》わず。且斯《かつかく》の如《ごと》きものは政府を欺《あざむ》くの罪として過料[10]を出さしむるを法とす。

地税家税等　地税は都下と田舎との区別なく、唯《ただ》土地の広狭良否に準じて之《これ》を定む。その法大《おお》

1 **工作貿易**　製造品の取り引き。 2 **運上**　税金。 3・4 **ポント・シルリング**　ポンド、シリング(pound, shilling)。英国の通貨単位。 5 **証印税**　国や市町村が証明印を押印する際の手数料。印紙税とも。 6 **両替屋**　江戸時代の両替商のことだが、ここでは欧米の銀行のこと。 7 **為替手形**　振出人が支払人に宛て、その支払うべき金銭を、振出人もしくはその指図人に対し支払うことを命ずる証書。 8 **火災請負い**　火災保険。 9 **海上請負い**　海難保険。 10 **過料**　軽い禁令をおかした際に支払わせる金銭。刑法上の罰金ではない。

凡《よそ》歳入二十五分の一を収むるを基則とす。例えば、今都下或《あるい》は田舎に一区の土地あり、之《これ》を売買するに価千「ポント」、之を人に貸せばその地代、土地の本価百分の三、四、即《すなわ》ち三、四十「ポント」なるを通法とす。政府へ納る二十五分の一とは即ちこの三、四十「ポント」の二十五分の一なり。右は土地を他人へ貸すときの法なれども、若《も》し自分所持の土地へ家を建て或は自《みず》から耕作する者は、政府より吏人を遣《つかわ》してその地を鑑定し、人に貸して一歳[1]に収むべき地代の高を設け、その二十五分の一を政府へ収むる税と定む。家税の法も全く地税と異なることなし。地税家税共に定法二十五分の一なれども、貧院の入用等ありて大抵廿分一の割合となると云。○地税家税の外《ほか》に奴《ぬ》僕《ぼく》[2]、犬、馬、車等の税あり。十八歳以上の奴僕一人を仕用すれば、その主人より一「ポント」一「シルリング」の税を納む。十八歳以下なれば十「シルリング」半を納む。二馬を駕《が》する四輪車一輌《いちりょう》を所持すればその税三「ポント」十「シルリング」、一馬を駕するものは十五「シルリング」、馬一疋《いっぴき》の税は十「シルリング」にして、犬一疋の税は十二「シルリング」なり。

家《か》産《さん》税[3]　商売を為《な》し或は学術を教授する等に由《より》て家産を営むものは、一歳所得の利潤二十五分の一を官に納む。之を家産税と云う。又仕官する者はその給料を以《もっ》て家産と為すが故に、税を納むること商人と異なることなし。

飛脚《ひきやく》印[4]　西洋諸国にて飛脚の権は全く政府に属し、商人に飛脚屋[5]なるものなし。故に外国へ文通する者は勿論《もちろん》、国内にても私に書翰《しょかん》を送るを得ず。必ず政府の飛脚印を用ゆ。その法政府にて飛脚印と名《なづく》る印紙を作り、定価を以て之を売る。諸人之を買い、書翰を送るときは、路《みち》の遠近、書翰の軽重に従い、夫々《それぞれ》の印紙を上封の端に張て飛脚屋に投ずれば直に先方へ達す。この飛脚《ひきやく》屋と称するものは所謂《いわゆる》飛脚印を売る政府の飛脚場には非《あ》らず。大抵《たいてい》市中一町毎《ごと》に箱を戸外に出せる家あり。この箱に書翰を投じ、漸《ようや》く集れば同時に之を諸方へ送る。但《ただ》しこの飛脚屋は政府の飛脚場に属する者にて、書翰を送る賃銭は政府より取るなり。〇印紙の大さは大抵七、八分許《ばかり》、その価に従て色を分《わか》てり。現今世界中の飛脚印、凡《およ》そ二千四百種ありと云う。各国互《たがい》に飛脚の条約を結て双方の便を為す。例えば仏蘭西《フランス》より英国へ書翰を送る者は、仏にて価八「シューズ」[6]の印紙を用ゆ。仏の飛脚場より竜動《ロンドン》の港まで之を送り、仏の政府へは四「シューズ」を取り、竜動港より英国の諸方へ届る為《た》め英の政府にて二「シューズ」を取る。合て六「シューズ」なり。印紙の元価八「シューズ」より六「シューズ」を引き、残り二「シューズ」、これを運送の賃銭雑費とす。故に仏英の間に文通すれば飛脚賃四分の三は両国政府の利潤とな

1 一歳　一年。 **2 奴僕**　下男。下僕。 **3 家産税**　ここでの「家産」は家業ないし生業の意味であり、したがって、家産税は営業税、所得税のこと。 **4 飛脚印**　郵便切手。 **5 飛脚屋**　郵便業。 **6 シューズ**　スー（sou, sous）。当時のフランスの通貨単位。

るなり。「シューズ」は仏蘭西貨幣の名、附録に出す。

国債

○西洋各国、貧富同じからずと雖《いえ》ども、太平のときは歳入歳出大抵《たいてい》相平均するを常とす。若《も》し戦争に由《より》て非常の費《ついえ》あるときは、国内に令を下し、政府より手形を出して国人の金を借ることあり。之《これ》を国債と名《なづ》く。但《ただ》し令を下すと雖ども、富商大賈《ふしょうたいこ》[1]には必ず金を出さしむるとの趣意には非《あ》らず。唯《ただ》人々の意に任せ、出すことを好まざる者は捨て問わず、又他国の人にても金を出さんと云《い》う者あれば拒まずして之を借る。凡《およ》そ西洋諸国の政府に国債あらざるものなし。英国にては古来の国債次第に増加し、千八百六十二年に至てその高《たか》八億九千四百万「ポント」となれり。この利息を一年三分の割合として、二千六百八十二万「ポント」なり。国債の利息は大抵三分より三分半を通常とす。四分以上の利息は甚稀なり。政府は毎年この利息を払うのみにて、元金を返すは甚稀《はなはだまれ》なり。金を出したる者も、政府の手形を所持して毎年三分の利息を得れば、恰《あたか》も現金に異なることなきを以《もっ》て、強《しい》て元金を返すことを求めず。故にこの手形は国中にて互《たがい》に売買し、現金の代用となすこと紙幣に同じ。然《しか》れどもその国の政体、貧富、又利息の高下に由て、手形の価、各国同じからず。政府より年々必ず利息を払い、時としては元金をも返すときは、手形の相場自《おのず》から貴《たか》し。政府貧にして固《もと》より元金を返さず、年々の利息をも十分に払うこと能《あた》わざるか、又は利を払い元金を返すとも、その国の政法屢《しばしば》変革し、昔《むか》しより国債全く崩《やぶ》れたることある国にては、手形の価自《おのず》から低し。左に二、三例を挙ぐ。但しこの相場は去る文久壬戌《みずのえいぬ》の年、[2] 夏の新聞紙に出るものなり。

英　国

国債八億九千四百万「ポント」　利三分

手形の価九十三　千両高の手形なれば私に売買して九百三十両となるなり

仏蘭西《フランス》

国債九十五億二千九百万「フランク」[3]　利三分

手形の価七十

荷　蘭《オランダ》

国債十億零三千五百万「ギュルデン」[4]　利四分

1 富商大賈　裕福で大きな商売をする商人。豪商。　**2 文久壬戌の年**　文久二（一八六二）年。　**3 フランク**　フラン（franc）。フランス、ベルギー、スイスなどの通貨単位。　**4 ギュルデン**　グルデン（gulden）。オランダの通貨単位。

手形の価百一。〇荷蘭《オランダ》にては手形の相場元価よりも貴《たか》し。その故は利息も他国より高く、且《かつ》政府より時々元金を返し、古来国債の崩《やぶ》れたることなければなり。昨年も元金七百万「ギュルデン」を返したりと云《い》う。

魯西亜《ロシア》

国債十六億二千万「ルーブル」　利三分四釐《りん》

手形の価七十

葡萄牙《ポルトガル》

国債甚《はなはだ》多からず　利三分

手形の価四十六

西班牙《イスパニア》

国債の高《たか》、大抵《たいてい》英国三分の一　利三分

手形の価五　千両の手形を私に売買して僅に五十両となるなり。西班牙政府の貧なること推て知るべし。

紙幣

〇西洋諸国大抵皆紙幣を用ゆ。但《ただ》しその価五十両或《あるい》は百両以上なるものは之《こ》れを銀坐《ぎんざ》手形[1]と名づく。紙幣[2]と唱うるものは、価一、二両許《ばかり》にして市中日常の売買に用ゆるものなり。仏英蘭等には紙幣なくして唯《ただ》銀坐手形のみを用ゆ。総《すべ》て紙幣及び手形は政府の銀坐より出《い》だす[3]。この銀坐には固《もと》より紙幣、手形丈《だ》けの現金を備置《そなえお》くべき理なれども、一法ありて、必《かならず》しもその元金の備をなさずして紙幣、手形を引替るに指支《さしつか》えなからしむべし。その法、何人《なんぴと》にても金を貸さんと欲するものあれば、官の銀坐[4]より通法三、四分の利息を以《もっ》て之《これ》を預り、その金を以て紙幣局の元金となす。故に政府にては之が為《た》め別に元金の用意を為《な》すことなし。金主より預け金の返済を願うときは、即時にその元利[5]を返す。但し出入の手数銀として元金二釐五毛《もう》（四百分の一）を官に収む。右は政府より建る銀坐の法なり。商人にても銀坐を設て手形を出だすを免《ゆる》す。その法政府の銀坐と同じ。唯その異なる処は、商人より出だす手形はその通用、人々の意に任せて、

1 **銀坐手形**　「銀坐」は銀行（とりわけ発券銀行）の訳語として福澤が工夫したものと思われる。彼は諸藩の藩札方、札座をイメージしていたのであろう。銀坐手形は高額の証券で、出資証書ないし資金預り証書をいう。2 **紙幣**　日々の取り引きに用いられる小額の札を紙幣と呼んで銀坐手形と区別している。3 **総て……政府の銀坐より出だす**　この叙述は民間銀行に対しても国の造幣局製の札を供与していたことを意味するるか。4 **官の銀坐**　この場合、銀坐は金銀正貨を鋳造する所か造幣局であり、紙幣局はその一部局ということになる。5 **元利**　元金と利息。

若し《も》之《これ》を取ることを欲せざれば強《しい》て用ゆるを得ず。政府の手形は然《しか》らず。全く現金と同様にて、国内の人民その通用を拒むことを得ず。

商人会社

○西洋の風俗にて大商売を為《な》すに、一商人の力に及ばざれば、五人或《あるい》は十人、仲間を結てその事を共にす。之《こ》れを商人会社と名づく。既《すで》に商社を結め〔べ〕ば、商売の仕組、元金入用の高《たか》、年々会計の割合等、一切書に認《したた》めて世間に布告し、「アクション」[1]と云《い》える手形を売て金を集む。その法、例えば商売の元金百万両[2]入用なれば、手形百万枚[3]を作り、一枚の価を一両と定め、自国他国の人に拘《かか》わらず、この手形を買うものには商社より年々四、五分の利息を払い、且《かつ》その商売繁昌《はんじょう》して利潤多ければ、右定《さだめ》たる利息の外《ほか》に別段の割合を与うべしとの約束を為《な》す。或《あるい》は商社にて速《すみやか》に金を集めんと欲するときは、定価一両の手形を三歩又は三歩二朱[4]にて売ることもあり。手形を買たるものは商社より随意に元金を取返すことを得ずと雖《いえ》ども、若《も》し一時に金の入用あれば世間相対にて手形を売るべし。且《かつ》その商売よく繁昌して年々定式[5]の利息の外に別段の割合多ければ、手形も自《おのず》から高価となり、最初百両にて手形百枚を買たるものも、世間売買の相場にて百三、四十両にも売るべし。商人会社を結ぶに、その政府に告げ官許を受けざれば行うべからざるものあり。即《すなわ》ち鉄路を造り伝信線を通じ通船の川を掘る等、総《すべ》てその国の土地に関るもの是《これ》なり。この類の事を為す者は、先《ま》ず政府に願い官許を受けて後《のち》、初て手形を売るべし。官許を受たる商社は分散するを得ず。若しこの商社分散するときは、その売《うり》たる手形の代金を政府より償うの法なり。故に初め商社より政府に願うにも、その元金に相当すべき引当《ひきあて》なければ、官より商社を結び、手形を売るを許さず。○又商社に自分の元金あれども商売を企るに足らずして、その不足丈《だ》けを手形に作り金を集ることあり。その法手形を買たる者に定りの利息を払い、年々別段の割合を与うるは上に云えるものと異なることなしと雖《いえど》も、この商社は既《すで》に金を集めて事を始れば、その時より年々手形の元金を返す。譬《たと》えば手形千枚を売れば年々五十枚宛《ずつ》の元金を払い、二十年にて元金皆済《かいさい》となり、商売の株は全く商社の有となるなり。手形の元金を払う法、手形千枚あれば千枚に番号を附て毎年鬮《くじ》を取り、[6] この鬮に当る者は初め手形を買たる丈《だ》けの元金を受取り商社の組合を離る。故にこの手形を世間相対にて売買するとき、その元金より高価に買うものあれども、若し之を買てその年或は翌年にも右の鬮に当り、

1 **アクション**　株式、株券（action［仏］）。 2・3 **元金・手形**　前者は資本金または債権の元本、後者は債権。 4 **三歩二朱**　歩・朱は江戸時代の貨幣単位。一両＝四歩＝一六朱。 5 **定式**　一定。 6 **鬮を取り**　抽選による債還法はフランスの事例か。ただし、その実態についての記述には理解しがたい点がある。

手形の元金を受取て商社の組合を離れば、高価に買いしだけその者の損亡となるなり。

右は西洋各国に行わるゝ商社の通法大略なり。総《すべ》て商船を造て外国と交易し、飛脚《ひきやく》船を以《もっ》て世界中に往来し、為替問屋を設て各国と互《たがい》に取引を為《な》し、鉄路を造り製造局を建て瓦斯《ガス》灯を設る等の大商売より、国内の諸商売に至るまで、皆この商社の為す所なり。

外国交際[1]

○西洋の諸国はその風俗言語各々異同あれども、新たに開《ひらけ》たる支那、日本の風俗と西洋の風俗と相異なるが如《ごと》くならず。その各国交際の模様を譬《たと》えて云《い》えば、日本の諸侯の国々にて互《たがい》に附《つき》合《あい》するが如し。各国の人民此彼《しひ》相往来して、商売は勿論《もちろん》、婚姻をも取結び、その君主も互に好《よしみ》を結び、吉凶相賀吊〔弔〕し緩急相救う[2]の風なり。然《しか》れども元《も》と何《いず》れも独立の国にて制度一様ならざるが故に、その争端を防ぐ為《た》め各国互に約束を結で、懇親を固くし交易を便にするもの、之《これ》を条約と名づく。既《すで》に条約を結め〔べ〕ば、此《この》国より彼《かの》国へ全権のもの一人を遣《つかわし》てその都府へ在留せしめ交際の事務[3]を商議せしむる者、之《これ》を「ミニストル」[4]と称す。「ミニストル」の職掌は、条約の大義に基き両国の親睦を保全するを趣旨とせり。故に交際上に争端を起し和親の破れんとするに至るも、之を周旋して再び平和に挽回するは「ミニストル」の功なり。又外国の交易場に於《おい》て自国商人の取締を為し交易の事を周旋せしむるため官吏一人宛《ずつ》を置く。之を「コンシュル」[5]と名づく。故に一国へ遣差《けんさ》[6]する「ミニストル」は一名なれども、「コンシュル」の員数はその国交易場の数に準じて多寡《たか》あり。

兵　制

○往昔《おうせき》欧羅巴《ヨーロッパ》の諸国は封建世禄《せいろく》[7]の制度を以て臣下を養い、各国の帝王互に相攻め、国内の貴族互に相闘い、専ら武を重んじて文を勉《つと》めず、字を知るものは唯《ただ》僧徒のみ。凡《およ》そ国内の人、騎馬の戦士に非《あ》らざるより以下の者は、之を軽蔑すること甚《はなは》だし。且《かつ》その戦闘に於《お》けるも、剣戟《けんげき》一人に敵するを以て功名と為し、所謂《いわゆる》兵法なるものなし。その戦法、武人の階級を三つに分ち、貴族は必ず馬に騎して重大の兵器を携え、その次《つ》ぎの者は軽便なる兵器を携う。軽兵を以て戦を開き、重兵を以て之を支ゆ。第三等は歩兵にて、その兵器は槍、剣、弓矢なり。

千三百年代、火器を発明して之を戦争に用ゆるに至て、欧羅巴の兵制一変せり。各国の貴族

1 **外国交際**　国際関係。各国交際も同じ。 2 **吉凶相賀吊し緩急相救う**　互いに吉事には祝い、凶事には弔い、危急の時には助けあう。 3 **事務**　仕事。つとめ。 4 **ミニストル**　大使または公使（minister）。 5 **コンシュル**　領事（consul）。 6 **遣差**　派遣。 7 **封建世禄**　封建制下で世襲される俸禄。いわゆる家禄制。

等、火器を以《もっ》て卑賤の具とし、之《これ》を蔑視して携えざれども、事に臨《のぞみ》て敵に近づくことを得ず。百歩の外に在て一小弾の為《た》めに斃《たお》さるゝことあり。これより世人匹夫《ひっぷ》[1]の勇を貴ばずして智術を重んじ、貴族武人の勢《いきおい》大に衰えたり。然《しか》れども貴族等は尚《な》お遊怠《ゆうたい》の風に慣れて躬《みず》から事物を研究するを好まず。即《すなわ》ち一法を設け、給金を出して人を雇い、新発明の砲術を学ばしめて戦に用いたり。之を兵卒の初《はじめ》とす。兵卒は英語にて「ソルヂール」[2]と云《いい》て「ソルヂール」とは給金取りの義なり。

前条の如《ごと》く火器の発明よりして遂《つい》に兵卒を雇うの法を立て、古来世禄《せいろく》の制度次第に止《や》み、且《かつ》文武の職掌初て相分れたるは、啻《ただ》に兵備の改正のみに非《あ》らず、国政の〔一〕大変革と云うべし。爾後《じご》[3]は唯《ただ》兵卒の多寡《たか》を以て国の強弱を競うが故に、〔太〕大平の時も給金を与えて兵卒を養うの風俗となり、千四百五十年、仏蘭西《フランス》王第七世チャーレス[4]、英国と戦て勝ち、後患《こうかん》を恐れて国中の貴族に命じ平常の時も兵卒の備《そなえ》をなさしめたり。之を常備兵の初とす。これより各国にてもその法に效《なら》い、今日に至るまで皆常備兵あり。

兵卒たらん者はその業前《わざまえ》[5]を巧《たくみ》にせざれば給金を得ざるに由《よ》り皆争て之を鍛練し、且之を〔使〕仕用する君将も用兵の新法を発明して敵に勝たんと欲し、無事の時も兵卒を集めて戦争の稽古《けいこ》をなす。即《すなわ》ち調練の初なり。調練の法を立てたるは千五百年代の末、荷蘭《オランダ》合衆政治の大統領マウリット[6]を以て始祖とす。

右の如く常備兵を設け平日調練を怠たらずと雖《いえ》ども、歩兵、騎兵、坐作《ざさ》進退の法[7]、未《いま》だ整わずして、戦争の際、動《やや》もすれば混雑を生ずることあり。千六百年代の初に瑞典《スウエーデン》王ゴスターフ[8]、測量窮理《きゅうり》の学に達し用兵の才略に富て、諸兵運動の法を立て、小銃隊を改正し、人数を密に列《つら》ねて同時に発砲することを発明し、従来の軽砲隊に重砲を交え、騎兵の廃したるを再興し、歩騎砲三兵の活法初て整斉《せいせい》せり。

ゴスターフの後《のち》は各国にて火器の数、日に増加し、その用法益々《ますます》盛大と為《な》り、天下の利器、銃砲の右に出るものなし。千七百五十年の頃、普魯士《プロシア》王第二世フレデリッキ[9]、文武兼備の英才を抱《いだき》て世に出て、ゴスターフの余業を継《つぎ》て専ら意を火器に用い、新規の工夫を運《めぐ》らして旧法の闕《けつ》を補い、数年にして普魯士国の軍法俄《にわか》に進歩し、その威名欧羅巴《ヨーロッパ》全州に轟《とどろき》て之を恐怖せざる

1 **匹夫の勇**　思慮が浅い者の、ただ血気にはやるだけの勇気。 2 **ソルヂール**　兵士（soldier）。 3 **爾後**　それ以来、以降。 4 **第七世チャーレス**　シャルル七世（一四〇三―六一）。 5 **業前**　腕前。技量。 6 **マウリット**　マウリッツ（一五六七―一六二五）。オランダの総督。 7 **坐作進退の法**　（軍隊での）動作の規律。 8 **ゴスターフ**　グスタフ二世（一五九四―一六三二）。 9 **第二世フレデリッキ**　フリードリヒ二世（一七一二―八六）。

ものなし。これより各国皆普魯士《プロシア》の法を採用し、世の兵制更に一変せり。この時に当《あたり》て算数測量の学漸《ようや》く明《あきらか》にして、陣列進退の法を節するにも数学の理に基きてその遅速を定む。蓋《けだ》し楽器を鳴らして兵卒の歩法を節することもフレデリッキの時より始れり。歩兵の陣列は前後三人並びの横陣となし、小銃に玉込《たまごめ》をなすに鉄の込矢《こみや》[1]を製し、火門の形ちを改めて口薬《くちぐすり》[2]を用いず、之《これ》に由《より》て大に急発の便利を増し、野戦砲を軽便にし騎兵の甲冑《かっちゅう》を軽くし、戦闘の法総《すべ》て猛烈迅速を趣旨とす。騎馬を以《もっ》て大砲を引くことも当時の発明なり。但《ただ》し散兵[3]を用ゆるは亜米利加《アメリカ》合衆国独立の師《いくさ》を初《はじめ》とす。当時戦争の地は山林多く、亜米利加人、散兵を用いて屡々《しばしば》英人を窘《くるし》めたりと云《い》う。

フレデリッキの後《のち》に天下の兵制を一新したる者は、千八百年代の初、仏蘭西《フランス》帝拿破崙《ナポレオン》[4]なり。これより先《さ》き欧羅巴《ヨーロッパ》の兵は唯《ただ》雇い人足を戦場に駆逐《くちく》するのみにて、或《あるい》は死物を用ゆるに斉《ひと》しきの弊なきに非《あ》らず。拿破崙こゝに注意し、国内の人を尽《ことごと》く兵武に用い、国民自《みず》から国の為《た》めに戦うの趣旨を以て法を立て、将士を愛し兵卒を恵み、有功の者を賞するには一擲《いってき》千金[5]も亦《ま》た惜む所なし。こゝに於《おい》て人々皆報国尽忠の心を抱き[6]、戦に臨《のぞみ》て死を顧みず。之を分て散兵となせば一人の力を尽し、之を合《がっ》して密隊となせば先を争て敵に向い、兵を用ゆること手足の如《ごと》く進退意に随《したが》わざるはなし。是《こ》れ拿破崙が抜山蓋世《ばつざんがいせい》[7]の勢《いきおい》を以て欧羅巴《ヨーロッパ》全州を圧倒せし所以《ゆえん》なり。現今西洋諸国の兵法は皆拿破崙に拠《よ》ると云う。

右は西洋の兵制沿革の大略なり。その詳《つまびらか》なるは三兵活法[8]等の諸書に就《つい》て見るべし。

文学技術

○往古希臘《ギリシア》の学一度《ひとた》び衰え、これを恢復《かいふく》したるものは亜喇伯《アラビア》人にて、その科は専ら測量学、医学、理学[9]を勉《つと》めり。西洋学術の大趣意は、万物の理を究めその用を明にして、人生の便利を達せんがために人々をして天稟の智力を尽さしむるに在り。夫の脩徳正行の道の如きは別にその教ありて之を導くと云う。爾後《じご》欧羅巴諸邦にて文学技術の開けたるは皆亜喇伯人の賜《たまもの》なりと云う。千二百年代の央《なかば》に及で英国の僧にローゼル・バーコン[10]なる者あり。博識多才、古来遵奉《じゅんぽう》せる究理《きゅうり》の道を以て不足なりとし、初て実験の説を唱え、天文視学光線の性質を論じ目鏡望遠鏡等の組立を説く学科化学万物の性質を探索して之を分析し調

1 込矢　弾丸を銃身に詰めるための棒。 2 口薬　火縄銃の火蓋に用いる火薬。 3 散兵　兵をあちこちに散らして陣取る。 4 拿破崙　ナポレオン・ボナパルト。二編巻之三（本書三一五頁以下）参照。 5 一擲千金　莫大な財産をすべて投げうって使うこと。 6 報国尽忠の心　国のために力をつくす忠誠心。 7 抜山蓋世　山を抜き取るほどの力と、世を覆うほどの気力。軍勢が強大であることのたとえ。 8 三兵活法　鈴木春山が蘭訳本から重訳したプロシアの戦術書。高野長英等による訳本もある。 9 理学　科学。 10 ローゼル・バーコン　ロジャー・ベーコン（一二一四頃—九四頃）。中世英国の哲学者、自然科学者。実験を重視した経験科学によって自然科学の先駆者とされる。

合する学科医学、器械学等の大略を発明し[1]て、一時大学者と称せり。然《しか》れども当時尚《な》お草昧《そうまい》[2]の世にて、この大学者と雖《いえ》ども長命の神丹[3]を錬り諸種の金属を黄金に変化せん[4]とて力を費し、星行《せいこう》を見て吉凶を占する[5]等の奇談あり。○これより千四百年代に至るまでは、世の学者詩歌を玩《もてあそ》び小説[6]を悦《よろこび》て実学[7]を勉《つとむ》るもの少《すくな》し。千四百二十三年、版刻の発明[8]ありし後も、文学大に進歩し、経《けい》学《がく》、性理《せいり》[9]、詩歌、歴史の学はその盛美を極めたれども、独《ひと》り究理学に至ては然らず。世人皆古聖アリストーツル[10]紀元前三百年代希臘の大学者の学派に心酔し、附会《ふかい》奇異[11]の神説を唱えて有用の実学に志すものなく、千六百年の頃に至る迄もその形勢依然たり。この時に当《あたり》てフランシス・バーコン[12]、デス・カルテス[13]等の賢哲世に出《いで》て、専ら試験の物理論を唱えて古来の空談を排し、千六百六年には伊多利《イタリア》の学者ガリレオ[14]初て地動の説を建て、千六百十六年には英国の医師ハルフォー[15]人身体血液運行の理を発明する等、世の学風漸《ようや》く実際に赴く。千六百年の末、英国の大家ニュートン[16]、千古不世出《ふせいしゅつ》の英才を以《もっ》て日新の世に生れ、齢《よわい》未《いま》だ二十四歳に満たず、大空に行わるゝ引力の理を発明し地球の引力は前既にその発明あり光線の功用を説き物色の根源を明《あきらか》にし、造化の秘訣《ひけつ》一として明了ならざるはなし。その著述「プリンシピヤ[17]」と題せる書は究理学の大本を説くものにて、世の学者皆之《これ》を宗とす。これより西洋の学風更に一面目を改め、衆傑輩出してニュートン氏の余業を継ぎ、切瑳《せっさ》琢磨《たくま》、今日の盛《さかん》なるに及べり。千七百年代の初《はじめ》より現今に至るまで大発明と称すべきものは、蒸気機関、蒸気船、蒸気車、伝信機、牛痘《ぎゅうとう》、麻布綿布の染形、紡績織物の機関、石版、瓦児華尼《ガルハニ》[18]鍍金《めつき》、同模形、避電線、瓦斯《ガス》光、空船[19]等、是《これ》なり。この外《ほか》越列機《エレキトル》[20]、瓦児華尼の

1 発明す　新しい理論や方法、技術などを考え出す。**2 草昧**　世の中が未開で人知の発達していないこと。**3 長命の神丹**　不老長寿の薬。**4 金属を黄金に変化せん**　錬金術。**5 星行を見て吉凶を占する**　占星術。**6 小説**　つまらない議論。**7 実学**　実際に役に立つ科学。さらに経験や実証に基づく学問。**8 版刻の発明**　オランダ人、L・J・コステルによる活版印刷の発明。**9 経学、性理**　この両者は元来、儒教、朱子学をさすが、ここでは西洋の古典学、哲学のことか。**10 アリストツール**　アリストテレス（前三八四―三二二）。**11 附会奇異の神説**　強引なこじつけによる神がかり的な説。**12 フランシス・バーコン**　フランシス・ベーコン（一五六一―一六二六）。英国の政治家、哲学者。科学的方法と経験論（帰納法）の先駆者。**13 デス・カルテス**　ルネ・デカルト（一五九六―一六五〇）。フランスの哲学者、数学者。解析幾何学の創始者。数学的な論証法を用いる合理論（演繹法）をうち立てた。**14 ガリレオ**　ガリレオ・ガリレイ（一五六四―一六四二）。イタリアの天文学者、哲学者。**15 ハルフォー**　ハーヴェー（一五七六―一六五七）。英国の生理学者。人体の構造・機能を研究し、血液循環説を唱えた。**16 ニュートン**　アイザック・ニュートン（一六四二―一七二七）。英国の物理学者、数学者。万有引力の原理で力学の体系を構築した。**17 プリンシピヤ**　プリンキピア。『自然哲学の数学的原理』（一六七八年）。**18 瓦児華尼**　イタリアの生理学者、L・ガルヴァーニ（一七三七―九八）が、刺激を受けた筋肉が発する電流、すなわち動物電気を発見したことから、その名をとって電気のことをガルハニ（電気）という。**19 空船**　気球。**20 越列機**　電気。越列機篤児、エレキテルとも。越力、越気も同じ。

論説、視学、天文学に就《つい》て改正を加え、新器械を発明したること枚挙《まいきょ》するに遑《いとま》あらず。

学校

西洋各国の都府は固《もと》より村落に至るまでも学校あらざる所なし。学校は政府より建て教師に給料を与えて人を教えしむるものあり、或《あるい》は平人[1]にて社中[2]を結び学校を建て教授するものあり。人生れて六、七歳、男女皆学校に入る。或は校に止宿する者あり、或は家に眠食して毎日校に行く者あり。初て入る学校を小学校と云《い》う。先《ま》ず文字を学び、漸《ようや》くして自国の歴史、地理、算術、天文、窮理《きゅうり》学の初歩、詩、画、音楽等を学ぶ。斯《かく》の如《ごと》くすること七、八年、諸学漸く熟し、又大学校に入る。この学校にても学科以前と異ならずと雖《いえ》ども、稍々《やや》高上の教《おしえ》を受く。且《かつ》此所《ここ》にては尽《ことごと》く諸科を学ばずして、各々その志す所の一、二科を研究す。或は暫《しばら》くこゝに入り、兵家たらんと欲すれば兵学校に移り、医師たらんと欲すれば医学校に移り、専ら一業のみを勉《つとむ》る者あり。右の如く六、七歳より初て学び、十八歳若《もし》くは二十歳を成業の年齢とす。右は大小学校に入る一般の順序なれども、或は一所の学校にて大小相兼るものあり。竜動《ロンドン》「キングスコルレージ」[3]府中最も大なる学校の名の如きは学生五百人余ありて、楼上は大学校の教を授け、楼下は小学校の教を設く。○毎日教授の時は朝第九時より始り第十二時に終り、中食し、午後第二時より晩第五時に終る。七日毎《ごと》に一日休業、寄宿生皆家に帰る。学校の法は最も厳正なり。教授の間、言語せず親指《しんじ》せず、[4]法を犯す者は罰あり。然《しか》れども間時は随意に遊《あ》そぶを禁ぜず。是《これ》がため学校の傍《かたわら》には必ず遊園を設て、花木を植え泉水を引き遊戯奔走の地となす。又園中に柱を立て梯《はしご》を架《か》し綱を張る等の設《もうけ》をなして、学童をして柱梯《ちゅうてい》に攀《のぼ》り或は綱渡りの芸をなさしめ、五禽《ごきん》の戯《たわむれ》[5]を為《なし》て四肢《し》を運動し、苦学の鬱閉[6]を散じ身体の健康を保つ。〇一歳の学費は各国大同小異、但《ただ》し学校の良否と教を受る学科の多寡《たか》に由《より》て一様ならず。又貧人その子を教ること能《あた》わざる者は、一種の学校ありて学費なく教を受くべし。この学校の費は租税の如くして国民より出《いだ》さしむるものあり、或は有志の人、会社[7]を結て自《みず》から金を出し、又は国中富貴《ふうき》の人に説て金を集め、貧学校を建ることあり。〇欧羅巴《ヨーロッパ》にて文学の盛《さかん》なるは普魯士《プロシア》を以《もつ》て第一とす。国内の人民大抵《たいてい》、字を知らざる者なし。別林《ベルリン》普魯士の首府には獄屋の内にも学校を設け、三、四日毎に罪人を出して教授す。他は推《おし》て知るべし。

1 平人　平民または民間人。　**2 社中**　同志の団体。仲間。　**3 竜動キングスコルレージ**　ロンドンのキングス・コレッジ校。　**4 親指せず**　指でつっつきあったりしない。もと『論語』郷党篇にある言葉。　**5 五禽の戯**　虎・鹿・熊・猿・鳥の五種の鳥獣の動きをまねた運動。　**6 鬱閉**　気が晴れないこと。ふさぎ込むこと。　**7 会社**　同じ志で物事を行う組合。結社。

新聞紙

新聞紙は会社ありて新らしき事情を探索し之《これ》を記して世間に布告するものなり。即《すなわ》ちその国朝廷の評議、官命の公告、吏人の進退、市街の風説、外国の形勢、学芸日新の景況、交易の盛衰、耕作の豊凶、物価の高低、民間の苦楽、死生存亡、異事診談、総《すべ》て人の耳目に新らしきことは、逐一《ちくいち》記載して図画を附し明詳《めいしょう》ならざるはなし。その細事に至ては、集会の案内を為《な》し開店の名を弘《ひろ》め、失物《うせもの》を探索し拾い物の主を求むる等、皆新聞紙局に託してその次第を記す。故に一室に閉居して戸外を見ず、万里の絶域に居て郷信《きょうしん》[1]を得ざるものと雖《いえ》ども、一《ひ》と度《た》び新聞紙を見れば世間の情実を摸写して一目瞭然《いちもくりょうぜん》、恰《あたか》も現にその事物に接するが如《ごと》し。西人《せいじん》[2]新聞紙を見るを以《もっ》て人間の一快楽事となし、之《これ》を読て食を忘ると云《い》うも亦宜《またむべ》なり[3]。凡《およ》そ海内《かいだい》[4]古今の書、多しと雖《いえ》ども、聞見を博《ひろ》くし事情を明《あきらか》にし世に処するの道を研究するには新聞紙を読むに若《し》くものなし。〇新聞紙は毎日出版するものあり、七日に一回出版するものあり。西洋諸国及び海外の地にても、西人の居留せる地には必ず之を出版するものあり。その最も盛《さかん》に行わるゝは英国の竜動《ロンドン》、亜米利加《アメリカ》のニューヨルクを天下第一とす。竜動にては万国の新聞[5]を集め自国の新聞と共に記して世界中に布告す。所謂《いわゆる》竜動新聞なり。新聞紙の報告は速《すみやか》なるを趣意とし、蒸気機関を以て版を摺《す》り、一時間に一万五千枚を得べし。製本終れば蒸気車、蒸気船等の急便にて諸方に達す。その神速なること人の耳目を驚かす。一例を挙ぐるに、嘗《かつ》て竜動の議事院に終夜大議論ありて、暁《あかつき》第四時七時[6]に終りしとき、即時に議事の次第を記し出版して国中に布告し、同日第十二時九時には百里外のブリストルに達せしことあり。○新聞紙の説は、その国に由《よ》りその人の意見に従て偏頗《へんぱ》[7]なきにしもあらざれども、元《も》と官許を受け出版するものにて、その議論公平を趣旨とし、国の政事を是非し人物を褒貶《ほうへん》すること妨《さまたげ》なし。故に世人皆之を重んじ、その大議論に由《より》ては一時人心を傾け、政府の評議も之が為《た》め変革することあり。譬《たと》えば此《この》国にて師《いくさ》を起し彼国を攻めんとの評議あるとき、彼国の人、理非曲直を弁論し、之を新聞紙に載て世上に布告すれば、師を止るの一助ともなるべし。

文庫

○西洋諸国の都府には文庫あり。「ビブリオテーキ」[8]と云う。日用の書籍図画等より古書珍書

1 **郷信**　故郷からの便り。 2 **西人**　西欧の人。西洋人。 3 **宜なり**　もっともである。 4 **海内**　天下。四海の内。 5 **新聞**　ニュース。最新の情報。 6 **暁第四時（七時）**　西洋の時刻と当時の日本の時刻を対照して表示している。 7 **偏頗**　かたよること。えこひいき。 8 **ビブリオテーキ**　図書館（bibliotek［ラテン語］）。

に至るまで万国の書皆備《そなわ》り、衆人来《きた》りて随意に之《これ》を読むべし。但《ただ》し毎日庫内にて読むのみにて家に持帰ることを許さず。竜動《ロンドン》の文庫には書籍八十万巻あり。彼得堡《ペテルブルグ》[1]魯西亜の首府の文庫には九十万巻、巴理斯《パリス》の文庫には百五十万巻あり。仏人云《い》う、巴理斯文庫の書を一列に並るときは長さ七里なるべしと。〇文庫は政府に属するものあり、国中一般に属するものあり。外国の書は之を買い、自国の書は国中にて新《あらた》に出版する者よりその書一部を文庫へ納めしむ。

病院

〇病院は貧人の病《やみ》て医薬を得ざる者の為《た》めに設るものなり。政府より建るものあり、私に会社を結で建るものあり。英国及び合衆国にこの法最も多し私に建るものは、社中より王公貴人、富商大賈《ふしょうたいこ》に説て寄附を請い、病院既《すで》に成る後も尚《な》お年々定《さだめ》たる寄附の金高を集めて長く病院を持続す。又病院に入る者も、極貧の者は全く費《ついえ》を出さゞれども、稍《やや》産ある者は貧富に応じて医療の費を払う。各国の首府、都会には病院あらざる所なし。〇病院の法は各国大同小異、左に仏蘭西《フランス》病院の法を示す。

　巴理斯に病院大小十三所あり。一院附属の医師各々八人より十五人、最も大なる病院には三十人あり。介抱人《かいほうにん》は男女両様ありて、男子は病男に属し婦人は病婦に属す。病人五十人に介抱人十名を附《つく》るを定則とす。又「ノン」[2]と称する者あり。これは老若婦人、不幸に遇《あ》うか、又は他故《たこ》あるもの、神明に誓て若干年の間、病者を扶《たす》けんと自《みず》から約し、その年期内は男女の交《まじわり》を絶ち清潔を守ること本邦の尼の如《ごと》くして病院に入る者なり。故にこの「ノン」は病者を介抱するに男女を弁ぜず、臥床《がしょう》に近づくこと妨《さまたげ》なし。又「ノン」は固《もと》より自《みず》から好《このみ》て院に入るものなるが故に俸金を受けず、唯《ただ》衣食の給あるのみ。院に留る時日も定限なく、今日院に入るとも意に適せざれば明日出るを得。〇十三院各所に布在すと雖《いえど》も、王宮の近傍に官の役所ありて、官より吏人を置き、総病院を支配す。故に都下の人民、病院に行《ゆか》んと欲する者は、先《ま》ずこの役所に至り官の免許を受けて然《しか》る後病院に入る。〇病院の費用は総《すべ》て政府より出ずることなし。初め之を建るときは都下に命を下し、各戸より貧富に応じて出銀せしめ、その後、院を脩理《しゅうり》し或《あるい》は病者に与うる薬品衣服の価及び婢僕《ひぼく》[3]給料等の費は、左の法ありて金を集む。

第一　都下の人、各《おのおの》その志に従て病院に金を納ること、本邦の寺社に寄附するが如し。

第二　都下の芝居、見せ物、その外《ほか》遊楽を以《もっ》て利を得るものは、得る所の金、十分の四を病院

1 **彼得堡**　サンクト・ペテルブルグ。一八六〇年代当時のロシアの首都。　2 **ノン**　尼僧、修道女(nonne［仏］)。　3 **婢僕**　下男、下僕。

に納めしむ。

第三　貧困未《いま》だ甚《はなはだ》しからざれども、自家に医師を招くの力なくして病院に入る者には、医薬の価として一日に二「フランク」乃至《ないし》四、五「フランク」を納めしむ。

第四　政府より貸附所を建て質物《しちもつ》を取る。その法一年を期限となし利息六分を収む。品物を質《しち》入《いれ》したる者、期限に至て金を償わざれば、その物を出して糶売《せりうり》となす。例えば初め質入れしたるとき百両を貸したる品物、糶売《せりうり》にて百三十両となれば、一年百両の利息六両を引き、残り二十四両あり。之《これ》を病院の費用とす。

第五　西洋諸国には養子の法なし。故に父母妻子なきもの死すればその家産尽《ことごと》く近き親属に帰す。若《も》し親属もなくして家産帰する所なきときは、之を政府へ収て病院の費用に供す。

右は仏蘭西《フランス》病院の通法なれども、海陸軍病院の如《ごと》きはその費用全く政府より出《い》ず。

貧院

○老院と云《い》い、幼院と云い、之を総称すれば貧院なり。老幼、或《あるい》は身体不具なるか、若《も》しくは虚弱なる者、貧困にして活計なきとき[1]は之を貧院に入れ、老人は終身こゝに養い、幼少の者は学術技芸を教え、年十八歳若しくは二十歳となり、活計の方を知るに至て之を出だす。或は中年の者と雖《いえ》ども、貧困極るときは暫《しばら》く院に入て急を凌《しの》ぎ、活計の方を求て再び出《い》ずる者あり。又貧人、子を生み、之を養育すれば毎日職業の妨《さまたげ》となり之が為《ため》窮する者は、昼間のみその子を院に預け置き、夜は家に連れ帰る者あり。〇貧院の内、孤院と称する院あり。貧児の父母なき者のみを集めて養う所なり。又棄児院なるものあり。貧人の子を養うこと能《あた》わざるもの、或は貧人にあらずと雖ども密通して子を生み之を公にすべからざる者は、皆その子を棄児院に棄《す》つ。西洋にて密通は固《もと》より厳禁なれども、薬を用て脱胎する者は、その罪、密通より重し。且《かつ》子を棄《すつ》るときも固より公にはせざれども、子を棄るを見て之を咎《とがむ》る者なし。院の戸外に鈴ありて、子を棄る者、戸外に子を置き鈴を鳴らして去れば、院より出《いで》てその子を拾《ひろい》て、之を棄る者を問わず。既《すで》に院に入れば衣服を与え乳母を附け丁寧に養育して、次第に成長すればその才に応じて学術技芸を教え、活計の方を知るに及で之を出だす。棄児院は魯西亜《ロシア》にて最も之を重んじ、院の費用全く政府より出て、棄児養育の法、甚《はなはだ》厚し。蓋《けだ》し魯西亜は土地広く人口少きが故なり。〇貧院は政府より建る者あり、又平人私に会社を結て建るものあり。竜動《ロンドン》府中に貧院大小四十ヶ所あり。最大なる院には四、五百人を置くべし。四十ヶ所の内、政府に属するものは

1 **活計なきとき**　生計が成り立たないとき。

僅《わずか》に四、五のみ。政府に属する貧院の費用は、府中の戸毎《こごと》に定式家税《かぜい》の外《ほか》、貧院税と唱え金を出《いだ》さしむ。私に会社を結《むすん》で貧院を建る法は、病院を建る法と同じ。二、三の富人相謀《はかり》て一貧院を建んと欲すれば、その趣意を述べ新聞紙に記して周《あまね》く布告し、世人のこの社中に加わらんことを願う。世間この新聞紙を読み、富で仁なるものは社中に入り、毎年若干の金を出さんと約す。若《も》しこの金にて初め貧院を建立するに足らざれば、尚《なお》又富貴の人に説て寄附を請い、院既《すで》に成れば頭取を立てゝその取締をなさしむ。これより毎年の費用は社中より出《い》だし、又院に養う者にも遊怠《ゆうたい》に日を消せしめず、男子は籠子《かご》を作り縄をない、婦人は洗濯し「メリヤス」[1]を作る等、相応の手業《てわざ》を為《な》さしめ、その利潤を以《もっ》て院の入用に供す。又貧院社中、毎年一度、大に会食する例あり。この会席の前、数日新聞紙を出し、某日某処に貧院社中の集会を催うすべきに由《よ》り何人《なんぴと》にても来《きたり》て共に会食すべしと布告す。世人この新聞紙を見て志ある者はその会に行き共に飲食し、各《おのおの》その意に随《したが》い多少の金を投じて帰る。この金も亦《また》一歳の費用となる。

唖院

○唖院は唖人を教ゆる学校なり。唖子数百人を集めて語学、算術、天文、地理学等を教授すること、尋常の学校と異なるなし。その法、初て院に入る者には指を以て「エ、ビ、シ」二十六文字の記号を為すを教ゆ。指の形ちを色々にして文字の記号を為す様子は日本人の拳を打つ[2]手様の如し次《つい》で他人の言うときその唇、舌、歯、喉の運動を見、或《あるい》は之《これ》を触れ、その運動の機《はたらき》を効《まね》て音声を発することを学ばしむ。既《すで》に音声を発することを学べば、他人の言を耳に聞くこと能《あた》わずと雖《いえど》も、唇、舌、歯、喉の動機を見てその語を解し、共に談話するを得。唖子は天性音声を発する機器の具わらざるに非らず、唯耳の不具なるに由て人の言語を聞き之に効て五音を調和すること能わざるものなり。その証拠には喜笑哀哭の声は唖子と雖も常人と異なることなし。

盲院

〇盲院の法も大抵《たいてい》唖院に同じ。盲人に読書を教るには、紙に凸《とつ》の文字を印し、地図等は針にて紙に孔《あな》を穿《うが》ち海陸の形《かた》ちを画《えが》き、指端にて之を触れしむ。算術にも別に器械あり。その形ち算木[3]の如《ごと》し。之を転用して加減乗除より天文測量の難算に至るまで成らざるものなし。この外《ほか》盲人の学ぶ事業は男女共に音楽を勉《つと》む。又男子の手業《てわざ》には機《はた》を織り籠《かご》子を造り、婦人は「メリヤス」を組む。その品物は市に売て院の費用に供す。英国にて盲院に入るものは、長幼に拘《かか》わら

1 **メリヤス**　ここでは編み物のこと。　2 **拳を打つ**　二人以上相対して、手の開閉または指の屈伸などによって勝負を争う遊戯。じゃんけんもその一種。　3 **算木**　和算で運算に用いる角棒。

ず教授すること六年を限《かぎり》とす。この年限中に学術大抵《たいてい》成業に及べども、貧にして活計なき者は尚《なお》院内に留て養わるゝを許す。但《ただ》し年限より長く養わるゝものは手業を勤めざるを得ず。〇盲院も他の諸院の如《ごと》く、富める者は学費を払えども、貧しき者は之《これ》を出《い》ださずして院に入るべし。

癲《てん》　院《いん》

〇癲院は発狂せる者を養い治療する病院なり。患者一人毎《ごと》に一室を与え、病症の軽き者は昼間、室より出《いだ》し院内を歩行し、或《あるい》は庭園に遊で花を採り、或は歌舞し鞠《まり》を玩《もてあそ》び、或は絵を画《えが》く者あり、或は音楽する者あり。院内殊《こと》に清楚にして他諸院と異なり、諸処に小禽《ことり》を飼い金魚を養い鉢物を置く等、総《すべ》て閑静幽微の風致を設けて[1]人意を楽ましむるを主とす。この院は発狂人を療治するのみに非《あ》らず、或は狂心にて人を殺し、或は火を放て家を焼ける者等、皆この院に入る。但し狂心にても死罪を犯したる者は、その病平癒《へいゆ》の後も外に出ださずして癲院内に身を終らしむ。壬戌《みずのえいぬ》の夏、余が竜動《ロンドン》の癲院に行きしときもこの類の狂人三名を見たり。一人は国王を弑《しい》せんとし、一人はその父を殺し、一婦人あり自《みず》から三子を殺せりと云《い》う。

痴《ち》　児《じ》　院《いん》

〇痴児院は児童の天稟《てんぴん》智恵なきものを教ゆる学校なり。読書算術等を教ゆるも尋常の学校と同じからず。書は皆大文字を用ゆ。語を教ゆるにも絵に由《より》て解さしむ。例えば犬と云う字を教ゆるには犬の絵を画き、買《かう》と云う語を教ゆるには物を買う模様を画き、絵の傍《かたわら》にその語を附し、幾度も之を読て漸《ようや》く解さしめ、遂《つい》に読書に導く。算術を教ゆるも初《はじめ》は形《かた》ちを以《もつ》てす。種々の器あれども今その一を挙ぐ。教師小丸数個を持ち、二個を出して衆痴児に示し、この丸は幾個あるやと問う。答曰《こたえていわく》、二個。又二個を加え、幾個なるやと問う。答曰、四個。又問う、この四個に三個を加えて幾個となるや、三個を加えて一個を引けば幾個となるや、この総数を二つに分てば幾個なるやと。一問一答、次第に教導して、遂には物の数を知り、筆算をもなし得るに至る。読書算術の外《ほか》、本邦の智恵の輪、智恵の板[2]の類《たぐい》を玩《もてあそん》で工夫を用ることを教ゆ。智恵の板の最も簡約なるものは、広き板に方円屈曲の穴を穿《うが》ち、この穴に符合する小板を作て之を穴に嵌《は》め、方円屈曲を分つ工夫をなさしむ。この外女子には歌舞を教え、男子には樹に攀《よじのぼ》り梯子《はしご》に登り或は調練の真似をなさしめ身体を強壮にす。〇この学校ある国は現今只《ただ》仏蘭西《フランス》、荷蘭《オランダ》、普魯士《プロシア》のみにて、他国には未《いま》だ之を建てずと云う。

1 **閑静幽微の風致を設けて**　落ち着いた雰囲気にして。
2 **智恵の板**　パズルのこと。

博物館

○博物館は世界中の物産、古物、珍物を集めて人に示し、見聞を博《ひろ》くする為《ため》に設るものなり。「ミネラロジカル・ミュヂヱム」[1]と云《い》えるは礦品を集むる館なり。凡《およそ》世界中金石の種類は尽《ことごと》く之《これ》を集め、各《おのおの》その名を記るして人に示す。「ゾーロジカル・ミュヂヱム」[2]と云えるは禽獣《きんじゅう》魚虫の種類を集むる所なり。禽獣は皮を取り皮中に物を塡《うずめ》てその形《かた》ちを保ち、魚虫は薬品を用てその儘《まま》干し固《か》ため、皆生物を見るが如《ごと》し。小魚虫は火酒《かしゅ》[3]に浸《ひた》せるものもあり。○又動物園、植物園なるものあり。動物園には生《いき》ながら禽獣魚虫を養えり。獅子、犀《さい》、象、虎、豹《ひょう》、熊、羆《ひぐま》、狐、狸、猿、兎《うさぎ》、駝鳥、鷲、鷹、鶴、雁《かり》、燕《つばめ》、雀、大蛇、蝦蟇《がま》、総《すべ》て世界中の珍禽奇獣皆この園内にあらざるものなし。之を養うには各々その性に従て食物を与え寒温湿燥の備《そなえ》をなす。海魚も玻璃《はり》[4]器に入れ時々新鮮の海水を与えて生《いき》ながら貯えり。植物園にも全世界の樹木、草花、水草の種類を植え、暖国の草木を養うには大なる玻璃室を造り内に鉄管を横たえ管内に蒸気を通じて温を取る。故にこの玻璃室内は厳冬も常に八十度[5]以上の温気《うんき》[6]ありて熱帯諸国の草木にてもよく繁殖す。○「メヂカル・ミュヂヱム」[7]とは専ら医術に属する博物館にて、人体を解剖して或《あるい》は骸骨を集め或は胎子を取り、或は異病にて死する者あればその病の部を切取り、経験を遺《のこ》して後日の為《ため》にす。この博物館は多く病院の内にあり。

博覧会

一　前条の如く各国に博物館を設けて古来世界中の物品を集むと雖《いえ》ども、諸邦の技芸工作、日に闢《ひら》け、諸般の発明、随《したがつ》て出、随て新《あらた》なり。[8]之が為昔年《せきねん》は稀有《けう》の珍器と貴重せしものも、方今《ほうこん》に至ては陳腐に属し、昨日の利器は今日の長物[9]となること、間々《まま》少なからず。故に西洋の大都会には、数年毎《ごと》に産物の大会を設け、世界中に布告して各々その国の名産、便利の器械、古物奇品を集め、万国の人に示すことあり。之を博覧会と称す。凡当時世に行わるゝ諸種の蒸気機関、越列機《エレキトル》、瓦児華尼《ガルハニ》の器械、火器、時計、竜吐水《りゆうどすい》[10]、農具、馬具、台場[11]、軍艦、家作等の雛形《ひながた》、衣服、冠履《かんり》[12]、文房具、化粧道具、古代の名器、書画等、一々枚挙《まいきよ》するに遑《いとま》あらず。之を概すれ

1 **ミネラロジカル**　鉱物学（mineralogical）。 2 **ゾーロジカル**　動物学（zoological）。 3 **火酒**　ここではアルコールのこと。 4 **玻璃**　ここではガラスのこと。 5 **八十度**　華氏温度の八〇度。摂氏では約二七度。 6 **温気**　熱。熱気。 7 **メヂカル**　医学（medical）。 8 **随て……随て**　……する側から……する。 9 **長物**　役に立たないもの。 10 **竜吐水**　手押しポンプ式消火器具。 11 **台場**　人工の島。 12 **冠履**　冠と履き物。帽子と靴。

ば人間衣食住の需用、備わらざるものなしと云《いい》て可なり。斯《か》く千万種の品物を一大厦《いちたいか》[1]の内に排列して、五、六ヶ月の間、諸人の展観に供し、器品の功用は各《おのおの》その主人ありて之《これ》を弁解[2]す。諸人之を観《み》て買わんと欲すれば、直に博覧場の物は得べからざれども、之を産し之を製する所より定価を以《もっ》て買取るべし。又博覧会の終に至れば、会に出したる品物も入札の売買あり。〇都会に博覧場を開く間は、諸邦の人皆是《これ》に輻湊《ふくそう》[3]して一時都下の繁昌《はんじょう》を致す。千八百六十二年、竜動《ロンドン》に博覧場を設け、毎日場に入るもの四、五万人に下らず。来卯年[4]は仏蘭西の巴理斯に之を設くと云う 〇博覧会は元《もと》相教え相学ぶの趣意にて、互《たがい》に他の所長を取て己《おのれ》の利となす。之を譬《たと》えば智力工夫の交易を行うが如《ごと》し。又各国古今の品物を見れば、その国の沿革風俗、人物の智愚をも察知すべきが故に、愚者は自《みず》から励み智者は自《みず》から戒め、以《もっ》て世の文明を助くること少なからずと云《い》う。

蒸気機関

〇蒸気とは湯気なり。湯気に力あることは、鍋、釜、鉄瓶《てつびん》に湯を沸かしてその蓋《ふた》を吹上るを見て知るべし。今一合の水を沸騰せしめ、次第に火力を強くしてその水全く蒸発し尽くるに至れば、一石《こく》七斗《と》[5]の蒸気となる。即《すなわち》千七百倍の容《かさ》なり。蒸気機関とは、斯《か》く非常に膨脹する蒸気を捕えて密器中に封じその発力を藉《か》りて機関を動かすものなり。その大略、密閉したる釜に石炭を以て湯を沸かし、その蒸気を細き管より「シリンドル」[6]と云える筒に移す。この筒は水鉄砲の如き仕掛けにて、筒の内に符合する鍔《つば》あり。鍔に心棒を付けて、心棒は筒の外に出《いで》て、鍔は筒の内を彼此《ひし》に進退すべし。蒸気膨脹の力を以て筒内の鍔を圧し、一進一退、その力を心棒に伝えて機関運転の元となる。既《すで》に心棒の運動を起せば、種々の仕掛けにて次第に力を移し、上下左右、進退円転、意の如くならざることなし。○蒸気機関の力は「シリンドル」の大小に由《より》て強弱あり。この強弱を馬の力に擬《なぞら》えて計算す。所謂《いわゆる》蒸気の馬力なり。一馬力とは三万三千「ポント」の重さを一分時間に一「フート」[7]の高さに挙る力を云う。○西洋にても往昔《おうせき》は物を製するに皆人力を用ゆること本邦及び支那等に異なることなかりしに、千七百二十年、日耳曼《ゼルマン》の人レオポルド、蒸気を以て人力に代《かえ》んとするの説を起し、次《つい》で千七百六十九年より千七百八十五年に至るまでの間に、英国人ワット[8]初て蒸気機関を大成し、爾後《じご》英亜諸国にて益《ますます》工夫を

1 **大廈**　大きな建物。 2 **弁解**　説明。解説。 3 **輻湊**　多くの人々が集まること。 4 **来卯年**　慶応三（一八六七）年のこと。 5 **一石七斗**　約三〇六リットル。「石」「斗」は体積の単位。一石＝一〇斗、一斗＝一〇升、一升＝約一・八リットル。 6 **シリンドル**　シリンダー（cylinder）。 7 **フート**　フィート（feet）。フートは単数。 8 **ワット**　ジェームズ・ワット（一七三六―一八一九）。外編巻之一の略伝（本書一〇五頁以下）参照。

用い、その装置を改正しその用法を広くし、凡《およ》そ川を浚《さら》え、水を汲干《くみほ》し、田地を耕し、山を堀〔掘〕り、銅鉄の荒金《あらがね》を製錬し、材木を鋸《ひきき》り、金物《かなもの》を製し、木具を造り、毛綿を紡績し、機《はた》を織り、紙を製し、版を摺《す》り、砂糖を造り、麦粉《むぎこ》を磨《す》る等、大小の工作皆蒸気を用いざるものなし。職人は唯《ただ》機関の運転に注意するのみにて嘗《かつ》て手足を労せず、一人の力を以《もっ》て数百人の工を成し、その費冗《ひじょう》[1]は少くしてその製作は美なり。蒸気機関一度《ひとた》び世に行われてより、世界中、之《これ》が為《ため》に工作貿易の風を一変せりと云《い》う。

蒸気船

○蒸気船は亜米利加《アメリカ》合衆国の発明なり。千七百八十年の頃より工夫を始めたれども、屢《しばしば》失錯《しっさく》して功を成さず。千八百七年、ニューヨルク合衆国の都府のフルトン[2]なる者、百二十馬力の蒸気船を造て初て大成し、之を試みしに三十二時の間に百二十里を走れり。之を蒸気船の初《はじめ》とす。これよりその用法、漸《ようや》く世に弘《ひろ》まり、初めは川船及び内海の渡船に用い、次第に之を改正して遂《つい》に軍艦、商船、飛脚船《ひきやくせん》と為《な》し、万里の大洋を往来して暴風激浪の難を凌《しの》ぎ、攻防の勢力を強くし貿易の便利を増し、航海者の勇気、昔時《せきじ》に百倍せり。○蒸気船に用ゆる機関も、その大略は陸上の工作場に用ゆるものと異なることなし。船を三ッに分ち、舳《とも》と艫《へさき》を荷積《にづみ》の場所となし、船腹に機関を据《す》え、船の両側に輪を附け、この輪を転回して船を進む。之を両輪の蒸気船と云う。蒸気を焚《た》く石炭の煙は甲板上に突出せる煙出しより散ず。〇両輪船は、風浪に由《より》て船の傾くとき、一方の輪、水を離れて船行を妨ぐることあるを以て、又工夫を運《めぐ》らし、機関より船の軸に達するまで大なる鉄の心棒を通じ、棒の端に羽根を附け[3]、楫《かじ》と軸との間にて之を転回せしめ、両輪の代用となすことを発明せり。この羽根は元螺旋《らせん》の道理に基て造りたるものにて、その形《かた》ち児童の玩具に用ゆる蜻蛉《とんぼ》[4]の如《ごと》し。故に之を螺旋仕掛けの蒸気船と云う。大洋を航《わた》るには螺旋仕掛の方、便利なるを以て、近来は両輪船を造るもの少し。〇蒸気船の進行は機関の大小に由て遅速あり。大凡《おおよそ》一昼夜に百二、三十里乃至《ないし》三百四、五十里を走る。その最も軽便なるものは飛脚船なり。飛脚船は人の商売品を積み旅客を乗せて諸処に往来す。大抵《たいてい》帆《ほ》前《まえ》を用いず蒸気のみにて走り、風の順逆に拘《かかわ》らず着発必ず日を限る。欧羅巴《ヨーロッパ》より日本、支那等の間に往来するものは英仏商社の船にて、往来の間、諸処の港に寄て船を替え、宿次《しゅくつ》ぎ[5]にて彼此《ひし》[6]に達す。日限を誤ることなし。大抵日本より欧羅巴《ヨーロッパ》の地へは海路六十日にて達すべし。

1 **費冗**　費用。ふつうは「冗費」といい、むだな費用のことをさす。 2 **フルトン**　ロバート・フルトン（一七六五―一八一五）。アメリカの造船技師。 3 **棒の端に羽根を附け**　スクリューのこと。 4 **玩具に用ゆる蜻蛉**　竹トンボ。 5 **宿次ぎ**　港から港へと人や荷物を送ること。 6 **彼此**　あちらこちら。どこでも。

蒸気車

○蒸気車とは蒸気機関の力を藉《か》りて走る車なり。車一輛《いちりょう》に蒸気を仕掛け、之《これ》を機関車と名《なづ》く。機関車一輛を以《もっ》て他の車二十輛乃至《ないし》三、四十輛を引くべし。一輛の車に人数二十四人を容るその製作重大堅牢《けんろう》、四個の鉄輪にて走るが故に尋常の道を行くべからず。必ず之が為《ため》道を平《たいら》にし、車輪の当る所に巾《はば》二寸厚《あつさ》四寸許《ばかり》の鉄線二条を塡《うず》めて、常にこの上を往来す。之を鉄道と云《い》う。鉄道を作る費は地形の険易に由て同じからず。大凡平均して日本の里法一里に付き二万七、八千両なりと云う。鉄輪を以て鉄道を走る。車重大なりと雖《いえ》ども之を動かすこと甚《はなはだ》容易なり。この車を蒸気力にて引くが故《ゆえ》に、その迅速なること蒸気船の比類に非《あ》らず。文久壬戌《みずのえいぬ》の秋、余輩魯西亜《ロシア》[1]の彼得堡《ペテルブルグ》より仏蘭西《フランス》の巴理斯《パリス》に至るとき、その道程日本の里法にて七百五十里余あり。この道を二十一時の間に走れり。休息の時刻は之を除くこの蒸気車は甚疾《はや》きものにあらず。英国にて最も急行の車は一時に五十里余を走る。○蒸気車の発明も大抵《たいてい》蒸気船と同時代なり。但《ただ》し之を実地に用いたるは蒸気船よりも晩《おそ》し。千七百八十四年、ヰルレム・ムルドック[2]初て蒸気車を製したれども、軽小の玩具のみ。爾後《じご》二十年の間、之を改正するものなく、千八百二年に至てリチャルド・トレフヒチック[3]機関の工夫を大成したれども、尚《なお》之を実用に施さず。千八百十二年、英国人ジョージ・ステフェンソン[4]蒸気車を造て石炭を運送せり。之を蒸気車の初《はじめ》とす。但し未《いま》だ鉄道あらず。千八百二十五年、同人の工夫にてストックトンよりダルリントン[5]の間に鉄道を造れり。日本の里法にて二、三里なるべし 即《すなわち》世界中第一着の鉄道なり。これより欧羅巴《ヨーロッパ》諸国及び亜米利加《アメリカ》にて皆その法に効《なら》い、国内縦横に鉄道を作り、車を製すること一年は一年より多し。旅客を乗せ荷物を運送し、東西に駆《は》せ南北に走る。恰《あたか》も是れ陸路の良舟、千里を遠しとするに足らず。蒸気車の法、世に行われてより以来、各地産物の有無を交易して物価平均し、都鄙《とひ》の往来を便利にして人情相通じ、世間の交際俄《にわか》に一新せり。西人《せいじん》云う、近来は西洋諸国の人、旅中にて父母妻子の病を聞き、遠路の故を以てその死期に及ばざる等の如《ごと》き迂遠の談を聞かずと。

1 **余輩** 予輩とも。余、わが輩。ときに複数で「われわれ」。 2 **ヰルレム・ムルドック** ウィリアム・マードック（一七五四―一八三九）。英国の技術者。ボールトン＝ワット商会で蒸気機関の改良、設計に従事。ガス灯の発明者。 3 **リチャルド・トレフヒチック** リチャード・トレヴィシック（一七七一―一八三三）。英国の技術者。鉄のレールの上を走る機関車の試作、試運転に成功した。 4 **ジョージ・ステフェンソン** ジョージ・スティーブンソン（一七八一―一八四八）。外編巻之一の略伝（本書一〇九頁以下）参照。 5 **ストックトンよりダルリントン** ストックトン＝ダーリントン間。外編巻之一（本書一一三頁）参照。

伝信機

○伝信機とは越列機篤児《エレキトル》の気力を以《もっ》て遠方に音信を伝うるものを云《い》う。越列機篤児の力は古来支那人の全く知らざる所にて、自《おのず》から本邦人の耳目にも慣れず。之《これ》を簡約に弁明すること甚《はなはだ》難し。故に今こゝには越力《エレキ》の性質を論ぜずして唯《ただ》その作用の大略を記《し》るすのみ。鍛鉄《たんてつ》[1]に越列機篤児《エレキトル》の気力を通ずれば、その鍛鉄、磁石力を起して他の鉄片を引く。気力の流通を絶てば之を放つ。伝信機はこの理に基て製したるものなり。此所《ここ》に越列機篤児の仕掛を置き、彼所《かしこ》に鍛鉄の仕掛を設けて、此彼《しひ》の間に銅線を張り、此線より越気《エレキ》を通ずれば、距離の遠近に拘《かか》わらずその気忽《たちま》ち鍛鉄に感じて他の鉄片を引く。随《したがっ》てその気力の流通を絶てば乃《すなわ》ち復《ま》た之を放つ。斯《かく》の如《ごと》くして一通一絶、随意に鉄片の運動を起すべし。既《すで》に鉄片の運動を得れば、その動機を針端に伝えて紙に、い、ろ、はの記号を印し、之に由《より》て音信を通ずべし。その神速なること千万里と雖《いえ》ども一瞬に達す。各処に線を通ずるには、その道筋三、四十間毎《ごと》に柱を立て、高さ八、九尺の所に線を掛く。水底に沈るものは線の外面を覆て水を防ぐ。線を通ずる費、日本の一里に付き、陸上のものは凡三百両、水底に通ずるものは四千両。現今西洋諸国には海陸縦横に線を張ること恰《あたか》も蜘蛛《ちちゅう》の網の如し。互《たがい》に新聞を報じ緊要の消息を通じ千里外の人と対話すべし。公私の便をなすこと挙て言うべからず。西洋人の諺《ことわざ》に伝信機の発明を以て世界を狭くせりと云うも亦溢言《またいつげん》[2]に非《あ》らず。○西洋にて急報の法、往《おう》昔《せき》は唯相図《あいず》を以て事変を報ずるのみなりしが、千六百年代の初《はじめ》よりその相図にて事の次第を告ぐべき仕掛を設けて、高き所に番所を建て、望遠鏡を以て互に相図を見て次第に遠方に報告することを発明し、千七百年代の末に至てはこの法益《ますます》精巧となり、諸国一般に之を用いたり。越列機篤児の力を伝信に用ゆるは千七百七十四年、仏蘭西《フランス》人レ・サジの工夫なり。この人初てその仕掛を製し、爾後《じご》、越列機篤児の学次第に開け、随《したが》って伝信機をも改正したれども、之を大仕掛にして実用に施すことを知らず。千八百三十七年、亜米利加《アメリカ》の人モールス[3]、五年の試験に由て大に発明し、之を実地に試んとすれども貧にして資なし。乃《すなわち》合衆国の政府に願い三万「ドルラル」[4]を得て、千八百四十四年、華盛頓《ワシントン》府合衆国の首府よりバルチモール[5]府まで十七、八里の間に線を通じ両府の消息を報じたり。之を世界中伝信線の初とす。水底の伝信線は千八百五十一年、英国のドーウル英国南岸の地より仏蘭西の海岸[6]に通ずるものを初とす。爾後、この法に効《なら》いて

1 **鍛鉄**　鋼鉄。　2 **溢言**　度を過ぎた言葉、表現。　3 **モールス**　サミュエル・F・B・モース（一七九一―一八七二）。アメリカの画家、技術者。電磁石を使った実用的な電信機を発明。モールス符号の考案者。
4 **ドルラル**　ドル（dollar）。アメリカの通貨単位。　5 **バルチモール**　メリーランド州ボルティモア。
6 **ドーウル……海岸**　ドーヴァー海峡。

諸処の海底に線を沈め、千八百五十八年には亜多喇《アタラ》[1]海を横ぎり亜米利加《アメリカ》と英国との間に線を通したり。その長さ日本の里数にて殆《ほと》んど千里に近し。但《ただ》しこの伝信線は成功の後、錯〔銹〕てその働《はたらき》をなさず。由《より》て之《これ》を廃し近日再興を企《くわだ》つと云《い》う。

瓦斯《ガス》灯

○石炭を釜の内に密閉して之を蒸焼きにすれば炭の気を発す。この気は炭化水素瓦斯《カルボレッテド・ヒドローセン・ガス》と云うものにて、之に火を点ずれば空気と合して燃え、その光、油、蠟燭《ろうそく》の火よりも明《あきらか》なり。千七百九十八年、英国に於《おい》て初て瓦斯灯を用ゆることを工夫し、爾後《じご》、その用法漸《ようや》く盛大に及び、各国の人、商社を結て瓦斯を製し、之を市中に売る。その仕掛の大略、大なる釜に石炭を焼て瓦斯を集め、街道の地下に鉄管を埋めてその瓦斯を受け、管を以《もっ》て管に接し、市中縦横に通達すること本邦の水道の如《ごと》し。この鉄管より小管を枝別して市中の戸毎《こごと》に引き、火を点じて灯《ともしび》となす。又街道及び橋上の処々に瓦斯の灯台を設けて往来を照らし光明昼の如し。方今《ほうこん》西洋諸国には燭《しょく》[2]を携て夜行するものなし。

○西洋にては大〔太〕陽暦を用い、平年三百六十五日と定む。故に数年を経る間には、我国の月日と一月も違うことあり、或《あるい》は正しく双方の月日相符合することあり。何《いず》れも我邦閏月《うるうづき》の有無に由て然《しか》るなり。

○一昼夜は廿《にじゅう》四時に分ち、子午《しご》[3]を第十二時とし、復《ま》た第一時に返る。故に西洋の一時は我半《はん》時《とき》[4]なり。時の順序左の如し。

第一時 我九時半　第二時 我八時　第三時 我八時半　第四時 我七時　第五時 我七時半　第六時 我六時　第七時 我六時半　第八時 我五時　第九時 我五時半　第十時 我四時　第十一時 我四時半　第十二時 我九時

一時を六十に分《わか》ち之を一分時《ミニユート》と云い、一分時を六十に分ち之を一秒時《セコンド》と云う。一秒時は大抵《たいてい》脈の一動に同じ。

○物の大数を記《し》るすに億と云い兆と云い諸説一定せず。今この書中にある物数は一、十、百、千、万、十万、百万、千万、一億、十億、百億と、十倍ずつにて次第に計《かぞ》え上るなり。

○寒暖に幾度々々[5]と云うものは、水の凍る寒《さむさ》を三十二度とし、湯の沸騰する熱《あつさ》を二百十二度と

1 亜多喇海　大西洋（Atlantic Ocean）。　**2 燭**　提灯、ランプ等のあかり。　**3 子午**　子（ね）の刻（夜の一二時頃）、午（うま）の刻（昼の一二時頃）。　**4 西洋の一時は我半時**　当時の日本の一刻（時）は二時間。　**5 寒暖に幾度々々**　ここでは華氏温度のこと。

定め、その間の度数にて寒暖を計るなり。大抵《たいてい》春秋の気候は五、六十度、夏の暑《あつさ》は八十度以上百度となることは稀《まれ》なり。

○英亜の一「フート」は我一尺強に当り、一「インチュ」[1]は「フート」十二分の一にて八分三釐《りん》強に当る。

同、陸の一里[2]は我《わが》十四町四十三間弱に当る。

同、海の一里[3]は我十六町五十七間強に当る。

○仏蘭西《フランス》の一「メートル」は我三尺三寸弱に当る。

英亜の一「ポント」は我百二十一匁《もんめ》[4]強に当る。

同、一「トン」は我二百七十一貫目《かんめ》[5]強に当る。即《すなわち》米六石《こく》七斗《と》七升《しょう》余の重さなり。

○合衆国の一「ドルラル」は我三歩《ぶ》に当る。方今《ほうこん》我邦の貿易場に行わるゝ「ドルラル」[6]も大抵《たいてい》合衆国の「ドルラル」と同量なり。この「ドルラル」は合衆国の隣国「メキシコ」の通用金なり。

同、一「セント」は「ドルラル」百分の一なり。

○荷蘭《オランダ》の一「ギュルデン」は我十八匁《もんめ》に当る。金一両六十目の相場[7]

○英国の一「ポントステルリング」[8]書中に唯「ポント」と記すは我三両に当る。

同、一「シルリング」は我九匁[9]に当る。

1 **インチュ**　インチ（inch）。2 **陸の一里**　法定マイル（statute mile）のこと。3 **海の一里**　法定マイルに対して航海・航空用の単位、海里（nautical mile）のこと。4 **百二十一匁**　約四五三グラム。「匁」は尺貫法の重さの単位。一匁は約三・七五グラム。5 **二百七十一貫目**　一貫は一、〇〇〇匁。6 **ドルラル**　ここではメキシコ産銀貨の呼称。東西貿易の決済通貨として使われ、メキシコ・ドルといわれた。日本では洋銀、墨銀とも称した。それは開港時には一歩銀三片（または分〔ぶ〕）と等価と決められた。小判でいえば四分の三両に当たる。なお、合衆国ではドルを自国通貨の「単位」とした。福澤は米ドルから墨銀を説明しているが、歴史的経緯は逆である。洋銀はおよそ銀二七グラムの重量を持つ。日本も明治四年になって同量の貿易銀貨（一円相当）をつくった。7 **金一両六十目の相場**　ここの「目」（匁におなじ）は秤量貨幣（money by weight）であった銀貨、すなわち丁銀の目方にほかならない。「一両六十目」は幕府公定の金銀相場であった。ただし、十八世紀の半ばすぎから丁銀は影をひそめ、金貨小判などと同じ定位貨幣（token money）に代わり（代表的なものは一分銀）、幕末に丁銀は金銭貸借の際における計算貨幣になっていた。8 **ポントステルリング**　英国の通貨単位の正式呼称（pound sterling）。重さのポンドとの混同のおそれがないかぎり、本文割註にあるように、スターリングを省き、単にポンドというのが通例。なお、一ポンド＝三両＝一二分ゆえ、一ポンド＝四ドルとなる（一ドル＝約三分）。9 **我九匁**　この「匁」は、注6の「目」とおなじく銀目。

同じで、一「ペンス」は我《わが》七分《ふん》五釐《りん》[1]に当る。
○仏蘭西《フランス》の一「フランク」は我八匁に当る。
同、一「シューズ」は我四分《ふん》に当る。
○通用金の割合は時の相場[2]に由《より》て一定せず。前条記する所は唯《ただ》その大概なり。
○本編は専ら英亜の書を翻訳せるが故に度量皆両国の制を用ゆ。遇々《たまたま》他国の度量を挙るときはその下に割註を附して之《これ》を区別す。各国度量の比例は西洋度量考[3]と云《い》える刊行の書あり。就《つい》て見るべし。

西洋事情　巻之一　終

1　**七分五釐**　銀目ゆえ「分」は「ふん」と読み、「ぶ」とは読まない。釐はその一〇分の一。一匁＝一〇「ふん」。四分の一両＝一分（金貨の場合は「ぶ」と読む）。なお「ふん」とのまぎれを避けるために、「歩」を使うことも多い。　2　**時の相場**　金銀相場は鎖国中でも幕府の公定相場を離れて上下に変動していた。開国直後には金銀の国際相場の影響を受けて大きく変動し、日本からは一時期海外へ多額の金貨が流出したといわれている。　3　**西洋度量考**　郡上藩主青山幸哉撰、安政二（一八五五）年刊。

西洋事情　初編　巻之二（抄）

福澤諭吉　纂輯

亜米利加《アメリカ》合衆国

史記

千四百九十二年、西班牙《イスパニア》の船将閣竜《コロンブス》[1]、亜米利加国を発見せしより、爾後《じご》、欧羅巴《ヨーロッパ》各国の政府並に商社その轍《てつ》[2]に効《なら》い、争て船艦を遣《や》り諸方を探索して、便利なる地方を発見すれば随《したがっ》て人民を移し、その地を本国の所領となせり。千七百六十年の頃、今の合衆国の地、英国の所轄に属するもの十三州あり。千七百六十五年、英国議事院の定議にて[3]、凡《およそ》十三州の内に用ゆる物品は尽《ことごと》くその証印税を取るべしと法令を下したり[4]。この法令は各州の服せざる所にて速《すみやか》に廃したれども、その後又種々苛刻《かこく》の法を立て丶収斂《しゅうれん》[5]し、州民之《これ》に堪えずして屢《しばしば》愁訴すれども用いられず、失望の余り、州内一般の利益を謀《はか》るとて各州より人物を推挙して、千七百七十四年第九月四日、フヒレデルフヒヤ[6]に会同し、種々商議[7]を尽《つく》して、英国政府の公平なる処置を得んと願訴したれども更に之を聴かず、却《かえっ》て益《ますます》暴威を張り、且《かつ》政府の法令を拒《こば》むものは威力を以《もっ》て之を圧伏すべしとて本国より兵を送りたり。この勢《いきおい》にて州民、政府の命に背けば戦わざるを得ず、命に従えば苛刻の法に束縛されて終身奴隷と為《な》らざるを得ず。戦和の両議、旦夕《たんせき》に迫りた[8]れども、人心の向う所、遂《つい》に戦議に決して、窃《ひそか》にコンコルド[9]に武器を集めり。于時《ときに》千七百七十五年第四月なり。英国の将軍ゲージ[10]之を聞き、同月十九日、指揮官ピトケールン[11]をして一隊の兵を卒〔率〕いてコンコルドに向わしめしに、途中レキシントン[12]に於《おい》て武器を携えたる者を見たり。依て命を下しその武器を置かしめんとしたれども聴かず。乃《すなわ》ち之に放発して数人を殺し、又コンコルドにても戦闘して双方死傷多し。之を血戦の初《はじめ》とし遂に数年の騒乱に及べり。〇このとき日未《いま》だ暮れず。近傍の寺院[13]にて一時に鐘を鳴らし、この合図に従て衆民皆武器を携え、ボーストン[14]に集まるもの百を以て計《かぞ》う。第六月十七日、ブンケル山[15]の戦は、亜米利加人千五百

1 **閣竜**　閣立とも。コロンブス（一四五一—一五〇六）。 2 **轍**　前人の行った後。先例。 3 **定議**　相談して決めること。決定。 4 **千七百六十五年……法令を下したり**　印紙法のこと。 5 **収斂**　聚斂とも。税を取り立てること。 6 **フㇶレデルフㇶヤ**　ペンシルベニア州フィラデルフィア。 7 **商議**　協議。相談。 8 **旦夕に迫る**　旦夕は朝から夕方までの意で、きわめて短い時間のこと。時機がさし迫っていること。 9 **コンコルド**　ボストン郊外、独立戦争の戦場。 10 **ゲージ**　トーマス・ゲイジ（一七二一—八七）。 11 **ピトケールン**　ジョン・ピットケーン。 12 **レキシントン**　ボストン郊外、独立戦争開戦の地。 13 **寺院**　教会。 14 **ボーストン**　マサチューセッツ州ボストン。 15 **ブンケル山**　バンカー・ヒル。マサチューセッツ州チャールズタウンにある丘。

人、英の兵三千人と接戦し、三度《みた》び敵を退けたれども、遂《つい》に我兵利なくしてチャルストン[1]に引きたり。この時に我勇将ワルレン[2]戦死せり。総計亜人の戦死四百五十人、英人を殺すこと千人余なり。ブンケル山の戦争後、華盛頓《ワシントン》[3]を推して総督将軍と為《な》し、ボーストンに会同せる議事官並に兵卒を名《なづ》けて大州の軍勢と称せり。第七月一日より華盛頓、総軍の指揮を司《つかさど》り、先《ま》ずボーストンに赴き、翌年第三月、英国の将軍ホーウ[4]がボーストンを去てよりその近傍に敵国の兵なし。〇レキシントン及《および》ブンケル山の合戦にて人心益《ますます》意を決して防戦せんとし、遇々《たまたま》千七百七十六年の春、英国王より命を下し、亜米利加《アメリカ》人を征するに付ては劇烈の力を尽して之《これ》を制圧すべしとの報告ありしより、諸州一般、之に奮激して合衆独立の意を生じ、第六月九日、会同協議して、合衆諸州は固《もと》より独立するの理を以《もっ》て独立し、英国と交《まじわり》を絶ち、英国の支配を受けず、固より之と離別するの理を以て之と離別するとの大論を発し、次《つい》で独立の檄文《げきぶん》[5]を作るためゼッフェルソン[6]、アダムス[7]、フランキリン[8]、シェルマン[9]、ライキントン[10]の五人を推《おし》て作文の職に任じ、第六月二十八日、ゼッフェルソン草稿を起して之を評議所に出し、第七月一日まで机上に置き、五名の人にて増補刪正《さんせい》してその文を定め、各州の名代人《みょうだいにん》に示せしに、之に同意するもの九州、之を拒むもの二州あり。依て又衆人一般に商議したれども、独立の議に左袒《さたん》[11]するもの多く、加之《しかのみならず》第七月四日に至て諸方より独立の論を唱うるもの蜂起《ほうき》雲集《うんしゅう》し、遂に十三州同意一定して独立不羈《ふき》[12]の国と称し、爾後《じご》益《ますます》兵を募《つの》り、英の兵と戦て互《たがい》に勝敗あり。又千七百七十八年第二月、仏蘭西《フランス》と条約を結て[13]より防戦の助力を得たり。○騒乱の初《はじめ》より七年の間、二十九戦し、或《あるい》は勝ち或は敗し、千七百八十一年、ヨークタヲン[14]の一戦を以て事を終れり。この戦は第十月十九日、華盛頓一万六千の兵を指揮し、英国の将軍コルンワリス[15]と接戦して大に勝ち、敵兵五百五十人を殺傷し、七千二百四十七人を生捕り、コルンワリスも降参したり。此《これ》より英軍力を失て遂に和睦を議し、千七百八十三年第一月二十日、仮条約を結び、翌年第九月三日本条約を取り替《かわ》し、合衆国の不羈独立を周《あまね》く布告したり。

1 チャルストン　チャールズタウン。**2 ワルレン**　ジョゼフ・ウォレン（一七四一―七五）。**3 華盛頓**　ジョージ・ワシントン（一七三二―九九）。**4 ホーウ**　サー・ウィリアム・ハウ（一七二九―一八一四）。**5 独立の檄文**　独立宣言。**6 ゼッフェルソン**　トマス・ジェファソン（一七四三―一八二六）。**7 アダムス**　ジョン・アダムズ（一七三五―一八二六）。**8 フランキリン**　ベンジャミン・フランクリン（一七〇六―九〇）。**9 シェルマン**　ロジャー・シャーマン（一七二一―九三）。**10 ライヰントン**　ロバート・R・リビングストン（一七四六―一八一三）。**11 左祖する**　加勢する。**12 独立不羈**　「不羈」は束縛されないこと。なにものにも縛られず自立していること。不羈独立も同じ。**13 仏蘭西と条約を結て**　米仏和親・通商条約の締結。**14 ヨークタヲン**　バージニア州ヨークタウン。**15 コルンワリス**　チャールズ・コーンウォリス（一七三八―一八〇五）。

千七百七十六年第七月四日、亜米利加《アメリカ》十三州独立の檄文《げきぶん》

人生已《や》むを得ざるの時運にて、一族の人民、他国の政治を離れ、物理天道[1]の自然に従て世界中の万国と同列し、別に一国を建るの時に至ては、その建国する所以《ゆえん》の原因を述べ、人心を察して之《これ》に布告せざるを得ず。

天の人を生ずるは億兆皆同一轍《どういってつ》[2]にて、之に附与するに動かすべからざるの通義《つうぎ》[3]を以《もっ》てす。即《すなわ》ちその通義とは人の自《みず》から生命を保し自由を求め幸福を祈るの類《たぐい》にて、他より之を如何《いかん》ともすべからざるものなり。人間《じんかん》に政府を立る所以は、この通義を固くするための趣旨にて、政府たらんものはその臣民に満足を得せしめ初て真に権威あると云《い》うべし。政府の処置、この趣旨に戻《もと》るときは、則《すなわち》之を変革し或《あるい》は之を倒して、更にこの大趣旨に基き、人の安全幸福を保つべき新政府を立るも又人民の通義なり。是《これ》余輩の弁論を俟《ま》たずして明了なるべし。○因循姑息《いんじゅんこそく》[4]の意を以て考うれば旧来の政府は一旦軽卒〔率〕の挙動にて変じ難しと思うべし。然《しか》れども同一の人民を目的と為《な》して強奪を恣《ほしいまま》にし悪俗を改めしめずんば、遂《つい》には自主自裁[5]の特権を以て国内を悩ますに至るべし。故に斯《かく》の如《ごと》き政府を廃却して後来の安全を固くするは、人の通義なり、亦《また》人の職掌なり。○方今《ほうこん》我諸州正《まさ》しくこの難に罹《かか》れるが故に、政府旧来の法を変革するは諸州一般止《や》むを得ざるの急務なり。英国王の行いを論ずれば不仁惨酷《ふじんさんこく》[6]の他に記

すべきものなく、専ら暴政を以て我諸州を抑圧せり。今その事実を枚挙《まいきょ》し之を世界に布告してその明論を待つべし。

英国王、世上一般の利益のため欠くべからざるの良法を採用せず。○急要の事件指起《さしおこ》るとき、その土地の奉行《ぶぎょう》[7]にて法を立んとするも、英国王之を禁じて、王の免許を得るに非《あら》ざれば之を施行せしめず。加之《しかのみならずか》斯くその施行を禁じ、王は自《みず》から之を忘却して意を用ゆることなし。○英国王、州内一般に的当せる法令を施すことを拒み、その人民をして国法を会議せしむるの通義《つうぎ》を破れり。この通義は人民に於《おい》ては甚《はなは》だ貴重にして、暴政を行わんとする者の恐るゝ所なり。○英国王、その国法を会議する場所を不都合なる遠地に設けて人民の議論を避るは、人をして奔走に疲れ余議なくその法に従わしめんと欲するなり。○英国王、果断を以て人民の通義を破らんと欲し、屢《しばしば》国民の会議局[8]を廃したり。○英国王、この会議局を廃して更に再建を拒み、之に由《より》て国政を議するの権は自《おのず》から国民に帰し、その本国は内外の危害

1 **天道**　天然の法則、原理。 2 **同一轍**　同じレベル。平等。 3 **通義**　権利。外編巻之一（本書九〇頁）および二編例言（本書二三〇頁）参照。 4 **因循姑息**　旧習を改めず、一時しのぎで間にあわせること。 5 **自主自裁**　他の干渉を受けずに自分で判断し、また事を行ったりできること。 6 **不仁惨酷**　思いやりがなく残酷なこと。 7 **土地の奉行**　ここでは地方の長官。 8 **会議局**　議会。

を蒙《こうむ》るに至れり。○英国王、我諸州に人口の繁殖するを妨げんと欲し、外人帰化の法を廃してその移住を禁じ、土地分配の新法を立たり。○英国王、この国に裁判の権を附与するを拒《こば》て裁判局を廃したり。○英国王、特権を恣《ほしいまま》にして官爵を与《よ》奪《だつ》し俸禄《ほうろく》を増減せり。○英国王、新《あらた》に官吏を命じてこの国に送り、国内に群集して我州民を煩《わずら》わしめ、我州民の膏血《こうけつ》を竭《つく》さしめたり。[1]○英国王、我輩の衆議に戻《もとり》て無事の時も州内に常備兵を設けたり。○英国王、文武両局を別《わか》ち武局を以《もっ》て文局の右に置たり。[2]○英国王、我法律に戻《もと》り、我政治に異なる一殊《いっしゅ》の政《まつりごと》を以て我人民を制伏せんと欲し、徒党を結てその党の議定したる偽法を許したり。○蓋《けだ》しその趣旨を察するに、斯《かく》の如《ごと》くして我国内に大兵を送らんとする為《ため》なり。大兵を送て我州民を殺害するとも、空論を述てその罪を遁《のが》れんとする為なり。我国と世界中との貿易を絶《たた》んとする為なり。我州民の承服せざる賦税《ふぜい》[3]を収斂《しゅうれん》せんとする為なり。我輩を海外に送て妄《みだり》に害を加えんとする為なり。我近傍に一州の地を占め、その州内に元来英国寛裕の法律を廃して自主自裁の政を施し、漸《ようや》くその境界《きょうかい》を広めて、遂《つい》にその例を以て我諸州をも独裁の政治に属せんとする為なり。我州民の自《みず》から法令を議定すべき権を奪却《だっきゃく》して、国王の徒党より我輩を制するの権柄《けんぺい》を執《と》るとて、之《これ》を一般に布告せんとする為なり。○英国王は我州民の保護を廃し、我諸州に向て師《いくさ》を遣《や》りたるに由《より》て、自《みず》からこの諸州を支配するの権を棄《すて》たるなり。○

英国王、我近海を掠《かす》め我海岸に寇《こう》し、[4]我都府を焼き我人民の命を害せり。○英国王、殺人滅国の暴政を遂《と》げんと欲し、方今《ほうこん》は外国の大兵を雇て我国に送りたり。その不義惨酷《さんこく》、往古の夷狄《いてき》[5]と雖《いえ》ども為《な》さざる所にて、豈《あに》文明の世に出《いで》て人の上に立つ者の挙動ならんや。○英国王、洋中に於《おい》て我国人を捕え、強《しい》て之に武器を与え、その本国に向てその親戚朋友を伐《う》たしめんとせり。○英国王、我諸州に内乱を起さしめて、我州内の人民を印度《インド》の野人と同様に御《ぎょ》せんと欲すれども、印度人殺伐不仁の戦と之を同日に論ずべけんや。

苛刻《かこく》の法令を出す毎《ごと》に、余輩、言を卑《ひく》うし謹て願訴したれども嘗《かつ》て之を聴かず、随《したがって》て願訴すれば随て之に報ゆるに惨毒《さんどく》を以てし、一令出る毎にその暴政たるを証するに足れり。斯の如き暴君は自由寛裕なる人民の上に置くべからず。

又我輩、我本国たる英国の人民にも注意せざるに非《あ》らず。英国の人民が法を議して非道の政治を我諸州に加うることに付ては、我輩屢《しばしば》之に忠告し、昔我輩の英国を去てこの国に移住せしときの景況をも述べ、英国人一般の正論を請《こ》い、或《あるい》は骨肉の縁を以て懇談し、斯《か》く暴

1 **膏血を竭さしむ**　苦労して得た収益や財産を搾り取らせる。　2 **右に置たり**　優位なものとした。　3 **賦税**　課税。　4 **寇す**　攻めよせる。侵入する。　5 **夷狄**　野蛮の民。

政を行いなば遂《つい》には双方の交際も絶えべきが故に、之《これ》を弁論周旋すべしと反覆請求したれども、英国人民も共に是《こ》れ聾盲《ろうもう》にして、嘗《かつ》て之が為《ため》正論を唱えず、又骨肉の縁をも顧みず、故に我輩止《や》むを得ずして交《まじわり》を絶ち、英人を見ること猶《なお》他国人を待遇するの如《ごと》くして、戦には之を敵とし、太平には之を友とすべしと決意したり。

故に亜米利加《アメリカ》合衆国の名代人《みょうだいにん》たる我輩、その論説の正否を世界中の公評に質《ただ》さんが為、こゝに会同して、州内良民の名に代り州内良民の権を藉《か》り、謹で次件を布告す。合衆諸州は固《もと》より独立するの理を以《もっ》て独立し、英国と交《まじわり》を絶ち、英国の支配を受けず。固より之と離別するの理を以て之と離別し、且既《かつすで》に不羈《ふき》独立の国と為《な》りたるが故に、或《あるい》は師《いくさ》を出《いだ》し或は和睦を議し、或は条約を結び或は貿易を為《な》す等、都《すべ》て独立国にて行うべき事件は我国に於《おい》ても之を施行するの全権あり。○右布告の趣旨は、余輩天道の扶助を固く信じて、幸福と栄名をこの一挙に期し、死を以て之を守るものなり。

十三州の名代人四十八名調印

合衆国、独立を布告してより以来、専ら国内一般の利益を謀《はか》り、同盟の定議を以て国法となしたれども、多年の干戈《かんか》[1]初て止て全国太平に帰し、従て貿易商売、諸術工業も旧に復するに付ては、その法律、不便のことあるを以て、千七百八十七年第五月、諸州の名代人《みょうだいにん》フヒレデルフヒヤに会して国政を定めり。[2] 即《すなわ》ち今の合衆政治なり。又華盛頓《ワシントン》は騒乱の初期より亜米利加《アメリカ》の兵を指揮したる人物なるを以て、之を推《おし》て大統領となし、千七百八十九年第四月三十日、ニューヨルクに於て統領の職に任じたり。〇華盛頓職に任じてより、国用を節し賦税《ふぜい》を平にし、国内の経済を修めて富国の基を立て、外国の交際を厚くして信義を失わず。この時に当て欧羅巴《ヨーロッパ》の諸国に戦争ありしかども、合衆国は固く中立を守り嘗て之に関係せしことなし。在職八年の間、内外無事にして、ヱルモント、ケンチュツキ、テンネッシー[3]の三州、合衆国の版図《はんと》に帰したり。〇千七百九十七年、華盛頓職を辞し、ジョン・アダムス代て大統領に任じたり。是《これ》より先《さ》き我政府、外国との交際に中立を守て他国を助けざるを以て、仏蘭西《フランス》人之を憤り、合衆国の貿易を妨げ或は兵を挙て来り攻んとするの勢あり。是《ここ》に於て大統領アダムス、陸軍を備え海軍を増し、華盛頓を以て陸軍の総督に命じたれども、その後華盛頓は病死し、且《かつ》又幸にして仏蘭西の事も平《たいら》ぎたり。千八百一年、アダムス職を去り、ゼッフェルソン代て大統領と為り、その後仏蘭西と約束を定め、千五百万「ドルラル」を仏に与えてその領地ロイシヤナ州を合衆国に幷《あわ》せたり。

1 干戈　たてとほこ。戦争。　**2 千七百八十七年……国政を定めり**　合衆国憲法制定のこと。　**3 ヱルモント……テンネッシー**　以下、歴代大統領名、追加州名は現在通行の片かな表記で、この巻の末尾に一覧表として示す（七八頁）。

○ゼッフェルソン在職の間、盛大の政《まつりごと》を施し、貿易を勉《つと》め外交を修め、合衆国の威名、欧羅巴《ヨーロッパ》諸国に轟《とどろ》くに至れり。然《しか》る所、先《さ》きに亜米利加《アメリカ》騒乱のとき、英人屢《しばしば》大敗を取て既《すで》にその勇気を失い、加之《しかのみならず》建国の後は亜米利加の貿易次第に盛なるを見て嫉妬の意を生じ、力を以《もっ》て敵対すること能《あた》わざれども、窃《ひそか》に之《これ》を忿怒《ふんぬ》して、屢《しばしば》亜米利加人を凌辱《りょうじょく》せることあり。亜人之に堪えず、遂《つい》に千八百十二年、大統領マヂソン在職のときに至て兵を挙て英国と戦い、千八百十五年、再び和睦して条約を結びたり。この戦争にて合衆国の軍費凡《およそ》一億「ドルラル」、兵士を失うこと三万人許《ばかり》なり。英国との戦争終らんとするの時に当《あた》て、アルゼリー国[1]地中海の南岸にある亜非利加州の一国にて後仏蘭西の所領となれりの海賊、亜米利加の貿易を妨げ商船を掠奪《りゃくだつ》したるに付き、千八百十五年第五月、水師提督デカチュール軍艦を卒〔率〕いて地中海に入り、アルゼリー国の罪を罰したりしに、不日[2]にして罪に伏し、償金を出して和睦を為《な》したり。○マヂソン在職の間にヲハヨ[3]及びインヂヤナの二州版図《はんと》に入る。○千八百十七年、ゼームス・モンルー、マヂソンに代て大統領となり、モンルー在職の間は無事にして外国との戦争なし。唯《ただ》セミノール[4]の土人と一小戦したるのみ。千八百十九年、西班牙《イスパニア》人、東西フロリダの地及び近傍の属島を尽《ことごと》く合衆国に附与せり。○モンルー在職の間にミスシッピー、イリノイス、アラバマ、メーン、ミスソウリの五州版図に入る。千八百二十年、ミスソウリ州を并《あわ》するとき、初て奴隷論を発し、州内の南北部にてその説齟齬《そご》せり。依て千八百二十二年、議定して南方の独立を許したり。奴隷論とは、旧来合衆国の南部にては亜非利加州の黒奴を買い、終身奴隷として之を仕役する風習なり。然るを北部の正論に、黒奴と雖も同一の人類なるに、之を牛馬の如く仕役して人の人たる通義を許さゞるは天理に戻るとて、その風習を改めしめんとすれども、南部にては旧来の習俗を俄に改革すれば、耕作等の産業に不便なるが故に之を聴かず。依て南北の不和を起すなり。この後数十年を経て千八百六十二年、再びこの論を発して遂に又内乱を生じ、四年の間南北部の大戦争[5]に及びたるも、その前徴、既にこの時に在るなり。○千八百二十五年、モンルー職を去てクヰンシ・アダムス大統領となり、在職の間、太平にして記すべきことなし。千八百二十九年、アダムス職を去りジャクソン代て職に任ず。この時税法のことに付き南部、乱を起して、千八百三十一年より翌年に至るまで騒乱あり。この外《ほか》亜米利加の土人と戦うこと二度にして、アルカンサス、ミチカンの二州を合衆国に幷せり。土人とは本来の亜米利加人種なり。閣立《コロンブス》この国を発見して後、欧羅巴諸邦の人こゝに移住するに及て終始土人と和せず、動もすれば戦闘を起すと雖も、従来この土人は風俗野陋、唯強勇なるのみにて文学技術を知らず、固より欧羅巴人に敵すること能わず。合衆国独立してより以後、尚又擯斥されて山野に遁れ、漁猟を以て業となし、絶て海岸の地には出ることを得ず。時々党を結て山より出て、合衆国内地を侵すことありと云う。千八百三十七年、ジャクソン職を去てマルチン・フㇵン・ブーレン之に代る。ブーレン在職の間にカナダ合衆国の北境にある英国所轄の地の人、乱を起し、合衆国の人民、之を助けたるに付き、英亜両政府の不和を生じて殆《ほと》んど戦争に及んとせり。千八百四十一年、ブーレン職を去りハリソン之に代り

1 **アルゼリー国**　アルジェリア。　2 **不日**　日ならず。まもなく。　3 **ヲハヨ**　オハイオ。オハイオは実際には、ジェファソン在職中の一八〇三年に州となった。　4 **セミノール**　アメリカ先住民の一部族。　5 **南北部の大戦争**　南北戦争。

たれども、大統領の職に在ること一月にして死し、副統領タイレル次《つい》で大統領となれり。タイレル在職の間に税法を改革し、又テキサス及びフロリダの二州を合衆国に幷《あわ》せたり。千八百四十五年、タイレル職を去りゼームス・ポルク代て職に任じ、メキシコ合衆国の南境にある国の名。この国も合衆政治なり。と戦争に及べり。[1]この戦争はテキサス州を合衆国に幷せたる事件より起りたることにて、陸軍総督テーロル小勢を卒〔率〕いてテキサス州に赴き、メキシコの国境に臨《のぞみ》て不意の備《そなえ》を為《な》し、千八百四十六年第五月、メキシコの兵と二戦して互《たがい》に勝敗あり。その後数度接戦し、終《つい》にブーナ・ウスタ[2]と云《い》える所にて大利を得たり。この時敵兵の数、我兵より多きこと四倍なり。この勢《いきおい》に乗じてメキシコと条約を結び、カリホルニヤ及《および》新メキシコの地を合衆国に幷せり。又この時ヨーワ、ヰスコンシンの二州も版図《はんと》に入りたり。〇千八百四十八年、ポルク職を去り、将軍テーロル後職に任ず。テーロル在職の間にカリホルニヤの地方に金礦《きんこう》を発見し、太平洋の海岸を開拓して新《あらた》に所轄の地を広めり。千八百五十年第七月九日、大統領テーロル急病を以《もっ》て死し、副統領フヒルモール代て職に任ず。フヒルモール在職のときカリホルニヤを定めて一州となせり。千八百五十三年、フヒルモール死しフランキリン・ピールス職に任ず。即《すなわち》華盛頓《ワシントン》より第十四代の大統領なり。

西洋事情 初編　巻之二

1　メキシコ……戦争に及べり　メキシコ戦争（一八四六―四八）。

2　ブーナ・ウスタ　ブエナヴィスタ。

歴代大統領名・追加州一覧

大　統　領	就任年（期数）	追　加　州
1 G. ワシントン	1789（2）	バーモント，ケンタッキー，テネシー
2 J. アダムズ	1797（1）	
3 T. ジェファソン	1801（2）	ルイジアナ，オハイオ
4 J. マディソン	1809（2）	インディアナ
5 J. モンロー	1817（2）	ミシシッピー，イリノイ，アラバマ，メーン，ミズーリ
6 J. Q. アダムズ	1825（1）	
7 A. ジャクソン	1829（2）	アーカンソー，ミシガン
8 M. ヴァン・ビューレン	1837（1）	
9 W. H. ハリソン	1841	
10 J. タイラー	1841（1）	テキサス，フロリダ
11 J. K. ポーク	1845（1）	ニューメキシコ，アイオワ，ウィスコンシン
12 Z. テイラー	1849	
13 M. フィルモア	1850	カリフォルニア
14 F. ピアース	1853（1）	

＊大統領の任期は1期4年，重任は2期まで。
＊ルイジアナは，1803年フランスから譲渡され，1812年に州となる。
＊ニューメキシコは，1848年メキシコから譲渡され，1912年に州となる。
（編者作成）

西洋事情　外編

題言

一　西洋事情三冊既《すで》に世に行われ、近日又その次編を需《もとむ》る者多し。余《よ》今茲《ことし》丁卯《ひのとう》[1]六月亜米利加《アメリカ》より帰府の後、その稿を起さんとせしが、思うに本編総目の順序に従てその事を記せしが如《ごと》きは、唯《ただ》各国の史記、政治等、一端の科条を知らしむるのみにて、未《いま》だ西洋普通の事情を尽すに足らず。之《これ》を譬《たと》えば猶柱礎屋壁《なおちゅうそおくへき》の構成を知らずして、遽《にわ》かに一家中の部曲[2]を撿〔検〕[3]視するが如し。蓋《けだ》し本編の首《はじめ》に備考を附たるも、原《もと》この趣旨なれども、斯《かく》の如きは唯余が一時旅中の親見親聞を手録せしものなれば、その遺漏固《いろうもと》より少なからず。因《より》て今英人チャンブル氏所撰の経済書を訳し[4]、傍ら諸書を鈔訳《しょうやく》し、増補して三冊と為《な》し、題して西洋事情外篇と云《い》う。閲者宜《よろ》しく之を事情の綱領と看做《みな》し、以《もっ》て本編の備考と参照すべし。

一　チャンブル氏の経済書は、書中論説の大段を両部に分ち、前部には人間交際[5]の道より各国の分立する所以《ゆえん》、各国の交際、政府の起る所以、政府の体裁、国法、風俗及び人民教育等の箇条を説き、これを「ソサイヤルエコノミー」[6]とし、後部には経国済世《けいこくさいせい》[7]の事件を論じ、これを「ポリチカルエコノミー」[8]とす。然《しか》るに頃日《けいじつ》、社友神田《かんだ》[9]氏所訳の経済小学[10]二冊を得て之を閲するに、その事実第二段に載《の》する所と略《ほぼ》相似たれば、畢竟《ひつきよう》又大同小異の書に過ず。因て余は唯本書中、首の一段を訳し、その余、経済論の詳《つまびらか》なるは、姑《しばら》く擱《かく》して之を小学に譲れり。故にこの書を読む者は、必ず経済小学と参考して、始て全昇〔鼎〕[11]の真味を知るべし。但し余がこの書の全部を訳せざるは、敢《あえ》てその労を憚《はばか》るに非《あ》らず。抑《そもそも》方今《ほうこん》文化益《ますます》開け、翻訳の書陸続《りくぞく》[12]世に出ると雖《いえ》ども、固より彼の百科万端の学術、有限の力を以て無限の書を読むが故に、仮令《たとい》吾社[13]の翻訳を業とする者、各科目を分ち力を陳《つらね》て之を訳するとも、その全備を期するが如きは甚《はなはだ》容易

1 丁卯　慶応三（一八六七）年の干支。 **2 部曲**　各部分、部位。 **3 検視**　取り調べること。 **4 チャンブル氏所撰の経済書を訳し**　チェンバーズ社、教育叢書『経済学』。書誌は本書三五〇頁の「解説」注（2）参照。以下、この外編では重要と思われる福澤の訳語について、原書の用語を掲げ、あわせて現在通用の訳語を（　）内に示した。 **5 人間交際**　society（社会）。二編では「世俗」とも訳す（本書二四〇頁）。 **6 ソサイヤルエコノミー**　social economy（社会経済学）。福澤訳は「人間交際の学」（本書一八七頁）。 **7 経国済世**　経世済民に同じ。「経済」はこれらの縮約語。 **8 ポリチカルエコノミー**　political economy（経済学）。福澤訳は「経済の学」（本書一八七頁）。 **9 神田氏**　神田孝平（一八三〇［天保元］―一八九八［明治三十一］）。開成所教授、のち明六社員、文部少輔。 **10 経済小学**　原書は『国民経済学の基本的特徴』で、W・エリス著（英文）の蘭訳本を翻訳したもの。詳細は本書三五一頁の「解説」注（3）参照。 **11 全昇**　全体。全貌。 **12 陸続**　途絶えることなく続く様。 **13 吾社**　慶應義塾の社中、または洋学者の仲間。

ならず。況《いわん》や今大同小異の書に於《おい》て無益の労を費さんより、寧《むし》ろその力を他書に用い、務《つとめ》て新奇有益の事件を訳し、広く之《これ》を世に布告せんには如《し》かず。是《これ》余がこの書の全部を訳せざる所以《ゆえん》の鄙意《ひい》[1]なり。知らず、今果して其然《それしか》るや。小学にこれを分業の便利に由《よ》ると謂《い》うも、豈亦善《あにまたよ》からずや。

一 書中、原本の順序に従て条目を立て、間《ま》まその他書を鈔訳《しょうやく》して増補するに係るものは、その字行を一段下《ひく》くし、以《もっ》て本文と区別す。覧者《みるもの》、草々看過して混ずること勿《なか》れ。

慶応三年丁卯《ひのとう》季冬[2]

福澤諭吉 誌

1 **鄙意** 取るに足りない意見。自分の意見の謙称。 2 **季冬** 晩冬。旧暦の十二月。太陽暦では一、二月頃。

西洋事情　外編　目録

巻之一

目録　終

西洋事情　外編　巻之一

福澤諭吉　纂輯

人間

人の生ずるや、天[1]より之《これ》に与うるに気力を以《もつ》てし、之に附するに性質を以てし、この気力と性質とに由《より》て、外物の性に応じ、以て身を全《まつとう》して、朝露の命[2]を終ることを得るなり。外物の来《きた》るに従い、機に臨《のぞ》み変に応じてその処置を施し、一朝の患《うれい》なく亦《また》終身の憂《うれい》なし。是《こ》れ所謂《いわゆる》人間の幸《さいわい》なれば、妄《みだり》に喜怒哀楽の情に逐《お》われ、血気の情欲に制せらるゝことなく、適宜に心身を用て、我望む所を達し我好む所を得て、自《みず》から満足せんことを求むべし。之を概して云《い》えば、人は為《な》すことあるべきの造物なり。寒熱痛痒《つうよう》、風雨水火の如《ごと》き、人に害あるに似たれども、却《かえつ》て人の気を引立《ひきたて》、その働《はたらき》を励ますの一大助《いちだいじよ》なるべし。凡《およ》そ我に得ることあらんと欲する者は、先《ま》ず我心身を労せざるべからず。千辛万苦、労を憚《はばか》る勿《なか》れ。人生労せざれば功なし。

人間開闢《かいびやく》[3]の初に於《おい》ては、固《もと》より相交《まじわ》るの道を教る者なし。唯《ただ》その自然に希望する所と人気[4]の趣く所に随《したがつ》て、知らず識《し》らず交際の法則を設て互《たがい》に便利を得たりしことなれども、歳月を経るに従て、その諸法の内より至当なるものを撰《えらん》で終《つい》に一科の学と為し、之を人間の交際及び経済の学と名《なづ》けり。今この法則なるもの、果して理の当然に出《い》で変革すべからざるや否《いなや》は定め難しと雖《いえ》ども、多くは天下古今の実験を経て妨《さまたげ》なきものなり。世人、或《あるい》は人間の交際及び経済の新法を唱て、之を称誉する者も亦《また》少からずと雖ども、是等《これら》は皆その人の陋見《ろうけん》[5]より出でしことにて、自然の人心に戻《もと》れり。故に今こゝに論ずる所は、唯人の天性に従うを以て基本とせり。若《も》し之に反して人間交際の道を立んとせば、必ずその弊あるべし。

家族

人間の交際は家族を以て本《もと》とす。男女室に居るは人の大倫なり。[6] 子生れて弱冠《じゃっかん》に至るまで、父母の膝下《しっか》に居てその養育を受るも亦普通の大法なり。斯《かく》の如く夫婦親子団欒《だんらん》一家に居るものを家族と云う。凡そ世間に人情の厚くして交《まじわり》の睦《むつまじ》きは家族に若《し》くものなし。〇一家族もその子孫繁昌《はんじょう》すれば一族の人種たるに至る。今一国に千百の家族ありて、その言語を同《おなじ》うしその風

1 **天** Creator（造物主）。 2 **朝露の命** 朝露のようにはかなく消える命。はかない人生のたとえ。 3 **開闢の初** 世界のはじまり。 4 **人気** 多くの人々の気持ち。 5 **陋見** せまい考え。 6 **男女室に……大倫なり** 男女が同室する、すなわち夫婦となることは、人の踏み行うべき正しい道である。『孟子』万章上にある言葉。

俗を共にするは、元来一家族の繁殖せしものと云《い》うべし。固《もと》より一国人民の由来を知らんとするには、その探索甚《はなは》だ難きことなれども、大凡《おおよ》そその体格と気質とを見れば、その先祖の同一家なること察知すべし。

　夫婦の配偶は人の幸《さいわい》を増し人の交《まじわり》を厚くするものなり。固より天[1]の然《しか》らしむる所にて人力に非《あら》ず。鳥獣の類、子を生むときは、自《おのず》から一時の配偶を定て共にその子を養うと雖《いえ》ども、之《これ》を養て既《すで》に成長すれば、則《すなわ》ちその配偶を破て、更に雌《し》雄牝牡《ゆうひんぼ》の定《さだめ》なし。人の子は初生の際、殊《こと》に薄弱にして、その成長するも亦甚《またはなは》だ晩《おそ》し。この時に当て父母、力を共にし心を同《おなじ》うして之を養育煦哺《くほ》[2]するは即《すなわ》ち人の至情なり。且《かつ》その子の薄弱にして成長の晩きは、造物主[3]の故《こと》さらに意を用て、人の配偶を固《かたく》するの深旨なるべし。

　人、その子を養育し又之を保護し、その無病安全を祈て、子の為《た》めに働き子の為めに苦労し、之を導き之を教るには、その煩《わずらわ》しきこと限《かぎり》なしと雖ども、嘗《かつ》て之を憚《はばか》ることなく、子に対して少しも彼我《ひが》の差別なきは、人の至情、天の大道なり。凡《およ》そ外物に交《まじわ》るに人として相競うの心あらざる者なし。或《あるい》は之をその私欲と謂《い》うも可なり。然るに今家に入れば、家族の間、相競い相争うの痕跡《こんせき》をも見ざるは何ぞや。思うに造物主の深意にて、家族の睦《むつまじ》き情合を推《お》し広め、四海の内を一家族の如《ごと》くならしめんとするの趣旨なるべし。抑《そもそ》も右の如く家族の間は睦《むつまじく》して快きものなれども、その大本を尋れば畢竟《ひつきよう》夫婦相信じ親子相親《したし》むの情あるに由《より》てのことなれば、世間若《も》し配偶の道なくば、夫婦親子の情を失て、斯《かか》る家族の幸はなかるべし。

一夫一婦、家に居るは天の道にて、之を一家族と名《なづ》く。然《しから》ば則《すなわち》ち衆夫衆婦、相集るも亦天道の大義なり。斯《か》く人の相集り相交るものを一種族又は一国の人民と名く。禽獣《きんじゅう》は各々その性を異にし、或は群居を好まず寂寞《じゃくまく》として独《ひと》り食を求るものあり。或は友を呼び群を成し、巣穴を同《おな》うし餌食《えじき》を与《とも》にするものあり。今、人の所為《しょい》を察するに、その天稟《てんぴん》、群居を好み、此彼《しひ》相交り此彼《ひし》相助て、互《たがい》に世の便利を達するの性質あり。世人或はこの理を知らず、独歩孤立して世を渡らんとせし者ありしかども、底到《つまり》その身の幸を失い、却《かえっ》て世間の害を為《な》すに至れり。

億兆の人民、その性情相同きが故に、交際の道、世に行われて妨《さまたげ》なしと雖ども、人々の了簡は各々持前の見込ありて必《かならず》しも一致し難し。故に人間の交を全《まっとう》せんには、相互に自由[4]を許し相互に堪忍し、時としては我了簡をも枉《まげ》て人に従い、此彼相平均して始て好合調和の親みを存すべし。

1 **天**　造物主。もしくは nature（自然）。　2 **煦哺**　大切にはぐくむ。　3 **造物主**　天。　4 **自由**　原語は liberality（寛大、おうようさ）。

人生の通義[1]及びその職分[2]

天より人に生を与《あたう》れば、又従てその生を保つべきの才力を与う。然《しか》れども人、若《も》しその天与の才力を活用するに当《あたり》て心身の自由[3]を得ざれば、才力共に用を為《な》さず。故に世界中、何等の国たるを論ぜず何等の人種たるを問わず、人々自《みず》からその身体を自由にするは天道の法則なり。即《すなわ》ち人はその人の人にして猶《なお》天下は天下の天下なりと云《い》うが如《ごと》し。その生るゝや束縛せらるゝことなく、天より附与せられたる自主自由の通義は、売るべからず亦《また》買うべからず。人としてその行いを正うし他の妨《さまたげ》を為すに非《あら》ざれば、国法に於《おい》てもその身の自由[4]を奪取《うばいと》ること能《あた》わず。今給料を受て人に奉公する者は、或《あるい》はその身不自由なるに似たれども、その実は然らず。奉公の人にてもその身体はその人の身体にて、煩労《はんろう》の代には給料を受け、一身の処置を為すに他より之《これ》を間然《かんぜん》する[5]者あることなし。〇右所述の自由の趣意は、国の制度に於て許す所にて、これを人民普通の自由と名《なづ》く。

天下の為《た》めに大法を作るには、その人民を一様に見るべし。小児と云い大人と云い、乞児《きつじ》[6]と云い富豪と云うも、その生命の貴きは同一なり。貧児の一敝衣《いちへいい》[7]も、法を以《もっ》て之を護るに至ては、諸侯の領地に比して、孰《いずれ》か軽重の別なし。人の一身を進退し、活計の道を択《えら》び、遊楽の趣《おもむき》を異にするも、各々その人の意に任して他より之を妨ぐべからず。又人の天稟《てんぴん》に於て自《みず》から身を重んじ身を愛するの性あらざる者なし。是《これ》亦造物主の深意に出《いず》ることなれば、人々にこの天性を遂《と》げしめざるべからず。是《これ》即ち万民同一轍《どういってつ》[8]の通義にて、人の生《うまれ》ながら知る所なり。抑々《そもそも》人生に才不才《さいふさい》あり、時に遇不遇《ぐうふぐう》ありて、同一の人類と雖《いえ》ども、貴賤、貧富、智愚、強弱の差、雲壌懸隔《うんじょうけんかく》[9]して、その形同じからざるに似たれども、その実に就《つい》て之を視《み》れば、生命を存じ自由を求め身を重んじ物を保つの通義を妨《さまた》ぐることなし。

人各々その通義を逞《たくまし》うして天性を束縛することなければ、又従てその職分を勤《つ》とめざるべからず。之を譬《たと》えば家業を営て運上《うんじょう》を納るが如し。自《みず》から衣食を求め又家族の為めに之を給して、他人の煩《わずらい》を為さゞるように心掛るは、人たる者の職分なり。世に法律ありて、我身体を保ち我通義を達することを得るが故に、小心翼々《しょうしんよくよく》[10]以てその法律を尊敬せざるべからず。是亦人たる

1 **人生の通義** right（人権）。くわしくは二編巻之一の「人間の通義」の項（本書二三八頁以下）参照。
2 **職分** duty（義務）。 3 **自由** 原語は liberty 4 **自由** 原語は freedom 5 **間然する** 非難する。「間然」はすきのあること。 6 **乞児** もの乞い。乞食。 7 **敝衣** 弊衣。破れたボロボロの衣服。 8 **同一轍** すべてに共通の。 9 **雲壌懸隔** 天と地ほどかけ離れていること。 10 **小心翼々** 慎み深く細事にわたり注意すること。

者の職分なり。若《も》し人として自《みず》から衣食住を給するの道を知らずして他人の煩《わずらい》を為《な》し、徒《いたずら》に我自由を求め我通義を達せんとするは、即《すなわ》ち人の功を盗むなり。斯《かく》の如《ごと》くしては天下一日も交際の道を存すべからず。又世人、法律を頼《たのみ》て我身の守護を求め従て又この法律を破り、我求る所を求て我守るべきを守らざる者多く、天下一日も法の行わるゝことなく、人間交際の道も地を払て廃却すべし。

人間交際の大本を云《い》えば、自由不羈《ふき》の人民相集て、力を役《えき》し心を労し、各々その功に従てその報《むくい》を得、世間一般の為《た》めに設けし制度を守ることなり。然《しか》れども之《これ》を実地に施すに当ては、衆人の内に薄弱多病、自《みず》から衣食を給すること能《あた》わずして他人の扶助を仰ぐ者あり。是《これ》天性の不幸なるが故に、他より之を扶助するは健康無事の人の職分にて、その法、或《あるい》は人々の志に従て私に衣食を与ることあり、或は窮を救うの法則を設ることあり。固《もと》より死生不定の人身に遁《のが》るべからざるの不幸なれば、之を助るは即ち造物主の趣旨なり。故に薄弱多病にて他の扶助を蒙《こうむ》るとも、その本人に於《おい》て聊《いささ》か〔も〕之を恥るの理なし。又身体健康にして行い正しき者、心力を労せんと欲すれども、一時の故障に妨げられて意の如くならざることあり。此亦《これまた》相互に扶助せざるべからず。○右は人の薄命不幸を処置する法なれども、本来人間の大義を論ずれば、人々互《たがい》にその便利を謀《はかり》て一般の為めに勤労し、義気[1]を守り廉節《れんせつ》[2]を知り、労すれば従てその報を得、不覊独立、以《もっ》て世に処し、始て交際の道を全《まっとう》すべきなり。

前条の議論を尚《なお》又明《あきらか》に了解せんと欲せば、人々内に自《みず》から顧て、我一身も猶《なお》他人の如く、心力を労して世に存することを得るものと思うべし。然るに今懶惰《らんだ》[3]無為《むい》にして世を渡《わた》んとするは、即ち他人をして一倍の労を為さしめ窃《ひそか》にその功を盗むにあらずや。故に人として義気廉節を知らば、懶惰を以て自《みず》から安んずべからず。或は又人の言に、自《みず》から労役せんと欲すれどもその機会を得ずと云う者あり。然れどもその実を論ずれば是《こ》れ亦遁辞《とんじ》[4]なり、許すべからず。凡《およ》そ人間の交《まじわり》に、兄弟朋友に非《あら》ざるの外《ほか》は、人の為《ため》に周旋してその活計を得せしむる者なし。加之《しかのみならず》、人の活計は臨機応変、預《あらかじ》め期すべからず。躬《みず》からその職業を求て、始て安心の地位を得べきなり。故に人間交際の道を全せんには、懶惰を制して之を止めざるべからず。或は之を罰するも亦仁の術と云うべし。

又人々交際の道を存せんと欲せば、各々その徳行を修め法令を守らざるべからず。野鄙固陋《やひころう》の風習を脱して礼義文明の世に居るは人の欲する所なり。さすれば人々徳を修め法を畏《おそれ》て世の

1 **義気**　義侠心。正義を守る心。　2 **廉節**　いさぎよく、節度を保つこと。　3 **懶惰**　不精。怠けること。
4 **遁辞**　逃げ口上。

文明開化を助けざる可《べけ》んや。若《も》し然《しか》らずして世の風俗を害する者は、その罪、身を懶惰《らんだ》にして他人の功を奪う者に等しきが故に、之《これ》を罰して後難《こうなん》を防《ふせが》ざるべからず。その法或《あるい》は衆人の評議に従て之を罰することあり、或は裁判所を設て罪を決断することあり。裁判の法は開闢《かいびゃく》の始《はじめ》より世に行われて、之を遵奉《じゅんぽう》するは世人当務の職分なり。

文明の眼を以《もっ》て之を観《み》れば、諸法の内、或は人に不便なるものあるに似たれども、国の制度を以て施行するの間は之を守らざるべからず。若し暴行を恣《ほしいまま》にしてこの法を破る者あらば、世の害を為《な》すこと甚《はなはだ》大なり。都《すべ》て国法の趣旨は、人の通義を達し人の生命を保ち、業を営み身を安んぜしむるの大本なれば、之を蔑視《べっし》して畏《おそ》れざる者は、自《みず》からその愚を表するに等し。若し又事実不便の法あらば、国議に由《より》て穏《おだやか》に之を改正し、その弊を除て妨《さまたげ》なきことなり。

世の文明開化

歴史を察するに、人生の始《はじめ》は蒙昧《もうまい》[1]にして、次第に文明開化[2]に赴くものなり。蒙昧不文の世に在ては、礼義の道未《いま》だ行われずして、人々自《みず》から血気を制し情欲を抑《おさ》ゆること能《あた》わず。大は小を犯し強は弱を虐《ぎゃく》し、配偶の婦人を視《み》ること奴婢《ぬひ》の如《ごと》く、父の子を御《ぎょ》するに無道[3]を以てするも之を制する者なし。且《かつ》世間相信ずるの意薄くして、交際の道甚《はなは》だ狭きが故に、制度を設て一般のために利益を謀《はか》ること能わず。世の文明に赴くに従てこの風俗次第に止《や》み、礼義を重んじて情欲を制し、小は大に助けられ弱は強に護られ、人々相信じて独《ひとり》その私を顧みず、世間一般の為《た》めに便利を謀る者多し。○或人以為《あるひとおもえ》らく、上古蛮野《ばんや》4の人、水草を逐《お》て処を移す5に、その出処進退を妨《さまたぐ》る者なかりしに、人間交際の道世に行われてより、或は却《かえっ》て人の性情を矯《たむ》る6ことあればば、人生最大の自由は蛮野の世に在りと。然れども是れその一を知てその二を知らざるの論なり。蛮野の世に行わるゝ自由とは、恰《あたか》も人をして餓死せしむるの自由なり、力を以て暴虐を恣にするの自由なり、罪を犯して罰を蒙《こうむ》ることなきの自由なり。豈《あに》これを真の自由と云《い》うべけんや。文明開化に従て法を設け、世間一様にこれを施して、始て真の自由なるものを見るべし。

又或人の説に、蛮野は天然なり、文明は人為《じんい》なりと云う者あれども、畢竟《ひつきょう》字義を誤解したる論なり。文明の世に行わるゝ事物、一として天然に出でざるものなし。世の開化を進め法則を設け、その法寛なれども之を犯す者なく、人々力に制せられずして心に制せらるゝは、文明の

1 **莽昧**　蒙昧。知識が開けず、道理にくらいこと。 2 **文明開化**　civilization（文明化）。 3 **無道**　道理にはずれていること。 4 **蛮野**　barbarous（野蛮）。 5 **水草を逐て処を移す**　水草は水と草。遊牧民等の生活をいう。 6 **矯る**　改める。強制する。

有様にて、即《すなわ》ち人生天稟《てんぴん》の至性《しせい》なり[1]。之《これ》を人為《じんい》と云《い》うべからず。固《もと》より太古草昧《そうまい》の時に当《あたり》ては、その風俗自然に出《いず》るものも亦《また》多かるべしと雖《いえ》ども、今その風俗に止《とどまり》て更に進まざるは、必ず外物の故障ありて然《しか》らしむることなれば、却《かえっ》てこれを人為と云うべし。その一証を挙て云《いわ》んに、野鄙草昧《やひそうまい》の人は衣食住居共に不潔にて、文明開化の人は清潔なり。今人としてその天性汚穢《おわい》を好《この》んで清潔を悪《にく》む者あらんや。さすれば野鄙草昧の人の不潔不清なるは、未《いま》だその人の天性を伸《のぶ》ること能《あた》わざるものにして、之を譬《たと》えば初生の小児に未だ才力の発生を見ざるが如《ごと》し。

野鄙草昧の人は必ず天然に従て人為を用ることなしと思うは大なる誤解なり。某国に一種の野民あり。その風俗、頭の低きを貴び、子生ればその頂《いただき》に板を結付《むすびっ》て頭の形を造る。又支那は文明の教《おしえ》未だ洽《あまね》からざるものにて、半開半化の国と云うべし[2]。然るにその風俗、婦人の足の細小なるを美として、女子生《うまる》ればその足に窄《せま》き鉄の履《くつ》を着《つけ》て、その天然の形を成さしめず。是等《これら》は皆人為を以《もっ》て天然を害するものと云うべし。今真に文明開化と唱る国に於《おい》ては、斯《か》く天然を害するの甚《はなは》だしきものを見ず。

諺《ことわざ》に云《いわ》く、人は文明に至てその美を尽すと。野鄙草昧の国は土地の広さに比して人口甚だ少し。之を平均して一里四方に一人より多からず。その故は食料の不足なるに由《より》て然るなり。文明の国に於ては、耕作を勧め牧畜を励み、工を勧め業を営《いとなみ》て、その人口次第に増し、之を平均して一里四方に二百五十人の数に至れり。又草昧の人は老幼を養うの法を知らず、且《かつ》その生活に艱難《かんなん》を凌《しの》ぐこと多きが故に、人多くは短命なれども、文明開化次第に進めば随《したがっ》て人の生命も長寿を得るに至る。英国に於て百年以来の人の死生を計て之を平均したるに、国人の寿命次第に増加せりと云《いう》。

世界中の人口八億五千万。これを世界中の地面に平均すれば、一里四方に十七人の割合なり。又人の寿命を平均すれば三十三歳を定命《じょうみょう》とす。或《あるい》はこの数に二倍し或は三倍する者もあれども、百歳以上まで生る者は 甚《はなはだまれ》稀なり。故に夭寿《ようじゅ》相混じて三十三歳を平均の寿命とすれば、三十三年の間、世界中に死生する者、八億五千万人、一年に二千六百万人、一日に七万人、一時に三千人、一分時に五十人の割合なり。

抑《そもそ》も文明開化と唱る英国にても、その教化未だ洽《あまね》しと云うべからず。文字の教育を受けずして無学文盲なる者あり、放蕩無頼《ほうとうぶらい》罪を犯す者あり、又その辺鄙《へんぴ》の地に至ては上古懶惰《らんだ》の風に安《やすん》じて文明の味を知ざる者あり。然れども是等は皆文明世界中の野人なれば、遂《つい》には他の風に靡《なび》き他の徳に化して、共に天地の歓楽を享《うく》るの日あるべし。

1 **至性**　持って生まれた非常によい性質。 2 **半開**　half civilised（半文明化）。

前条の如《ごと》く、文明の世界中に居てその教化を蒙《こうむ》らざる者あるは固《もと》より世の弊なれども、この弊は文明の盛《さかん》なるに従て自《おのず》から除くべきものなり。又文明の進むに随《したがっ》て共に生ずる一種の弊あり。この弊を救うには他にその法術を求ざるべからず。今その一、二を挙て云《いわ》んに、文明の教《おしえ》盛なれば世間富饒《ふにょう》[1]を致し、これが為《た》めに貧人の心を煽動《せんどう》して悪事に陥《おとしいる》ることあり。文明の弊なり。機関の制式次第[2]に精巧を極め、随て商法もその趣《おもむき》を変ずるに至て、旧来の工商一時にその産業を失い、衣食に窮する者亦《また》少なからず。此《これ》亦文明の弊なり。今この弊害を救《すく》わんには、世人をして一般に世の形勢を了解せしめ、その心を労しその力を役《えき》して、新《あら》たに衣食を求むべきの方向に導くの外《ほか》、他に方術なし。凡《およ》そ人として義気廉節《れんせつ》を守り心力を労して憚《はばか》ることなくば、仮令《たと》い相競い相争うの世と雖《いえ》ども、活計の路《みち》を得ること疑《うたがい》なし。即《すなわ》ち是《こ》れ文明の世界中に求むべき活計の路なり。

貴賤貧富の別

前既《すで》に論ぜし如く、人の生命を保ち自由を求め、身を重んじ物を有するの理は、億兆の人民同一轍《どういってつ》にしてその別なしと雖ども、人の気質と才力とに至ては然《しか》らず。或《あるい》は穎敏《えいびん》活潑なるあり、或は愚鈍懶惰《ぐどんらんだ》なるあり、或は謹慎勉強するあり、或は放奢淫佚《ほうしゃいんいつ》[3]なるあり、或は強あり、或は弱ありて、人々の天稟《てんぴん》必《かならず》しも一様ならず。加之《しかのみならず》今こゝに二人ありて、その天稟毫《ごう》も優劣なき者と雖ども、一人を教て一人を棄《すつ》れば、その人物忽《たちま》ち変じて雲壌懸隔《うんじょうけんかく》すべし。是《これ》即ち貴賤貧富の由《より》て分る所以《ゆえん》なり。概して之《これ》を云えば人の知らざる所を知る者は人を制し、人の知る所を知らざる者は人に制せらるゝの理なり。

世間のために労して功を立てし者へ、爵位《しゃくい》を与え或は服飾を許してその功を表するは各国の風俗にて、その本人に於《おい》ても之を栄とし、且《かつ》又他人を励ますの一大助となるべし。或は国々の風俗にて、有功の者と雖ども服飾を与えざる国もあれども、之を貴ぶの心は万国普通の人情なり。

右の如く有功の者へ爵位服飾を与るは、固《もと》より当前の理にて人の許す所なれども、之をその子孫に伝るは理に当らずと云う者あり。然れども古来諸国に於て有功の人、一《ひ》と度《た》び爵位を得れば、その子は嘗《かつ》て功労なしと雖ども、父の余慶[4]を承《うけ》て世々爵位を伝るの風習となりしは何ぞ

1 **富饒**　富み栄えること。　2 **制式**　決まった様式。制度。　3 **放奢淫佚**　ぜいたくをし、みだらな遊興にふけること。　4 **余慶**　先祖の善行のおかげで子孫が受ける幸福。

や。学者若《も》しこゝに疑あらば、詳《つまびらか》に人の至情を察すべし。然《しか》るときは大に発明すること[1]ありて、この風習の無理ならざることを了解すべし。

凡《およ》そ世上の人、晩年に及で我所有の物を処置せんと思うとき、之《これ》を与うべきものは必ずその子なるべし。元来父子の間は同身同体なるが故に、父の命は終るともその子代て之に継げば、恰《あたか》も薪《たきぎ》の尽て火の尽ざるが如《ごと》く、唯《ただ》その時代を一新するのみにて、父の身命は依然として存在するに異ならず。既《すで》に父の生命身体をも承《うけ》てこれを継ぐことなれば、その外《ほか》の遺物を受るに於《おい》ては固《もと》より理の当然にて更に疑を容《い》るべきに非《あら》ず。且《かつ》世間の人も同情相憐《あわれみ》て互《たがい》にこれを許さゞるものなし。既に父の身命を継ぎ又その家産[2]遺物を受けしに、独《ひと》りその爵位に至てはこれを中絶して与ることなからんとするも、是《こ》れ亦《また》人情に於て行われ難く、遂《つい》にその爵位も家産遺物と共に子孫に伝るの風習となれり。是れ即《すなわ》ち世人の功なくして位《くらい》を保ち、名実相齟齬《そご》することあるの由縁《ゆえん》なり。

世人或《あるい》はこの風習を以《もっ》て大に理に戻《もと》るとて議論する者少からずと雖《いえ》ども、世間の人情を察するに、父の爵位を受けし二代目の人を尊敬することその初代の人に異ならず。加之《しかのみならず》子々孫々世を重ぬるに従て益々《ますます》之を貴ぶこと甚だし。思うにこの人情は人の古物を貴ぶ心より出でしことなるべし。世間の人何心なく云《い》えることあり、某は血統十二代目の名家にて今俄《にわか》に人力を以て起すべき門閥に非ずと。世に旧国の君を尊敬するも亦この人情なり。天下衆人の内には文武兼備の才徳ありて国家を支配すべき人物少からずと雖ども、人心を帰服せしむべき門閥なるもの甚だ稀《まれ》なるが故に、徳ある者は必ず天下を保つべきに非ず。方今《ほうこん》世界中の諸国、多くは国王又は貴族にてその政《まつりごと》を行うも自然の人情に出《い》でしことにて、偶然には非《あ》らざるなり。

世人相励み相競う事[3]

一種の情合を存して互《たがい》に身を棄《す》て物を棄てゝ憚《はばか》ることなきは家族の間柄《あいだがら》なれども、今家を出て世間を見るに、斯《かか》る情合の存する所なく、人々自《おのず》から我路《みち》を行き我職を務め我趣意を達せんとして先を争わざる者なし。是《これ》即ち世人相励み相競うの性情にて、世のために益をなすこと少からず。世人若《も》しこの人情なくば、心力を労して功名を立るものなかるべし。

前条の如く我幸福を求め我趣意を達し我活計を求て他を顧みずと雖ども、独我私欲を恣《ほしいまま》に

1　**発明する**　はっきりと理解する。　2　**家産**　一家の財産。　3　**相励み相競う**　competition（競争）の「争」うという文字を避けた訳語。

して他人の妨《さまたげ》を為《な》すの患《うれい》なきは文明の然《しか》らしむる所なり。今教《おしえ》なき夷民《いみん》[1]の群集中に一片の財貨を投与しなば、その群集忽《たちま》ち上下に動乱し互《たがい》にこれを争て、面《おもて》に疵《きずつ》け眼《まなこ》を抓裂《かきさ》き、その醜体見るに忍びざるべしと雖《いえ》ども、文明の世に於《おい》ては然らず。人皆是非を知り礼義を重んずるが故に、人を害して自己の趣意を達することなし。草昧《そうまい》不文の世に在ては、人を害せざれば自《みず》から利すること能《あた》わず。故に心身活潑にして事を成す者は常に盗賊なり。文明の世に於ては然らず。富貴利達[2]を致す者は常に他人の利益を成したる者なり。

富貴利達を致すに二様の道あり。その一は他人の物を奪取《うばいと》ると、その一は自己の力を以《もっ》て新《あらた》にこれを起すとなり。武を貴び力を畏《おそ》るゝの国に於て富貴を致すには、必ず他人の物を奪取るの外《ほか》道なし。故に不文不明の世に居て富貴なる人を見るに、必ず他人の損害を成せるものなり。即《すなわ》ち師《いくさ》を起して妄《みだり》に人の国を攻取《せめと》り、盗賊同様の挙動にて自《みず》から富貴を致すものあり。又国民を奴《ぬ》僕《ぼく》の如《ごと》く仕役《しえき》し、その膏血《こうけつ》を竭《つく》して自《みず》から富貴を致す者あり。是等《これら》は皆他人の損害を為《な》すものなり。

東洋諸国に於ては、方今《ほうこん》の世に至ても尚《なお》暴政を恣《ほしいまま》にして一時の私欲を以て富人の財を没《ぼっ》入《にゅう》することあるが故に、仮令《たと》い実は富豪なるものも、富豪の風を人に示すは身のために甚《はなはだ》危《あやう》し。欧羅巴《ヨーロッパ》に於ても、往古封建世禄《せいろく》の乱世に当《あたり》て、世人安んじて産業を営むこと能わざるが故に、皆財貨を集て窃《ひそか》にこれを貯《たくわえ》置きしに、国内の貴族なるものこれを見出して無法に奪取りしこと屢々《しばしば》これあり。実にこの時代に於ては、世禄の武士等、穏《おだやか》に業を営むことを恥辱と思い、専ら乱暴を恣にし、世人の貯置きし財貨を奪取るに少しも憚《はばか》ることなかりしなり。

右の如く天下武を貴び互《たがい》に先を争て富貴利達を求るは、或《あるい》は人生相励み相競うの趣意に似たれども、その実は時勢の弊にて、これを世の繁昌《はんじょう》と云《い》うべからず。文明の教漸《ようや》く行われ、人々徳行を修め智識を研《みが》くに至て、世の形勢全くその趣《おもむき》を異にし、人自《みず》から利達を求れば、共に他人の利達を致し、人自《みず》から富福を求れば、自己の力を用て他人の物を貪《むさぼ》ることなし。故に近世蒸気機関の仕掛を大成し、蒸気車鉄路の法を発明したるワット（下に略伝あり）ハルグリーウス[3]（紡績の機関を発明したる人）アルクライト[4]（同上）ステフェンソン（下に略伝あり）の如き大家先生も、その発明に由《より》て自《おのず》から功名利達を得、又兼て天下のために大利を起せり。加之《しかのみならず》、斯《かか》る大発明を傍《かたわら》より助てその目的を達せしめし者までも、亦自《またおのず》から名利を得て共に天下の利益を致せり。

抑《そもそも》文明の世に於ても、或は人を害して自《みず》から為《た》めにし、人を損《そん》じて自《みず》から利せんとする者

1 **夷民**　野蛮の民。　2 **富貴利達**　金持ちで身分も高く出世した状態。　3 **ハルグリーウス**　ジェイムズ・ハーグリーヴズ（一七二〇頃―七八）。英国の発明家。　4 **アルクライト**　リチャード・アークライト（一七三二―九二）。英国の発明家、企業家。

なきにしも非《あら》ざれども、斯《かか》る鄙《いや》しき人物は多く事を為《な》すこと能《あた》わず。且《かつ》文明開化の制度に於《おい》て許さゞる所なれば、常に戦々兢々《せんせんきょうきょう》として、その渡世《とせい》[1]の有様甚《はなは》だ見苦しきものなり。

前の条々に論ずる所を以《もっ》て之《これ》を視《み》れば、人生は互《たがい》に害を為さずして各々その富貴青雲の志を達すべく、加之《しかのみならず》互いに相励み相競て却《かえっ》て世間の利益を致すべし。故に家族の間、親愛慈情を主として相競うの心なきは、老幼小弱を助けしめんが為《た》めなり。世上の交際に於て互《たがい》に先を争い互いに利達を求てその弊なきは、世界一般の利益を為さしめんが為めなり。皆是《こ》れ造物主の然《しか》らしむる所にて、その心匠の巧《たくみ》なること知るべし。

故に世人、若《も》し悪事を為さずして智力を用い功名青雲に志す者あらば、之を許してその通達を妨ぐべからず。然れども人も亦妄《またみだり》に利達を望み、熱中の欲に乗じて之を節することを知らざれば、青雲の志も変じて野心と成り、人を利せずして人を害すること少からず。斯《か》く人の事理を誤解する由縁《ゆえん》を察するに、始め私欲を逞《たくましう》せんとして望《のぞみ》を失い、遂《つい》に終身の心事を誤ることなれば、人たるものは事の始《はじめ》を謹まざるべからず。抑《そもそも》天下衆人の内には、不義にして富《とみ》、且《かつ》貴き者もあれども、固《もと》より天道人理の大義に戻《もと》ることなれば、これを智と云《い》うべからず。且文明の盛《さかん》なるに従て、世間一般の為めに衆人の利益を平均するの風俗となるが故に、その間に居て他人の害を為し、独《ひと》り私の利を貪《むさぼ》らんとせば、必ず我力に及ばざることあるべし。

人生互に先を争て自己の為めを謀《はか》るに似たれども、ことを成すには必ずしも一人の力に非《あ》らず、常に他人と交《まじわり》を結てその事を共にすること多し。固よりこの交は他人との交なれば、家族のごとく親愛の情を頼《たのみ》て此彼《しひ》の差別なきには非ざれども、互いにその緩急を救いその歓楽を共にするの趣意なるが故に、人間に欠くべからざるの交なり。

○ワットの略伝[2]　ゼームス・ワットは千七百卅《さんじゅう》六年、英国のグリーノック[3]に生れ、千八百十九年、同国のヒースフヒールドに死せり。初めその父は富豪の造船家なりしが、晩年に及で産を破り、家貧してその子を教育すること能わず。然るにワットは天稟《てんぴん》多病にして家を出るを好まず、常に一室中に居て書を読み、算術、器械の学を研究し、年十四歳の時、躬《みず》から「エレキトル」の器械を製したり。又その頃一日家に居て茶を煎《せん》ずるとき、茶瓶《ちゃびん》の蓋《ふた》を取て又之を覆い、瓶の口より湯気の出る所へ匕《さじ》を当て、その匕へ湯気の溜りて水と成たるを一滴ずつ計《かぞ》え居たりしに、その叔母傍《かたわら》より之を見てワットが心匠[4]を知らず、懶惰《らんだ》無益のことを為すとて大に叱《しか》りしことありと。○爾後《じご》ワットは本草《ほんぞう》学[5]、舎密《せいみ》学[6]、礦山学を勉強し、殊《こと》に

1 渡世　生活。**2 ワットの略伝**　この項は *The New American Cyclopedia*（全一六巻。一八六六―七刊。慶応三年渡米時に福澤が購入してきたもの）からの挿入。**3 グリーノック**　グリーノク。スコットランド南西部の港湾都市。**4 心匠**　もくろみ。**5 本草学**　植物学、薬草学。**6 舎密学**　化学。chemie（蘭）の音訳。

窮理学《きゅうり》に於《おい》てはその奥義《おうぎ》に達し、年十八歳、測量器製作の術を学《まなば》んとしてガラスゴー[1]に行き、諸先生に交《まじわ》り、殊《こと》にドクトル・ブラッキ[2]、ドクトル・チッキと厚く懇親を結べり。同処に居ること一年にしてロンドンへ行き、この処に滞留することも凡《およ》そ一年にして、遇《たまた》ま病に罹《かか》りて帰郷せり。その後復《ま》たガラスゴーに行て、同処にある学校附属の器械司となり、一個の製作所を設けて器械を製し居たりしが、学校の生徒も次第に之《これ》と交り、或《あるい》は学術に不審の箇条あれば時々ワットへ質問し、その説を聞て大に発明すること少なからず。当時学校の評に、ワットは啻《ただ》に精巧の器械司なるのみに非《あ》らず、窮理学の一大先生なりとてその名声日に高し。この時学校にミストル・ロビソンなる者あり。殊にワットと金蘭《きんらん》の交誼《こうぎ》[3]を結び、ワットも亦《また》この人に学で益を得ること多し。◯ワットが蒸気を用いて運動の力を起さんとし、その工夫を始めたるは千七百五十五年の頃なり。同年、その友ロビソンと謀《はかり》て雛形《ひながた》を作りたれども、意の如《ごと》くならずして之を廃し、千七百六十一年より六十二年の間に尚《なお》又工夫を運《めぐ》らし、軽小の筒を製して水鉄砲の形となし、之を倒《さかしま》にしてその棒に分銅《ふんどう》を掛け置き、筒内の鍔《つば》の下に蒸気を入れて分銅を引揚げ、又その蒸気を漏らして分銅を落とすことを試みたり。斯《か》く一端の工夫を成したりと雖《いえ》ども、固《もと》より之を実用に施すに足らず。千七百六十三年、学校を去り、妻を娶《めとり》て家に居り、手伝の職人ジョン・ガルヂネルなる者を雇い、この人と共に日夜苦心《くしん》焦思《しょうし》して又一の蒸気筒を工夫し、稍《や》やその趣《おもむき》を改正したれども、底到《つまり》こゝに二箇条の困難事を生じ、その一方を救んとすれば一方に弊を起して、これを如何《いかん》ともすべからず。即《すなわ》ち蒸気を筒に満たして鍔《つば》を一方に進れば、随《したがつ》て又その蒸気を冷《ひや》し、一《ひ》と度《た》び膨脹したるものを即時に収縮せしめざるべからず。一の困難事なり。又筒内の蒸気を収縮せしめてその鍔を本《も》とに返せば、随《したがつ》て又筒を温《あ》たゝめ、再来の蒸気を保て再び鍔を進るとき、その温気《うんき》を失わしむべからず。一の困難事なり。右の次第にて、最初筒内に蒸気を入るればその筒を温たゝむるが為《た》めに多少の熱を失い、又これを冷して鍔を返さんとするには多少の時を失い、無益に蒸気を費すこと甚《はなは》だ多し。右両様の困難事を見てワットの考《かんがえ》には、筒の温度を常に変ずることなくして蒸気のみを収縮せしむるの術を得ば、大に機関の力を増すことあるべしと、工夫の端を開《ひらき》たれども、数月の間、その工夫を遂《とぐ》ること能《あた》わず。乃《すなわ》ち又木製の筒、中径《さしわたし》[4]九「インチュ」長さ一「フート」なるものを作り、一種の釜を用いて再三再四これを試み、熱湯より蒸気を発する分量は、水面の広狭又は水の多寡《たか》にも拘《かか》わらず、唯《ただ》熱度の強弱に由《よ》て蒸気の分量

1 ガラスゴー　グラスゴー。スコットランド中部の大都市。 **2 ドクトル・ブラッキ**　ジョゼフ・ブラック（一七二八—九九）。英国の科学者、物理学者。 **3 金蘭の交誼**　金のように固く蘭のようにかぐわしい交わり。非常に親しい交際のこと。『易経』繋辞にある言葉。 **4 中径**　直径。

に多少あるとのことを発明し、且《かつ》一「インチュ」立方の水を蒸気に変ずれば、大凡《おおよそ》一「フート」立方の分量に増すべしとの説を定めたり。右の如《ごと》く次第に発明を重《か》さね、千七百六十二年に至り、始て蒸気の筒《シリンドル》と蒸気を収縮せしむる器《コンデンソル》[1]とを別にすることを工夫し、これより従来の疑団《ぎだん》[2]次第に氷解して、尚《なお》又千七百六十八年、ジョン・ルーボック[3]の助力を乞《こ》い、錫《すず》を以《もっ》て中径《さしわたし》十八「インチュ」の筒を造り之《これ》を試みしに、大に蒸気の功用を顕《あら》わして、翌年官許《パテント》を得、ルーボックはこの度《たび》の新発明に附き大に力ありし故を以《もっ》て、向後《こうご》この器械を以て得る所の利潤を三分してその二分を同人へ与うべしと定めたれども、爾後《じご》ルーボックは金山の事に忙しく、ワットは通船掘割の事に掛て、蒸気機関を大成するに暇《いとま》あらず。千七百七十三年、友人の勧めに由《より》て、これまでルーボックの引受《ひきうけ》し関係をソホ[4]のボウルトン[5]に譲り、ワットも同処に行て、共に謀《はかり》て、その翌年遂《つい》に新発明の大業を卒《おわ》りて、蒸気機関の社中を結び、今日に至るまで之をボウルトン及びワットの社中と称せり。初め千七百六十九年、官府より五年の間専売の免許を得たれども、発明の卒業に至るまで既《すで》にその年限を終りしが故に、尚又千七百七十五年より二十五年の間専売の免許を請《こ》い、その後機関を造ること愈々《いよいよ》多く、随《したがっ》て造り随て改正し、益々《ますます》その精巧を極めたり。抑々《そもそも》これより以前に蒸気機関を工夫せし者多しと雖《いえ》ども、之を大成して実用に施したる者はワットなるが故に、蒸気機関の発明者とてその名を不朽に伝えり。或人《あるひと》これを称して云《いわ》く、先生の工夫を以て蒸気の機関一《ひ》と度《たび》大成し、その力の強大なるとその運動の自由なること実に驚駭《きょうがい》すべし。大象の鼻を以て針を撮《つま》み又大木を裂くも、これを蒸気に比すれば啻《ただ》に三舎を避ける[6]のみならず、以て印版を彫刻すれば精巧の手も之《し》に若かず。鉄塊を圧砕《おしくだ》けば蠟《ろう》よりも軟《やわらか》なり。糸を紡績すればその細《こまか》なること毛の如《ごと》く、軍艦を挙ればその軽きこと水泡の如し。以て薄紗《うすぎぬ》を縫うべく、以て錨《いかり》を鍛うべし。以て剛鉄を切て糸の如く為《な》すべく、以て風浪に逆《さからい》て舟を進むべしと。○千七百九十四年、ワット及びボウルトンの子を薦《すす》めて蒸気機関の社中に加入し、ワットは千八百年に至るまで二十五年間専売の利潤を受けて、乃《すなわ》ち社中を脱し、数年前新《あらた》に買いしヒース・フㇶールドの田園に帰り、知己の学友と共に風月を楽《たのしみ》て残年を終りしと云《い》う。

○ステフェンソンの略伝[7]　ジョージ・ステフェンソンは英国にて鉄道蒸気車を創造せし人なり。

1 コンデンソル　condenser（復水器）。**2 疑団**　疑問。**3 ジョン・ルーボック**　ワットのパートナーになった工場主。**4 ソホ**　ソーホー。ボールトンの工場があった。**5 ボウルトン**　マシュー・ボールトン（一七二八―一八〇九）。英国の技術者、企業家。**6 三舎を避ける**　相手をおそれて、近づかないようにする。『春秋左氏伝』にある言葉。**7 ステフェンソンの略伝**　この項も *The New American Cyclopedia*（前掲）からの挿入。

千七百八十一年、ノースオスフルラント[1]に生れ、千八百四十八年、タプトン・パークに死せり。兄弟六人あり。その父はキラムの石炭山にて蒸気の火焚《ひた》きを業とし、終歳力役《りきえき》して家族の衣食を給するにも足らざる程の次第にて、固《もと》よりその子に字を教ゆるの力なし。ステフェンソンはその第二子にて、幼年のときより嘗《かつ》て書を見《みた》ることなし。年九歳にして隣家に雇われ、一日に二「ペンス」ペンスは我《わが》七分《ふん》五厘に当る。本編の附録に出。の日雇賃を取て牧牛の番人と為《な》り、その外《ほか》農業の手伝を為し居たりしかども、生来の心願にて父と同業たらんことを好み、年十四歳、父母に随《したがっ》てデューリシに家を移せしとき、その地にて石炭山の社中に愛せられ、ステフェンソンは鎮〔沈〕着にして才智ある少年なりとて、蒸気火焚《ひた》きの手伝に命じたり。その後火焚きの職にて処々の石炭山に雇われ、年月を経るに従て次第に蒸気機関の取扱を心得、或《あるい》は之《これ》を取離《とりはな》して一《ひ》と通りの修覆をも為し得るに至りしかども、十八歳のときまでは読書を知らざるのみならず、自分の姓名をも読むこと能《あた》わず。この頃より力役の傍《かたわら》に、石炭山の童子と共に夜学校に行き、痛く躬《みず》から勉強して、二年の間に漸《ようや》く書を読み、文字を書き、算術も加減乗除を自由にすることを得たり。千八百二年、妻を娶《めと》り、二年の後《のち》、不幸にしてその妻を失い、一子ロベルト[2]後大家となり、その名、父に劣らず。を遺《のこ》したれば、ステフェンソンはこの児を携《たずさえ》てキリンヲルス[3]の石炭山に行き業を営むと雖《いえ》ども、固《もと》よりその給料も少く、加之《しかのみならず》その給料の内より屢《しばしば》父母の困窮を救い、得る所、費す所を償うに足らず。一身孤子《こじ》の処置如何《いかん》ともすべからず。或は又心事を転じて亜米利加《アメリカ》に行き活計を求んとて、その策を運《めぐ》らしたることもあれども、数千里外の遠国へ旅用の方便もなく、乃《すなわ》ち志を決し、唯《ただ》一身の心力を労して以《もっ》て後来の禍福《かふく》を試《ため》さんと思い、定職の傍には器械書、蒸気書を読で自《みず》から為《た》めにし、或は人の為めに時計を修覆し、履《くつ》を繕い、衣裳の敝《やぶ》れたるを補い、襦袢《じゅばん》の垢付《あかつき》たるを洗い、凡《およ》そ手足を動かして人の便利を達し我活計を助くべきことなれば、何等の煩労《はんろう》と雖ども嘗て之を憚《はばか》ることなし。当時石炭山の評に、ステフェンソンは百需全備[4]の才物なりとて、同職の役夫《えきふ》に至るまでも皆これを調法せり。斯《か》く時日を経る間に、千八百十二年、石炭山の主人、器械改正のことに付《つき》ステフェンソンの説を聞て大に之を悦《よろこ》び、俄《にわか》に撰挙してキリンヲルスの蒸気機関司に命じ、一年に百「ポント」給料を与えり。これよりステフェンソンも稍々《やや》地位を得て、旧来の素志を実事に施し、種々便利の器械を製造し、就中《なかんずく》蒸気車の制式には多年その志を専《もっぱ》にする所にて、尚《なお》又この度《たび》に至り、世上在来の諸器械を探索し、その制式を見てその功用を察し、此彼《しひ》相比

1 **ノースオスフルラント**　イングランド北部のノーサンバーランド州。　2 **一子ロベルト**　ロバート・スティーブンソン（一八〇三―五九）。英国の土木技術者。橋梁技術の発展に寄与した。　3 **キリンヲルス**　キリングワース。　4 **百需全備**　すべての能力が備わっていること。

較して千八百十四年、一種の蒸気車を造て之《これ》を試みしに、古来未曾有《みぞう》の妙用を成したり。これより以前に製したる車には、その輪の周囲に釘《くぎ》を樹《うえ》て鉄道の上に滑ることを防ぎしなれども、ステフェンソンはこの釘を去り、その外《ほか》変革せし所多きに付ては、衆議沸騰してその拙《せつ》を誘《そし》ると雖《いえ》ども、毫《ごう》も屈する色なく、英吉利《イギリス》国内の諸老先生を敵手と為《な》し、独《ひと》りその意を鋭《するどく》して工夫を運《めぐ》らし、再三再四試験の際に、遇《たま》ま蒸気の声の喧《かまびす》しきを避けんが為《ため》、その釜より洩《も》るゝものを烟〔煙〕出しより遁《のが》れしめしに、蒸気の排出するに従て風を生じ火勢を増したるを見て大に悦《よろこ》び、偶然の発明よりしてその理を推《お》し、蒸気の力を劇烈にするの術を得て、遂《つい》に千八百十五年、再び車を造て初て大成を得たり。本編蒸気車の条[1]に、千八百十二年、蒸気車を造て石炭を運送云々と記したれども、その時の製作は唯その工夫を始めたるのみにて、未だ蒸気車と云うべき程のものには非ざるなり。右の如《ごと》く蒸気車の制式は稍《やや》全備したれども、ステフェンソンの説に、蒸気車あれば必ず鉄道なかるべからず、両様の内、一を欠けば用を成し難しとて、乃《すなわ》ち又鉄道の改革を始め、鉄線を太くし軌道《きどう》の幅を定め広きもの七「フート」、狭きものは四「フート」七「インチュ」半。従来鋳鉄《ちゅうてつ》にて造りしものを廃して鍛鉄《たんてつ》を用い、都《すべ》て堅固にして平面なるを趣意とせり。○千八百十五年、拿破崙《ナポレオン》の騒乱初て治り[2]、天下太平に復したるに就《つい》ては、国内の貿易も次第に繁[3]栄に赴き、蒸気車鉄道の建立を望む者多しと雖ども、当時世上一般の説に、蒸気車は阪〔坂〕道の急なる処に重き荷物を引上るには必用なれども、尋常の道路に用ゆべきものに非《あら》ずと云《い》えり。ステフェンソンはその同志の者数人と共にこの説を排して云《いわ》く、鉄道は上《かみ》王侯より下《しも》庶人に至るまでの官道にして、蒸気車一《ひ》と度《た》び世に行われなば駅路の馬車は地を払て廃却すべしとて、初て大業を起し、ヘットンの石炭山より八里の間に鉄道を敷き、平地は蒸気車にて自《みず》から走り、阪道の処は道の傍《かたわら》へ別に蒸気機関を据《す》えて之を引上げ、往来の便利を達せんとして、千八百二十二年、遂《つい》にその功業を成したり。この鉄道を造て稍《や》や成功に至らんとするとき、政府議事院の評議にて、ストックトンよりダルリントンまでの往来に鉄道を造らんとて、三百「ポント」の給料を以《もっ》てステフェンソンへその事を命じ、且《かつ》議事院の説に、その鉄道の平地には馬を以て車を引き、阪道の処へは路傍に蒸気機関を据えて車を引くべしとのことなれども、ステフェンソンは強《しい》て懇願し、遂に議事院の許を得て、蒸気機関の車のみを用ゆることに定り、三年の工を費して、千八百二十五年、初てその道を開き天下の耳目を驚かしめたり。〇この時に至て世上に鉄道蒸気車の説を唱うる者益《ますます》多く、各々異説を立て、鉄道は尋常の路《みち》に若《し》かずと云い、往来の速《すみやか》なるは却《かえっ》て不便なりと云い、蒸気機関の車を以て自《みず》

1 **本編蒸気車の条**　初編巻之一の「蒸気車」の項をさす（本書五四頁）。 2 **千八百十五年……初て治り**　ワーテルローの戦をもって、いわゆるナポレオン戦争が終結したこと。 3 **国内の貿易**　ここでは国内取引。

から走るは路傍の処々に機関を置て車を引くの便利なるに若《し》かずと云《い》い、衆口喋々《ちょうちょう》[1]これを如何《いかん》ともすることなし。殊《こと》にリーウルポール[2]とマンチュストル[3]との間に鉄道を造るの評議ありしときは、その議論益々《ますます》劇烈に及び、殆《ほと》んど一場の戦争なりしかども、ステフェンソンの胆力を以《もっ》て毫《ごう》も宿説を変ぜず、千八百二十六年、議事院の命を奉じてこの鉄道の工を始め、千八百三十年、卒業せり。この時には蒸気車の制式をも既《すで》に改正して新成の鉄路を走り、一時間に三十六里を行きしものなり。○ステフェンソンは英国に於《おい》て、鉄道蒸気車の事に就《つ》き既に開祖の名を得て、爾後《じご》十年の間は国内の諸方に鉄道を造り、或《あるい》は外国よりの招待を受けて、殆《ほと》んど閑暇《かんか》の時なし。既にして家富み、身老してタプトン・パークと云える処に退居し、近傍にある石炭山の事に関係してその利潤を受け、老後を楽《たのしみ》て命を終れり。その為人《ひととなり》、幼少のときより質直にして虚飾を好まず、老退の後もその挙動都《すべ》て平穏にして自《みず》から足れるを知り、真に英国人の気風ありて世間の人望を得たりしと云う。

人民の各国に分るゝことを論ず

英国、仏蘭西《フランス》、澳地利《オーストリア》、普魯士《プロシア》の如《ごと》きは、稍《や》や世界の開《ひらけ》たる後に建国したるものにて、これを旧国と云うべからず。往古《おうこ》人民の一国と称し或は一州と唱えしものは、今日より考れば固《もと》より一国と云うべき程のものに非《あら》ず。これを支配する人はその内の家筋の者にて、恰《あたか》も本家よりその家流の分家別家の者を支配するが如し。その一群の人は一家族の有様にて、本家の主人を呼て父と称せり。方今《ほうこん》にても亜米利加《アメリカ》の土人、その酋長《しゅうちょう》に事《つかう》るには父子の礼を以《もって》す。故にその土人の合衆国中に在る者は、大統領を呼て大父《たいふ》と称し、カナダ地方に在る者は英国王を大父と称せり。既に今の英国女王フヒクトリヤ[4]の位に即《つ》きしときも、カナダの土人等は旧来婦人の支配を受けしことなきが故に、英国の女王を以《もっ》て大父と為《な》すべからずとて、多少の混雑を生じたることあり。

前条に云える如く、僅《わずか》に一群を結てその酋長の命に服従せる人民等、世に政府を立るの法を了解しなば、互《たがい》に相合衆して一大国を建ること、英国又は亜米利加合衆国の如くなるべき筈《はず》なれども、元来人民の互に自由を許して不羈《ふき》独立の政府を設くるに至るまでは、その進歩甚《はなは》だ遅きものなり。故に古来大国の基を開きし者は、皆兵力を以て小弱を并呑《へいどん》したるものにて、その

1 衆口喋々　多くの人々があれこれとうるさく議論するさま。　**2 リーウルポール**　リヴァプール。　**3 マンチュストル**　マンチェストルとも。マンチェスター。イングランド北西部の大都市。　**4 女王フヒクトリヤ**　ヴィクトリア女王（一八一九―一九〇一）。

人心を得たるに非《あ》らず。往古羅馬《ローマ》の如《ごと》き殆《ほとん》ど全世界を押領[1]したれども、その実は世の人心を服従せしめて穏《おだやか》に他国を并《あわ》せたるに非《あ》らず、唯《ただ》兵力の威光に由《より》て天下を畏服《いふく》せしなり。方今《ほうこん》欧羅巴《ヨーロッパ》の諸大国も、その本《もと》は小国より興《おこり》て他国を蚕食《さんしょく》[2]したるもの多し。譬《たと》えば仏蘭西にても、往古その国王と唱えし者は、方今仏国の首府たるパリスの近傍、僅《わずか》に数里の地を領したるのみ。今日仏蘭西《フランス》国の形勢を見、仏蘭西人の常談を聞けば、仏蘭西は開闢《かいびゃく》以来今の仏蘭西の如くなりしかと思うべけれども、決して然《しか》るに非らず。その国境の広大となりしは百年以来のことにて、既《すで》に拿破崙《ナポレオン》の時代にも屢《しばしば》変革したることあり。

右の外《ほか》西班牙《イスパニア》にても往古は六国に分れしが、千四百年代の頃、合して二国と成り、その後又この二国の君、一は男主にして一は女主なりし者、婚姻を結て国も亦《また》一に合し、尚《なお》又澳地利《オーストリア》、荷蘭《オランダ》、白耳義《ベルギー》、伊太里《イタリア》のネープル[3]、その外亜米利加《アメリカ》の地方をも領して、一時西班牙は世界中の強国と称せり。国を開《ひらき》たる一例なり。爾後《じご》西班牙の威力次第に衰微して、所領の地をも殆《ほと》んど失い尽して、方今は唯《ただ》その本国を存するのみ。国を蹙《せば》めたる一例なり。○魯西亜《ロシア》の強大となりしも多くはその隣国を蚕食《さんしょく》したるものなり。その先代モスコーに都せしときまでは、僅に近傍の地を領して、その大さ今の荷蘭国に過ぎざりし程のことなり。○凡《およ》そ古来国勢の俄《にわか》に強大となりしものは普魯士《プロシア》に如《し》くものなし。方今普魯士国は人口二千万に近く欧羅巴《ヨーロッパ》諸州の内にて一大強国と云《い》うべし。然《しか》るにその国祖先の由緒《ゆいしょ》を尋れば今より百年以前はブランデンボルフ[4]の一諸侯にて人口僅《わずか》に百万人を支配したりしものなり。

今より千年以前の頃は不列顚《ブリテン》[5]英蘭、蘇格蘭を合せたる総名なり。本編英国の部に詳なり。[6]も十三、四国に分れて各々独立したりしが、紀元九百年代に至り英蘭《イングランド》を一統せしものありて、次《つい》で又阿爾蘭《アイルランド》を幷《あわ》せたれども、蘇格蘭《スコットランド》は千七百年代の始《はじめ》に至るまで依然として独立せり。この時に於《おい》て蘇格蘭は貧弱なる一小国なれども、英国より兵力を以《もっ》てこれを攻取《せめと》るの企《くわだて》なし。千七百六年に至て両国より全権委任の使節を命じて合衆の談判を遂《と》げ、寸兵を用いずして両国を幷せ、一大国の基を起したり。その有様は二個の商人各々その貯《たくわ》うる所の財を合せて一の商売を始るが如し。〇亜米利加合衆国の独立せしときも、その諸州の合したるは兵力を用いしに非らず、互《たがい》に約条を結て一政府を立たるなり。

小国を合せて大国と為《な》せば世のために利益あること少からず。第一制度を一致して兵乱の禍《わざわい》少く、言語風俗を同様に為して人の交《まじわり》を広くし、人民互に世上のために便利を謀《はかり》て大業を

1 **押領**　領土とする。　2 **蚕食**　次第に侵略すること。　3 **ネープル**　ネイプルとも。ナポリ。　4 **ブランデンボルフ**　現在のドイツ東部、ブランデンブルク州。　5 **不列顚**　グレート・ブリテン・アイルランド連合王国。　6 **本編英国の部に詳なり**　本書では初編巻之三の「英国」の項はすべて割愛した。

企て、才力ある人物をしてその働《はたらき》を逞《たくまし》うすることを得せしむべし。今仮に英国を分て二、三の小国と為《な》さば、仮令《たと》い兵乱を起さゞるも、その国々互《たがい》に相羨《うらや》み互に相嫉《そねみ》て常に争論の止《や》むことなかるべし。又その一国に英雄の君出《いで》て善政を施すことありと雖《いえ》ども、唯《ただ》自国のみに限てその徳沢《とくたく》[1]を他国へ及ぼすこと能《あた》わず。加之《しかのみならず》各国互にその隣国の産物より運上《うんじょう》を取り、その人民を取扱うこと外国人の如《ごと》くして、互に相苦むべし。昔伊太里《イタリア》に於《おい》て斯《かか》る悪弊の流行せしことあり。

　小国を合せて大国と為すは固《もと》より世のために利益なりと雖《いえ》ども、これを合するの法は宜《よろ》しく英国の蘇格蘭《スコットランド》を合せたる法の如くなるべし。若《も》し然《しか》らずして兵力を以《もっ》て他国を押領《おうりょう》するときは、必ずその間に不平を生じて苦情の止むことなかるべし。古来亡国の人民に曲《きょく》を蒙《こうむ》[2]らざるものは甚《はなは》だ稀《まれ》なり。故に両国の人民同意一致して相合衆すれば世界中の幸《さいわい》とも云《い》うべきものなれども、兵力を以て他国を滅す者は所謂《いわゆる》暴を以て暴に代るものにて、国境の弘《ひろ》まり兵力の盛《さかん》なるに従て益々《ますます》その権威を恣《ほしいまま》にし、却《かえっ》て世上の大害となるべし。

　或《あるい》は又海外の遠方に所領の地を支配する政府あり。その支配の法甚だ難し。殊《こと》にその地より土人名代《みょうだい》の議事官[3]を本国の政府へ出《い》だすべきや否《いなや》に至ては、その利害得失未《いま》だ定らず。凡《およ》そ世界中に海外所領の広大なるは英国所領の印度《インド》地方を以て最とし、之《これ》を支配する模様も甚だ奇なり。その土地の人、外国の支配を受ることに慣れて自《みず》から政府を立るを好まず。今日の勢《いきおい》にては仮令《たと》い英国よりその自立を許すとも自《みず》から敢《あえ》てせざるべし。蓋《けだ》し英国の未だ印度を支配せざりし前は、その土地の人、自国の暴君姦吏に窘《くるし》められしに、英国の支配と為りしより以来は、法律寛にして政治正しく、各々その生を安ずることを得るが故に、英国の支配を離れなば再び元《も》との苛政《かせい》に陥らんことを恐て、自《みず》から自国の政府を立つるを欲せざるなり。

右の外《ほか》、英国には海外所領の地多しと雖ども、その模様全く印度に異なり。亜米利加《アメリカ》、澳太《オースト》利亜《ラリア》等の領地へは、英の本国より家を移したるもの多し。元来この者等は遠方に行て土地を開き新《あらた》に活計を求るものなれば、不羈《ふき》独立の一新国たらんことを欲するは至当の勢なれども、事の始《はじめ》に於てはその人数も少く、未だ政府の体裁を設ること能《あた》わざるが故に、本国の政府より之を扶助し之を保護し、その人民次第に繁殖富饒《ふにょう》に至るを待て、乃《すなわ》ちその独立を許し人の満足を得せしむべし。若し然らずして、その既《すで》に独立すべきものを尚《な》お束縛して之を制せんとせば、その民必ず叛《そむき》て自《みず》から独立の新政府を建つべし。本国の良策と云うべからず。

1 **徳沢**　めぐみ。恩恵。　2 **曲を蒙る**　不正なことで害を受ける。　3 **士人名代の議事官**　地元代表者。

各国交際

各国自立してその本国を守りその所領の地を失わざるは、多くは兵力の然《しか》らしむる所なり。太平無事の時には各国互《たがい》に相奪うの患《うれい》なしと雖《いえ》ども、一旦干戈《かんか》を開くに及では侵寇掠奪《しんこうりやくだつ》至らざる所なし。殊《こと》に夷俗《いぞく》[1] 草昧《そうまい》の国に於《おい》ては人の依頼すべき制度なくしてその惨毒《さんどく》最も甚《はなはだ》し。他人の害を被りし者は、我知己朋友を集て自《みず》から讐《あだ》を報ずるの外《ほか》、更に術なし。諺《ことわざ》に所謂《いわゆる》有力者は非を理に変じ無力者は常にその害を被るとはこのことなり。文明開化の教《おしえ》、漸《ようや》く世に行われ、制度法律次第に明《あきらか》なるに至て、この弊害も随《したが》て止《や》むと雖ども、各国交際の有様は、今日に至るまで尚《な》お往古《おうこ》夷民《いみん》の互に匹夫《ひっぷ》の勇を争いしものに異ならず。故に現今至文至明と称する国に於ても、動《やや》もすれば大に戦争を始めて、人を殺し財を費し、その害挙て云《い》うべからず。実に長大息《ちょうたいそく》すべきものなり。

文明の人民は、その政府に服従するの便利を知り、且《かつ》これに服従せざるべからざるの理を了解して、自《みず》から政府の権威も行われ、一国の内、治《おさま》ると雖ども、固《もと》より独立の国なれば他国の制度に従うことなし。故に小国は大国に侵されんことを恐れ、亦《また》大国と雖ども、礼を知らずして暴行を恣《ほしいまま》にすれば、小国連合してこれを伐《う》つの恐《おそれ》あり。右の次第にて、各国の間には常に争論の止むことなく、動《やや》もすれば兵威を以《もっ》て我目的を達せんとする者ありて、その交際甚《はなは》だ危しと雖ども、世上未《いま》だ一定確明の全権なきが故に、その争端を防ぐものなし。

世の文明に進むに従て一法を設けこれを万国公法と名《なづ》けり。[2]抑《そもそ》も世上に一種の全権ありて万国必ずこの公法を守るべしと命を下すには非《あら》ざれども、国としてこの公法を破れば必ず敵を招くが故に、各国共にこれを遵奉《じゅんぽう》せざるものなし。各国の間、互に使節を遣《やり》てその国へ在留せしむるも、その国々互に公法の趣意を忘るゝこと無《なか》らんが為《た》めなり。故に両国の間に怨《うらみ》を結ぶと雖《いえ》ども、使節は敵国に在留して更に害を被ることなし。既《すで》に戦争の始るに及でこれをその本国へ送返《おくりかえ》すのみ。斯《か》く敵国の間にも自《おのず》から礼義を存するは文明の然《しか》らしむる所なれども、往昔《おうせき》はこのこと甚《はなは》だ行われ難く、既に土耳格《トルコ》の如《ごと》きは、他国と戦争に及べば先《ま》ずその使節を捕えしこと屢々《しばしば》これあり。

欧羅巴《ヨーロッパ》諸大国の間には、国力の平均と唱ることありて、世の太平を保つの一大助となれり。方今《ほうこん》欧羅巴にて大国と称するものは、英吉利《イギリス》、仏蘭西《フランス》、澳地利《オーストリア》、普魯士《プロシア》、魯西亜《ロシア》、是《これ》なり。そ

1　**夷俗**　野蛮の民。　2　**万国公法**　国際法。

の国力を平均して互《たがい》に優劣なき所以《ゆえん》は、元《も》と相羨《うらや》み相嫉《そね》むの情に出《い》でしものにて、譬《たと》えば今この五大国の内、英国の蘇格蘭《スコットランド》を併《あわ》せたる如《ごと》く、二国相合衆せんとするの勢あらば、他の三国これを恐れてその合衆を妨《さまた》ぐべし。千七百年代の始《はじめ》に仏蘭西《フランス》と西班牙《イスパニア》と合して一国たらんとせしに、各国兵を起して遂《つい》にその策を破りしことあり。斯《かく》の如く各国互《たがい》に相嫉むの勢あるに由《より》て、小国の為《た》めに利益あること少からず。即《すなわ》ち大国の争《あらそい》は小国の幸《さいわい》なり。今若《も》し澳地利《オーストリア》と魯西亜《ロシア》とをしてその力を逞《たくまし》うせしめなば、忽《たちま》ち近隣の小国を併呑《へいどん》すべきなれども、他の諸大国より之《これ》を妨げ、或《あるい》は兵力を以《もっ》てその強暴を制するが故に、小国もよくその国を存して侮《あなどり》を受ることなきを得るなり。抑《そもそ》も方今《ほうこん》諸国の形勢を察するに、右に論ずる如く、唯《ただ》国力の平均のみを以ては未《いま》だその争端を制するに足らず。輓近《ばんきん》[1]魯西亜、澳地利、普魯士《プロシア》の三大国、共に「ポーランド」を滅してその地を分ち、又澳地利は伊太里《イタリア》の小国を押領《おうりょう》せし等のことあれども、他よりこれを間《かん》然《ぜん》するものなし。是亦如何《これまたいかん》ともすべからざるの悪弊なり。

前条に述る所を以て之を視《み》れば、各国政府の不正強暴を制して全くこれを止《や》むべきの方術あることなし。是即《すなわ》ち天下に戦争の止まざる所以《ゆえん》なり。文明の国に於《おい》ては、二人の間に争論を起して闘わんとする者あるとも、政府の法を以てこれを止めその争論を制すべし。総《すべ》て文明の教《おしえ》を被りたる者は、戦争の凶事たるを知り、勉《つとめ》て之を避ると雖《いえ》ども、外国との交《まじわり》に至ては然《しか》らず。

或は事を好む者ありて人心を煽動《せんどう》し、或はその君主功名を貪《むさぼ》り野心を恣《ほしいまま》にせんとして戦を好む者甚《はなは》だ多し。故に方今欧羅巴《ヨーロッパ》の諸国、礼義文物を以て自《みず》から誇ると雖ども、その争端嘗《かつ》て止むことなし。今日は文明開化の楽国と称するものも、明日は曝骨《ばくこつ》流血[2]の戦場となるべし。啻《ただ》に桑田《そうでん》変じて海と成る[3]の比に非《あら》ざるなり。

文明の教を以ては、未だ戦争の根源を止るに足らずと雖ども、稍《や》やその惨毒《さんどく》を緩《ゆるやか》にすべし。亜米利加《アメリカ》の土人の如きは、その敵を害するに惨刻兇悪《ざんこくきょうあく》至らざる所なし。夜間に村落を襲い婦人を害し小児を殺す等を以て、嘗て卑怯《ひきょう》の挙動と思わず、自《みず》から好機会を得たりとせり。文明の師《いくさ》に於《おい》ては然らず。無辜《むこ》[4]の婦人小児を殺すを以て恥辱とし、敵の政《まつりごと》を伐《うち》て敵の民を殺さゞるを戦の趣旨とす。故に敵と戦うときは必ずその兵士に向い、敵国を伐《う》つときは必ずその城を攻む。村落を侵掠《しんりゃく》するとも、徒《いたずら》にその民を害するのみにて、攻伐の目的を達するに足らざるが故に、直にその首府に進み、その政府に迫て勝敗を決するなり。

往昔《おうせき》は各国の政府、艱難《かんなん》を凌《しの》ぎ危険を犯し、唯その隣国を害するを以て自《みず》から剛勇に誇り、

1 **輓近** 最近。近年。 2 **曝骨流血** 血を流し、骨をさらす。 3 **桑田変じて海と成る** 桑畑が変わって海となる。世の変遷の激しい様のたとえ。 4 **無辜** 何の罪もない。

隣国に罪人あれば之《これ》を匿《かく》し、隣国に逋債《ほさい》[1]を負う者あれば之を助け、或《あるい》は又隣国に争乱を起すべき由緒《ゆいしょ》の人あれば、財を散じ兵を費して之を扶助せざることなし。故に英国王「スチュアルト」[2]の家を絶ちしときも、仏蘭西《フランス》にてその家名の人を助け、数十年の間、英国の煩《わずらい》を為《な》したることあり。事は本編英国の条に詳なり 欧羅巴《ヨーロッパ》昔年《せきねん》の事情斯の如《ごと》くなりしと雖《いえ》ども、近来は漸《ようや》くこの悪風習を除き、各国互《たがい》にその人民の為《た》めを謀《はかり》て相助け、此彼《しひ》相頼《たのみ》て国を建るの勢を得たり。

英国にて貿易の法を一新してこれを寛大にせしより、諸国の交際更に懇親を増したり。英国の貿易盛《さかん》なるに就《つい》ては、諸国の人民、英国に物を売て利を得るもの多きが故にこれと戦うことを好まず、且《かつ》その国々の間にも戦争の事あれば、自《おのず》から英国との貿易を妨げ随《したがっ》てその人民の損亡たるべきを知て、太平無事を祈る者多し。故に方今《ほうこん》英国の貿易愈々《いよいよ》盛なるに従て各国戦争の禍《わざわい》も愈々稀《まれ》なるべし。加之《しかのみならず》英国にては貿易を盛大にして一国内の繁栄をも致せしことなれば、諸国の政府もこれに倣《ならい》てその商法を寛《ゆるやか》にし、各国此彼の便利を謀て益々《ますます》文明開化の教《おしえ》を施し、遂《つい》には天下無窮の太平を見るべし。故に云《いわ》く、各国戦争の源因を絶つは貿易の法を寛にするに在りと。

政府の本を論ず

前既《すで》に云《い》いし如く、人生の天稟《てんぴん》相異なること甚《はなは》し。或は筋骨の強壮なる者あり、或は身体の虚弱なる者あり、或は才力の剛毅《ごうき》なる者あり、或は精心の懶惰《らんだ》なる者あり、或は人に先《さき》だって人を制するを好む者あり、或は人に従い人を頼で事を成すを好む者あり。草昧夷俗《そうまいいぞく》の民間に於《おい》ては、この天稟の異同殊《こと》に著しくして、人生の害を為《な》すこと最も甚《はなは》しと雖《いえ》ども、文明の進歩するに従て漸くこの不平均を一致し、或は全くこれを一致すること能《あた》わざるも、その不平均よりして世上の害を生ぜしむることなく、却《かえっ》て転禍為福《てんかいふく》[3]の処置を施すことあり。

草昧夷俗の国に於ては、強き者は事を為《な》すに意の如くならざることなく、弱き者は唯命是《ただめいこ》れ従うのみ。現今土耳格《トルコ》の奉行《ぶぎよう》に向て礼を失する奴僕《ぬぼく》あれば、剣を抜て之を切捨《きりすつ》るとも妨《さまたげ》なし。今より百五十年前は蘇格蘭《スコットランド》の北方に於ても、その酋長《しゅうちょう》たるものは部属の小民を切捨てし例あり。又数百年前、封建世禄《せいろく》の時代に於ては、その惨酷《ざんこく》これより甚し。日耳曼《ゼルマン》の一諸侯、厳冬の

1 **逋債**　公債。　2 **スチュアルトの家**　スチュアート王家。　3 **転禍為福**　わざわいを転じて福となす。

夕に猟より帰り、手足寒しとて、その家来を殺して腹を割《さ》き、鮮血淋漓《りんり》たる[1]腹中へ両足を入れてこれを温《あた》ためしことありと。その残忍なること実に名状すべからざるなり。今仮に英国に於《おい》て富豪の貴族、一小民に逢《あ》い、その衣を奪て自《みず》から着することあらば之《これ》を許すべきや。仮令《たと》い縉紳《しんしん》[2]の大家なりと雖《いえ》ども罰を蒙《こうむ》ること必せり。文明の徳沢《とくたく》なり。

天稟《てんぴん》の不幸にして人に及ばざるは五官の具を欠くものを最とす。即《すなわ》ち盲《もう》、聾《ろう》、唖《あ》の如《ごと》き、是《これ》なり。夷俗《いぞく》の国に於ては、斯《かか》る不幸の造物を路傍に棄《す》てゝ問わず、甚《はなはだし》きに至ては故《こと》さらに之を殺す者あり。支那の如きは全く開化を被らざる夷狄《いてき》にも非《あら》ざれども、尚《なお》盲唖を棄て或は之を殺すの悪習あり。文明開化の国に於ては然《しか》らず。天稟不具の人あれば、啻《ただ》にその生命を保護するのみならず、又従てこれを教え、その不具を補て平人に斉《ひと》しからしめんことを勉《つと》めり。故に盲者に書を教るにはその文字を作り、聾唖《ろうあ》に言語応対を教るにもその法を設け、その功徳実に驚くべし。亜米利加《アメリカ》に一女子あり。名をローラ・ブリドマン[3]と云《い》う。目見る能《あた》わず、耳聴く能わず、口言う能わず。されどもよく文字を解して知己の人に書翰《しょかん》を送ることを得るに至れり。故にその耳目は人に及ばざれども、その精心はよく天地万物の理を弁じ、世界人類の情に通ぜり。

世の開《ひら》るに従て、小弱無力の者、相共に謀《はかり》て、人々の通義を達し生命を保護する為《た》めの処置を設け、これを国の制度と名《なづ》けり。元来制度の目的とする所は、人の強弱智愚に拘《かか》わらず、各々その生命を安んじその私有を保たしめんとする趣旨なるが故に、無謀過激の徒は之《これ》を忌《い》みこの法則を破らんとしたれども、衆寡《しゅうか》敵し難く[4]、遂《つい》に理を以《もっ》て力を制し、一定の制度を施行することを得たり。是即《これすなわ》ち世に政府の起りし本源なり。政府とは人心を集めて一体と為《な》し、力を以て衆人の意を達せしむる所以《ゆえん》のものなり。

草昧《そうまい》の始《はじめ》は、先《ま》ず法を設て然る後に人を制したるものか、或《あるい》は人々交際の上に自《おのず》から法を生ずるものか、その前後得て知るべからず。然れども人あれば必ず法なかるべからざるの理なれば、人間交際の始より同時にその法も定り、両様相共に進歩するものなるべし。凡《およ》そ地球上、亜非利加《アフリカ》人類の集る所には、人々互《たがい》にその通義を知り、自《おのず》から一種の政府を建ざるものなし。

1 **淋漓たる**　したたる。 2 **縉紳**　身分の高い人。 3 **ローラ・ブリドマン**　ローラ・ブリッジマン（一八二九―八九）。二歳の時しょうこう熱に冒され視聴覚、味覚、嗅覚を欠き、音声も失ったが、パーキンス研究所のサミュエル・G・ハウの教育によって読み書きができるようになり、同様な障害をもつ少女たちに裁縫を教えるまでになった。チャールズ・ディケンズはパーキンス研究所を訪れて強い印象を受け、彼女について『アメリカ・ノート』にその様子をくわしく書いている。ブリッジマンの後継者の一人にヘレン・ケラーを教育したアン・M・サリヴァンがいる。 4 **衆寡敵し難く**　人数の少ない者は、人数の多い者には勝ち目がなく。

の南方に「ボスマン」とて一種の野民あり。その民嘗《かつ》て世に政府のあることを知らずと云《い》えり。然《しか》れどもその政府なきは、元来土地広く人口少くして相集ること稀《まれ》なるが故なり。野民の内にも自《おのず》から人望を得て人を帰服せしむべき人物のなきには非《あ》らず。又澳太利亜《オーストラリア》を発見せしときには、人皆その国内に政府の種類なきものと思いしに、その後人口の多き所に行て之《これ》を見れば、果してその首長あり。その外亜米利加《アメリカ》の土人にも首長あり。ニュー・ジーランドにも往昔《おうせき》は土地の王と称する者数人ありしことなり。

人間群を為《な》せば必ず一種の政府を立てゝその取締を設けざるべからず。実に欠くべからざるの急務なり。今国法を犯し徒党を結て賊を為す者を見るに、尚《なお》その内に自《おのず》から法則あり。即《すなわち》是《こ》の盗賊の政府なり。又橋下に住居する乞児《きつじ》にても、多人数相集れば自《おのず》から法則を設けて互《たがい》に便利を謀《はか》れり。即是れ乞食の政府なり。昔伊太里《イタリア》に強賊あり。その賊首は金玉《きんぎよく》を以《もつ》て衣裳を飾り、配下の者を号令するに甚《はなは》だ威権ありしと云う。

草昧《そうまい》の始《はじめ》に政府を建て法を設けし形勢を察するに、その概略左の如《ごと》し。身体強健にして心力勇壮なるものを首長と為し、年長にして事物に熟練せし者を謀主と為して、日に戦闘を事とし、小弱未熟の少年はその首長に事《つか》えて礼を尽し、以て他人の侵掠《しんりやく》強奪を遁《のが》れしことにて、人口次第に増し居処次第に定るに随《したがつ》て、制度法則も漸《ようや》く正理[1]に赴くとは雖《いえ》ども、一体の人気皆私慾《しよく》を恣《ほしいまま》にせんとして、動《やや》もすれば乱暴の挙動多し。血統の子孫に家を伝うるは往古《おうこ》よりの風俗なれども、亦《また》その時の事勢に応じて、今の世に行わるゝ相続の法とは自《おのず》からその趣《おもむき》を異にすることあり。譬《たと》えば往昔《おうせき》蘇格蘭《スコットランド》の君死して幼少の子あれば、その子を立てずして年長の弟に位を伝えり。蓋《けだ》し争乱の世に当て幼君にては事務に堪えざるが故なるべし。又欧羅巴《ヨーロッパ》諸国の歴史を按《あん》ずるに、国君と称する者、その始は唯《ただ》一種族の酋長《しゅうちょう》にて、次第に土地を押領《おうりょう》し、遂《つい》に一国人民の上に立て政《まつりごと》を施すものなり。

右の如く国君の起立はその事情曖昧《あいまい》なれども、数百年の間、世々相伝て自《おのず》から門閥の名を取り、就《つい》ては尚お又牽強附会《けんきょうふかい》[2]の説を立てゝ益《ます》すその威光を燿《かがや》さんとし、或《あるい》は之を天与の爵位《しゃくい》と称せり。近世に至てはその歴代愈《いよいよ》久しきに従い、その位《くらい》も亦愈固くして、容易に之を動かすべからず。若《も》し強《しい》て之を動かさんとすれば、国の制度も共に変動すべきの勢となれり。抑《そもそ》も一国の内には人物も少なからざれば、門地に拘《かか》わらず才徳ある者を撰《えらび》て君と為し国政を施して妨《さまたげ》あるべからざるの理なれども、立君の制度を以て国を治んとするには、国内の人望を得たる名家の子孫を奉じ、恰《あたか》も之をその家族の惣《そう》名代として君上の位に立て、人心を維持するに若《し》くはな

1 **正理**　正しい理屈、原理。 2 **牽強附会**　道理に合わないことを自分の都合のいいように無理にこじつけること。

し。是《こ》れ所謂《いわゆる》理外の便利なり。

政府の体裁は各々相異なると雖《いえど》も、その大趣意は前にも云《い》いし如《ごと》く、唯《ただ》人心を集めて恰《あたか》も一体と為《な》し、衆民の為《た》めに便利を謀《はか》るより外ならず。国政の方向を示し順序を正《ただし》うするの事は、一、二の君相又は議政官の手に非《あら》ざれば行われ難きが故に、人心を集めて一体と為さゞるべからず。衆民の便利を謀るにも、人心一致せざれば衆を害して寡《か》を利する[1]の患《うれい》あるが故に、此亦《これまた》政府の上より処置せざるべからず。本来諸国に政府を立てゝ国民の之を仰ぎ之を支持する所以《ゆえん》は、唯国内一般にその徳沢《とくたく》を蒙《こうむ》らんことを望むのみの趣意なれば、政府たらんものも、若《も》し国民の為めに利を謀《はか》ることなくば、之《これ》を有害無益の長物と云うべし。就中《なかんずく》その職分にて最も緊要なる一大事は、法を平《たいらか》にし律を正《ただし》うするに在り。是即《これすなわ》ち人民の生を安んじ、自由を得、私有の物を保つことを得る所以なり。故に政《まつりごと》を施すに誠実を主とし公平を失わざれば、仮令《たと》い一時の過失あるともその政府を遵奉《じゅんぼう》せざるべからず。

西洋事情　外編　巻之一　終

1 **衆を害して寡を利する**　多くの者に損害を与えて、わずかな者だけが利益を得るようにする。

西洋事情　外編　巻之二

福澤諭吉　纂輯

政府の種類

政府の種類は、第一立君、第二貴族合議、第三共和政治と、三様にその体裁を異にすれども、事実に於《おい》ては明《あきらか》にその区別を立てその体裁を説き難し。[1] 故に今この条に於ては、唯《ただ》政府の施すべき処置と、随《したがっ》て生ずべき事情とを論ずるのみ。

政府の体裁は、何様たるを論ぜず、又その年代の新旧にも拘《かか》わらず、国中の人心を得る所以《ゆえん》は恩徳を施すに在り。徳を以《もっ》て人を服すればその政府安妥《あんだ》[2]にして、仮令《たと》い横逆《おうぎゃく》[3]の事件起るとも之《これ》を和することを得べし。之に反して政府たるもの、一人の身を処するが如《ごと》く、専ら私を顧て公明正大の趣意を失うときは、乱臣賊民を罰するにも必ず惨刻《ざんこく》に過ることあるべし。澳地利《オーストリア》の如きはその政府の体裁、殆《ほと》んど立君独裁に似たるものなれども、仁君の名ある第二世フランシス帝[4]の時代には、その政《まつりごと》、却《かえっ》て仏蘭西《フランス》の共和政治よりも寛大なり。是即《これすなわ》ち政治の名実相齟齬《そご》する一例なり。千八百四十八年、仏蘭西の共和政治は、国中の人民これを好む者少くして、その事情甚《はなは》だ困難なりしと云う。

政府の自《みず》から恐怖するは必ず刻〔酷〕薄《こくはく》にして狐疑《こぎ》[5]する〔所ある〕が故なり。政府の安妥ならざるは必ず恐怖する所あるが故なり。英国政府の安妥なる所以はその政治の体裁に由《より》て然《しか》るにはあらず、唯国中の人民に好意を抱くもの多しとのことを信じて、政府も自《みず》から安《やす》んずることを得るなり。国中の人民を寛大に取扱い、衆庶相議することを許す所以は、その言行宜《よろしき》を得て、国の制度を害するものなきを知ればなり。凡《およ》そ事理至当の極を云えば、左の数言を以て尽せり。即ち政府は確実寛大を主として動かず、国民はその通義と職分とを知り、躬《みず》から謹慎して粗暴の挙動を為《な》さず、悪俗弊風は唯政府の法を以て防ぐべきことなり。

治乱《ちらん》極れば、これを一変して、動《やや》もすれば従来の政に相反したる制度を立ることあり。是即ち人心の自然に向う所なり。故に暴政に束縛せらるゝこと久しければ、その民自由を思い、一旦機会を得るときは忽《たちま》ち乱を起し、或《あるい》はその機に乗じて度を過ぐることあり。千七百九十二年、仏蘭西の大乱[6]はその一例なり。この時に当て仏蘭西国、立君独裁の旧政府、古来比例なき反乱

1 その体裁を説き難し　原書では各パラグラフに番号がふられており、その七三―五が省かれている。そこに記されている英、米、魯三国の政治実態に関するコメントの要点は、すでに初編巻之一冒頭の「政治」の項にあるので、このような表現で重複を避けたのであろう。**2 安妥**　安定していて妥当なこと。**3 横逆**　身勝手で道理に従わないこと。**4 第二世フランシス**　フランツ二世（一七六八―一八三五）。**5 狐疑**　用心深く、逡巡すること。**6 仏蘭西の大乱**　八月革命のこと（原書では the Revolution of 1792）。

のために滅却して、その後数年の間は却《かえつ》て共和政治の大乱に陥《おちいり》たり。又国勢四分五裂して一定の政府なく、兵乱の禍《わざわい》に苦むこと久しければ、国民又その自由通義の趣意を顧るに遑《いとま》あらず、唯《ただ》一時の生を安《やす》んじ産を全《まっとう》せんが為《た》めに、天下の一《いつ》に定らんことを企望し、早くも立君独裁の全権を待てこれを尊奉《そんぽう》するの心を生ず。是即《これすなわ》ち争乱の世に報国の大義を唱て失望する者ある所以《ゆえん》なり。又事を好む者、時勢を知らず、妄《みだり》に世態《せたい》を変革せんとして一時その志を得ることありと雖《いえ》ども、果して永久の良策に非《あ》らず。遂《つい》には復《ま》た苛酷《かこく》の虐政《ぎゃくせい》に窘《くるし》めらるゝこと必せり。その人の産業を見るに昔時《せきじ》の安寧《あんねい》に及ばざること遠し。

凡《およ》そ良政府の一大緊要事は、その民を無智文盲に陥《おとしい》るゝことなきに在り。人に智識なければ必ず悪事を為《な》すものなり。ペルシヤ人の如《ごと》き、無智蒙昧《もうまい》なるが故に止《やむ》を得ずして虐政の下に立ち、君主一人の独断にて随意に政《まつりごと》を施すと雖《いえ》ども、人民これに安んじて嘗《かつ》て怪む色なし。文明の化を被り礼義の教に浴したる欧羅巴《ヨーロッパ》人に於《おい》ては然《しか》らず。己《おの》れ文明にして礼義を知るが故に、その政府も亦《ま》た己れと共に文明にして礼義を知らんことを需《もと》む。政府若《も》しその趣意を失すれば人心忽《たちま》ち離散すべし。又衆庶合議[1]の風俗ある国に於ては、人民各《おのおの》政治の職分を達すべきが故に、よくこれを教育せざるべからず。亜米利加《アメリカ》にては国民の教育既《すで》に洽《あま》ねくして、政治の需用に供するに足れりと云《い》うべし。その他欧羅巴の諸国に於ても教育の法、亜米利加に劣らざるものあるは、早晩その政治の一変すべき前兆なり。

政治経済の科を学ぶは国民に於ても欠くべからざるの緊要事なり。国民皆この事情に暗くしては、国中会議の政を以《もっ》て国を治むべからず。欧羅巴にてもその国々の風習に由《よ》り、国政は尽《ことごと》く官府有司[2]の手より出て、国中に人物ありと雖《いえど》も政治に関係することを得ざるもの多し。斯《かか》る風習の存する国に於て、俄《にわか》に平人を挙て議政の権を附与するとも、その人嘗《かつ》て政治の事に慣れずしてその味を知らざるが故に、その権あるもその事を為し能《あた》わざるべし。英国に於ては罪人の取扱、市中の取締、村邑《そんゆう》[3]の評議、街道の処置等、その事柄に由《より》ては平人に任するが故に、自《おのず》から政治の一端を学び得て、その益少からずと雖ども、仏蘭西《フランス》、日耳曼《ゼルマン》に於ては絶《たえ》てこれなし。故に今《いま》仏蘭西、日耳曼等にて、俄にその政治の体裁を変じ、国中一般の人を会して政を議するの法を立てなば、その人々事に慣れずして必ず処置を錯《あやま》ることあるべし。之《これ》に由て考れば、立君独裁の政を俄に共和政治に変ぜんとするとも、必ずその功を遂《とぐ》ること能わずして国の不幸となるべし。抑《そもそ》も英国所領の亜米利加にて共和政府を建てしはこの例に非らず。亜米利加建国の名は政治を一変したるに似たれども、その実は従来英国王より遣差《けんさ》せる名代《みょうだい》の人を首長の位

1 衆庶合議　人民の合議。　**2 有司**　役人。官吏。　**3 村邑**　村落。村里。

に置き、国内の事務は国内の人にてこの名代の人と共に処置する風習なりしゆえ、建国の後、議事院[1]を設け大統領を立てしと雖《いえ》ども、一体の政治に至ては僅《わずか》にその趣《おもむき》を変じたるのみ。

兵乱に由《より》て俄《にわか》に政府の革《あらた》まるを革命と云《い》い、世に遁《のが》るべからざるの禍《わざわい》なれども、或《あるい》は亦《また》これに由て国の幸《さいわい》となることあり。千六百八十八年、英国王第二世ゼームス[2]国法を破りたるに由て内乱を生じ、遂《つい》にその位《くらい》を廃して政府を一変したれども、今日に至るまで英国の人この革命[3]を悦《よろこ》ばざるものなし。又昔時《せきじ》仏蘭西《フランス》人の暴政に苦《くるし》み有様を見れば、千七百年代の末にその国の大に乱れたる[4]も驚くべきに非《あら》ず。又亜米利加《アメリカ》の騒乱[5]は実に一国の繁栄を致せしが故に、今に至るまでその国の人、意気揚々として自《みず》から既往《きおう》の乱を祝せり。右の如《ごと》く革命の兵乱に由ては、或は一国の幸となることも亦《また》少なからずと雖ども、国内に干戈《かんか》を動かせば、一時にその禍《わざわい》に罹《かか》り、目前に災害の生ずること甚《はなはだ》しきが故に、思慮ある人は前後を顧て妄《みだり》にその事に与《くみ》する者少し。国に革命の乱起れば、従来、人の慣れし制度風習を変動し、後来の変化、計るべからざるが故に、工商の業、地を払て衰微し、力役《りきえき》の人は活計を失い、且《かつ》平生より非常の用に供すべき貯《たくわえ》なければ、已《や》むを得ずして悪事に陥り、騒乱中に又一場の騒乱を生ず。斯《か》く騒乱の持続する際に当《あたり》て、世のために最も憂うべき一事は、最初国政の改革を企望せし者、既《すで》にその望《のぞみ》を失い、現在の兵乱に苦み、後来の難を恐れ、遂《つい》に姑息《こそく》の心を生じて、衰世の時運を挽回《ばんかい》すべき人物を見れば、忽《たちま》ちその人に籠絡《ろうらく》せられ6、一時の安妥《あんだ》を買《かわ》んとして人間普通の自由を棄《すつ》ることあり。是《こ》れ所謂《いわゆる》自由を求て自由を失うものなり。故に世人若《も》しその政府を改革せんと欲せば、劇烈非常の術を用いずしてその目的を達すべき路《みち》あるときにのみ、之《これ》に従事すべし。

政治の論は未《いま》だ一科の学と為《な》すべき定法なきが故に、政府を建るに謹慎して思慮を尽し、或は他の適例に傚《ならい》て法を定むと雖ども、之を実地に施して行われざること多し。怪むべきに非《あ》ざるなり。世に盛善《せいぜん》と称する政府の事情は学者の未だ知らざる所にて、紙上の論を以《もっ》て尽すべからず。譬《たと》えば英国政府の如き、制度整斉《せいせい》にして内外安寧《あんねい》なること殆《ほと》んど海内《かいだい》に比類なしと雖ども、議論を以てその実際を名状すべからず。或はその政府、自《みず》から事を行い随《したがっ》て又自《みず》から抑制するものと云《いい》て可ならんか。都《すべ》てその実に行わるゝ事は、その外に顕《あら》わるゝ体裁に異なり。その一、二を挙て云《いわ》んに、政府の上に立つ者は君主にして自《おのず》から独権あり。若《も》しその独権

1 議事院　議会。**2 第二世ゼームス**　ジェームズ二世（一六三三―一七〇一）。**3 この革命**　名誉革命のこと。**4 千七百年代の末に……乱れたる**　フランス革命のこと。ただし原書では changes（変動）。**5 亜米利加の騒乱**　独立戦争（一七七五―八一）。なお「騒乱」は revolution（革命）。**6 籠絡**　巧みに手なずけて、自分の思い通りに人を操ろうとすること。

を恣《ほしいまま》にせば、国中の害を為《な》すべき筈《はず》なれども、嘗《かっ》てその患《うれい》なし。上院[1]は下院[2]より上席なれば、自《おのず》から一種の権威あるべき筈なれども、下席の下院にて衆議既《すで》に定れば、上院にて長く之《これ》を拒むことなし。下院の内は尊卑の別なく、全く共和政治の体裁なるべき筈《はず》なれども、その議事官多くは名家の人にて、自《おのず》から貴族合議の風あり。抑《そもそ》も斯《かく》の如《ごと》き政府にて斯の如き政《まつりごと》の行わるる所以《ゆえん》は、年代時運に由《より》て一般の人心、互《たがい》に我意《がい》を忍び、自然に国の制度を敬畏するの風俗に赴きしが故なり。今若《も》しこの政治を以《もっ》て他国に施さんとするも、その風俗人心に欠典あれば必ずその功を奏することなかるべし。右の次第を以て之を考れば、各国各人にて政の是非得失を論じ、各々その説を異にする所以の理をも了解すべし。

　歴史を按《あん》ずるに、政治の沿革は時々故障なきこと能《あた》わずと雖《いえ》ども、年代の久しきに従て次第に善に赴くものなり。世人徳行を修め智識を研《みが》くの風俗に赴けば、自《おのず》から政府の威権を制して衆庶会議の端《たん》を開き、随《したがっ》て政府も亦《また》私曲[3]を行うこと少く、漸《ようや》く国中一般の便利を公議するに至れり。斯《か》く時勢の沿革するには、或《あるい》は治《ち》を以てし或は乱を以てし、固《もと》よりその然《しか》るを計らずして然るもの多く、皆偶然に出ると雖ども、古来未《いま》だその進歩の速《すみやか》なるものを見ず。且《かっ》又国中の人各々一己《おのおのいっこ》の私徳を修めざれば、仮令《たとい》衆庶会議の法を設るとも、一国の公政を行うべからず。蓋《けだ》し国中の人は、一般公平の便利を謀《はか》るの趣旨を先《ま》ず自《みず》から了解して、然る後にその趣旨を施行すべき人物を撰挙し、之を衆人の名代《みょうだい》として議政の職に任ぜざるべからず。是即《これすなわ》ち国民の職分なり。

凡《およ》そ人として、この国に居り、その政府の下に立てば、自《おのず》から政府に対して務むべき職分あるの理なれども、世人未だよくこの理を知らず、或は妄《みだり》に政府の職分のみを議論し、已《おの》れこれに対して報ずべき職分あるの理は、嘗《かつ》て自《みず》から顧ることなく、動《やや》もすれば放蕩《ほうとう》に陥る者少なからず。罪人と云《い》うべし。政府に過失あれば之を改正すべき方術を熟考し、穏《おだやか》にその処置を施さんとして力を尽すは、国中の人々当務の職分なれども、その時勢に一利を起して一害を生ずべきの恐《おそれ》あらば、丁寧反覆してその利害得失を察し、何等の事情あるとも決して軽卒〔率〕に議論を発すべからず。

1・2　上院・下院　二院制議会。原書には英国の実例として House of Lords, House of Commons とある。

3　私曲　自分の利益のみを考えた不正な行い。

国法及び風俗

稍《や》や開化に進《すすみ》たる国に於《おい》ては必ず古風旧例なるものありて、その君主妄慢《もうまん》[1]の権を多少に抑制すべし。東洋諸国にては、国民の種類を分ち、一種類毎《ごと》に具《そなわ》りたる権威ありて、各々その職業を異にし、階級も亦《また》上下の別あり。これを「ケースト」[2]と云《い》う。この風俗は往古《おうこ》よりの旧例にて、今俄《にわか》に之《これ》を改めんとせば必ず混乱を生ずべし。「ケースト」とは人種の義にて、東印度のヒンドスタンに専ら行わるゝ風俗なり。猶支那、日本にて士農工商、四民の別あるが如し。凡《およ》そ世上に首長と配下と位《くらい》を別《わか》ち、この外《ほか》に階級あればその階級に随《したがっ》て必ずその権あり。奴隷の法は文明の人に於て悪《にく》む所なれども、非常の暴政を以《もっ》て小弱の売奴《ばいど》を抑圧せんとすれば、その主人にて之を保護することあり。是即《これすなわ》ち売奴の法を以て人を救うものなり。

右の如《ごと》く人民の種類を分つ風俗は、蛮野《ばんや》の民間に在ては或《あるい》は適当すべきこともあるべしと雖《いえ》ども、文明の国に於ては、礼義の道と宗旨の教《おしえ》とに由《より》て巧《たくみ》にその弊風を除きたり。然《しか》りと雖ども、又こゝに蒙昧夷俗《ぼうまいいぞく》の太古より世に行わるゝ別段の風俗あり。この風俗は、歳月を経るに従て、啻《ただ》に之を棄《す》てざるのみならず、又随て増補改正し、以て文明開化の一大助と為《な》したるものなり。今英国に於て尽善尽美《じんぜんじんび》[3]の制度と称するものも、その本《もと》を尋れば往古の風俗より来《きた》りしもの多し。故にこの風俗の沿革を探索するは最も大切なることにて、且《か》つ之に由て考れば、世の文明を進めんとするには、学者の高論に従て法を造るより、寧《むし》ろ莽昧夷俗の風を改正するの便利なるに若《し》かずとの理を了解すべし。

各国にて、古来の風俗旧例を集めて一体となし、次第にその形を成したるものを国法と名づく。莽昧夷俗の国に於ては、その法不正にして極て欠典多しと雖ども、人民これを頼《たのみ》て尚お暴君姦吏《かんり》の惨毒《さんどく》を免《まぬ》かるべし。譬《たと》えば、今無法の国に於て一農夫あり、遇《たまた》ま国の諸侯に向て礼を失することあらば、その君直に之を捕えて躬《み》自《みず》から無礼の罪を罰すること意の如くなるべしと雖ども、若《も》しその国の旧例にて斯《かか》る訴訟を聴くべき裁判の場所あらば、その農夫も必ずこの裁判所に出《い》でゝ事の是非曲直を糺《ただ》すことを得べし。固《もと》よりその敵手は威力ある者なれば、或は裁判の有司を畏《おそ》れ、或は之に賄賂《わいろ》を与えて、遂《つい》に農夫の曲を構成することもあるべきなれども、全く裁判の路《みち》なくして直に暴敵の手に罹《かか》るに比すれば遥《はるか》に優《まさ》れり。国法一《ひ》と度《た》び定れば、裁判役並にその他有司の身に於ても、故《こと》さらに之を破るの煩《わずらわ》しきは、謹で之を守るの便利なるに若《し》

1 **妄慢**　道理にあわず、旧態依然になっている。　2 **ケースト**　カースト。caste（世襲的階級制度）。　3 **尽善尽美**　善美をつくした様。至善至美に同じ。

かず。故に国法の動かざるは人の天稟《てんぴん》に懶惰《らんだ》の性情あるが故なり。

各国にて法の形を成すに至るまでの順序は、甚《はなは》だ遅々として殆《ほと》んどその起源を知るべからず。年代の間には、世に人物の出《い》でて法を論ずる者あり。即《すなわ》ちアデーン[1]のソロン[2]、スパルタ[3]のシコルグス[4]以上二人は紀元前の人英国のアルフレット[5]紀元後八百年代英国の君の如《ごと》き、是《これ》なり。世人この人々を尊び、国法を創造せし始祖なりとて、その栄名甚だ盛《さかん》なりと雖《いえ》ども、実は新《あらた》に法を造《つくり》たるに非《あ》らず、唯《ただ》古来の法を増補改正したるのみ。又羅馬《ローマ》の歴史に云《い》えることあり。羅馬の人、法令に乏《とぼ》しくして、之《これ》を伝習せんが為《た》め希臘《ギリシア》へ使節を遣《つかわ》したりと。太古の世に十二条と唱えし法は、即《すなわ》ちこの使節の希臘より学び得たるものなりとの説もあれども、その詳《つまびらか》なるは得て知るべからず。故に高名なる羅馬の法律も、その整斉《せいせい》に至るまでの歳月は甚だ長し。紀元後五百年の頃《こ》ろには、この法律漸《ようや》く集りて、その書類の浩瀚《こうかん》なること駱駝《らくだ》十二疋《ひき》の背に負わすべしとの故事あり。但《ただ》しこの時には未《いま》だ刊行の術を知らずして、世人この律書を見ること能《あた》わざるもの多きが故に、羅馬帝ジョスチニヤン[6]、当時の学者に命じて書中を抜萃《ばっすい》し、簡約なる一全書を纂輯《さんしゅう》せしめたりと云う。

右の次第を以《もっ》て考れば、法の本《もと》は太古の旧例より起り、その由《よっ》て来《きた》る所、一朝一夕のことに非らず。殊《こと》に英国の制度の如きは、その詳なるを知らんと欲せば、先《ま》ずその国の古風を探索せざるべからず。学者の宜《よろ》しく注意すべきことなり。又欧羅巴《ヨーロッパ》の歴史を按《あん》じて、その中古の形勢に着眼するときは、法の本はその国の習俗に由て来ること明白なり。紀元五百年より千三百年までを中古と云う世に所謂《いわゆる》封建世禄《せいろく》の法も、その本は北方の夷民《いみん》、羅馬の一統を破てその土地を奪い、これを配分せしときの旧例なり。北方の夷民とは欧羅巴北方の人を云う。中古の世は欧羅巴人も風俗野鄙にして挙動残忍なりしが故に、これを夷民と称するなり。北方の人は勢《いきおい》に乗じて羅馬人を放逐《ほうちく》し、その時の君将たる者、土地を押領《おうりょう》すれば、随《したがつ》て又これをその従者に配分して功を賞したることなれども、その従者の独立するを好まず、乃《すなわ》ち約を結で君臣の分を正し、臣下の職分を奉ぜしめしに、一《ひ》と度《たび》土地を得たるものはその地に住居し、君上の代任たる名目にて之を子々孫々に伝え、以《もつ》て封建世禄の基となりしことなり。

方今《ほうこん》欧羅巴《ヨーロッパ》にて、地面の法則は尽《ことごと》く往古《おうこ》封建の制より由来するものにて、固《もと》よりその殺伐の風習は脱したりと雖ども、今日に至るまで英国にてもその制度を遵奉《じゅんぽう》せり。抑《そもそも》英国には古来一種の風俗ありて、その国法の由て来る所、他国に異なりと雖ども、欧羅巴本州の諸国にて文

1 アデーン　古代ギリシアの都市国家アテナイ。　**2 ソロン**　前六四〇頃―五六〇頃。アテナイの政治家、詩人。　**3 スパルタ**　古代ギリシアの都市国家。　**4 シコルグス**　リュコルゴス。スパルタの伝説的な立法者。　**5 アルフレット**　アルフレッド大王（八七一―八九一）。　**6 ヂョスチニヤン**　ユスティニアヌス一世（四八三―五六五）。東ローマ皇帝。「ローマ法大全」を編纂させた。

明に赴きしは、新《あらた》に国法を造《つくり》たるに非《あ》らず、唯羅馬《ただローマ》の古法と封建の制度とを参合して[1]その衷《ちゅう》を折《せつ》したるものなり。欧羅巴の本州とは、英国を除て他の諸国を云う。元来英国は島国なるが故に、これを本州と云うべからず。又仏蘭西《フランス》の騒乱に由《より》て頓《とみ》に貴族の権を圧倒せしとき、国中の人民同時に封建の遺法をも廃却せんことを望みしに由《よ》り、拿破崙《ナポレオン》は時変の機に乗じて法令を出《い》だし、旧来の風俗を一新改革したり。実に仏蘭西の如《ごと》き大国に於《おい》て、法律を改革し、その事の全備して迅速なるは、古来未曽《みぞう》有の大業にて、その事跡非常なるに似たれども、当時拿破崙《ナポレオン》も新に法を製したるに非らず、数百年来仏蘭西に行わるゝ羅馬《ローマ》の古法を折衷したりしなり。

法は古風旧例に由て生ずるとのことは、前条一、二の例を以《もっ》て了解すべし。古風旧例はその趣《おもむき》を改めその方向を正すべしと雖《いえ》ども、之《これ》を廃するに至ては甚《はなは》だ難し。故に一国の人望を得て政《まつりごと》を施す者の一大緊要事は、謹て旧物を改正するに在り。妄《みだり》に新奇を好み、紙上の空論を信じてその旧を棄るは、匆卒《そうそつ》[2]の甚《はなはだ》しきものと云《い》うべし。英国の政府にて国民を保護しその自由を得せしむる所以《ゆえん》は、往古《おうこ》より一国内の人心に浸潤《しんじゅん》したる旧習に由てその制度を定めたるが故なり。仏蘭西にて屢々《しばしば》その政を改革し、国民の自主自由、或《あるい》は財貨平均等のことに付《つき》、制度を設けしことあれども、志を得て政府の上に立つ者は常に暴主なり。蓋《けだ》し仏国の風俗は暴政を行うに非らざれば下を御《ぎょ》し難きが故に、仮令《たと》い自由寛大の法を設るとも、国民の習俗に適せずして、その法甚だ破れ易《やす》し。

仏蘭西にて国民の自由を達せしめんとし、屢々公明正大の改革を為《な》したることありと雖ども、多年英国に行わるゝ「ハビュース・コルクス」[3]の法を採用すること能《あた》わず。この法の趣意は、罪人を捕え或は之を獄屋に繋《つな》ぎしとき、その本人若《も》しくは他人にても、罪の次第を不公平なりと思えば、公然たる裁判を受んとてこれを官に訴え、その罪人へ関係せる官吏幷《なら》びに訴訟の相手をも呼び出して、直に事の是非曲直を断じ、冤罪《えんざい》なれば固《もと》より之を赦《ゆ》るし、或は又果してその罪あれば罰を蒙《こうむ》ることとなり。国にこの法あれば妄に人を捕えて獄に繋ぐの弊少しと雖ども、魯《ロ》西亜《シア》、澳地利《オーストリア》の如きは決して然《しか》らず。巍々《ぎぎ》たる[4]官獄に人を禁錮《きんこ》し、数年の久しきを経れども捨てゝ問わず。事実その本人に於ても、何等の趣意を以て獄に下りしや、自《みず》から之を了解せざる者多し。

右の外《ほか》、方今《ほうこん》英国にて良法と称するものは、往古の旧例より由《よっ》て来《きた》るもの多し。即《すなわ》ち「コロネルス・インケスト」[5]と称するものは、死人の体を検査して、その体に疵《きず》あれば直にその時の

1 **参合して**　照合して。　2 **匆卒**　倉卒。あわただしいこと。　3 **ハビュース・コルクス**　habeas corpus（人身保護法）。　4 **巍々たる**　高く大きな。　5 **コロネルス・インケスト**　coroner's inquest（検死）。

事情を探索する法なり。又「トライエル・バイ・ジューリ」[1]と称するものは、裁判所に立合の者を呼び出《い》だす法にて、その由来甚《ゆらいはなは》だ久し。本篇英国の条第八葉に出ず[2] この法を以《もっ》て数百年の間、人の冤罪《えんざい》を救いしこと枚挙《まいきょ》するに遑《いとま》あらず。仏蘭西《フランス》及びその他の国々にても、英国の良法に倣《なら》い之《これ》を自国に試みしことありと雖《いえ》ども、その国の人心を察してその風俗に参合《さんごう》せざれば、嘗《かつ》て新法の行われたることなし。

諸国にて古風旧例より良法の生ずること甚《はなはだ》多く、就中《なかんずく》人の職分を異にするに従て党類を分つの風習は、世の為《ため》に大に益あり。その一類の内には、自《おのず》から一種の権を具《そな》えて政府過分の威力を稍々《やや》抑制し、恰《あたか》も政府中に一の小政府を起したる姿にて、国民の保護を為《な》すこと少なからず。往古草昧《おうこそうまい》のとき、寺院の僧徒に権威ありしはその一例なり。方今《ほうこん》にても各都各府に自《おのず》から一種の殊典《しゅてん》[3]を具《そな》えて、政府の威力を以て圧倒すべからざるものあり。又「ムニシパリチー」[4]と云《い》うことあり。これは市民会同の義にて、元《も》と羅馬《ローマ》の時代より始り、その後漸《ようや》く欧羅巴《ヨーロッパ》の諸邦に流行せり。即《すなわ》ち市民の業を営むもの、同心協力して法を設け、専ら之に依頼して生を安《やす》んずる所以《ゆえん》なり。故に猛悪兇暴《きょうぼう》の武士等、一個の市人に向て之を凌圧《りょうあつ》するは容易なりと雖《いえど》も、斯《か》く一般の法を以て相合衆せるが故に、敢《あえ》て害を加ること能《あた》わざりしと云う。

市都会同の商民等[5]は、この殊典の便利なるを知り、種々に工夫を運《めぐ》らして之を盛《さかん》にせんことを欲し、その市都の繁昌《はんじょう》するに従い、各々政府を建て、城を築き兵を養い、その長者は自《みず》から貴族の体裁を成し、殊《こと》にフェナイス6伊太利のヘネチャなるもの是なりゼノア7の如《ごと》きは、最も盛《さかん》なりしものにて、その首長の威権は殆《ほと》んど一国王の如し。斯《かく》の如く各処に起立せる諸都府の内に、首《はじめ》としてハンボルフ、ルベッキ、ブレメンの三都、相互に結約し、次《つい》で又この約に与《くみ》するもの多くして、遂《つい》に之を「ハンセチック」の同盟8、又は貿易同盟と称し、その盛強《せいきょう》なること、万里の波濤《はとう》を越て外国と貿易を行い、その貿易を保護するのみならず、屢々《しばしば》他国と戦争して之に勝ちしことあり。

この時に当てライン日耳曼の西部に在る大河の名及びその他大河の近傍に在る封建世禄《せいろく》の貴族等、河の畔《ほとり》に

1 トライエル・バイ・ジューリ　trial by jury（陪審制裁判）。**2 本篇英国の条第八葉に出ず**　初編巻之三の「英国」の項は本書では割愛されている。該当の箇所における割註は次の通りである。【英国にては裁判役の独断にて罪人を吟味し刑罰に行うことを得ず。必ず立合のもの有て裁判の正否を見て之を議論し、罪人もその罪に伏し、立合のものもその裁判に付き異論なきに至て、初て刑に処するなり。その立合の者とは平生国内にて身分よきものを撰び置き、裁判の起る毎に入札を以てその人数の内より廿四人或は十二人宛を呼出して裁判局に列座せしむるなり。（中略）但し合衆国も同様の法なれども、仏蘭西、荷蘭等には此法なし。】　**3 殊典**　特権。　**4 ムニシパリチー**　municipality（市町村などの自治体）。　**5 市都会同の商民**　burgesses and citizens（自治町村の公民、市民）。　**6 フェナイス**　ベネチア。　**7 ゼノア**　ジェノヴァ。　**8 ハンセチックの同盟**　ハンブルク、リューベック等のドイツ北部の都市国家からなる、ハンザ同盟。

堅固なる城を築て、通航の商船を要し、税を取らんとせしことありしかども、貿易同盟の兵を以《もっ》てその城を毀《こぼ》ち、その強暴を防て世人の産業を安んぜしめしと云《い》う。

英国にては幸《さいわい》にして市民会同の威権、斯《かく》の如《ごと》く強盛ならざりしと雖《いえ》ども、国の未《いま》だ開けざるときには自《おのず》からその風俗流行して、人民の保護を為《な》すこと少なからざりしとなり。その遺風今日に至るまで尚《な》お存せり。ロンドンの市中にテムブルと云える霊地あり。国王この霊地を通行するか、又は兵卒をその地内に遣《や》るときは、王より市中の総督へその免許を請《こ》わざるべからず。是即《これすなわ》ちロンドン府に具《そな》わる殊典《しゅてん》なり。今日の時勢に至ては固《もと》より告朔《こくさく》の餼羊《きよう》[1]にて、唯《ただ》旧典を紀念するの児戯に属するのみと雖ども、往古《おうこ》第一世チャーレス[2]王の御宇《ぎょう》[3]に、王室と議事院と争論のとき、下院の議事官この霊地に楯籠《たてこもり》て自《みず》から保護せしことあり。その後第二世チャーレス[4]は第一世の弟なりしが、王室の権を専らにせんと欲して市中にこの殊典あるを忌《い》み、之《これ》を廃せんとて大に心力を労せしと云う。

右の如く市民の会同処々に起りて自《おのず》から独立の体裁を成し、以て世上交際の基本を開き、天下の益を為《な》すこと少からず。市民の私に同盟するものは、一国の費を為さずして公事《くじ》[5]を処置し、毎社毎会各々一局の中心と為りて、同心戮力《りくりょく》[6]以て国の制度を保護するが故に、不意の騒乱を防ぐに足れり。仏蘭西《フランス》の如きはその政権直に中心の本政府より出るが故に、騒乱を防ぐに他の方術なし。パリス仏蘭西の首府の政府一度《ひとたび》倒《たおる》れば、全国共に一場の戦地と成る。古来仏蘭西《フランス》にその例少からず。英国に於《おい》ては然《しか》らず。不羈《ふき》自由の市民等、互《たがい》に同盟して各々制法を設け、その法を守て自《おのず》から独立の体裁を成せるは、実に古風伝来の賜《たまもの》と云うべし。

抑《そもそ》も古風旧例より由来して一国人民の為《た》めに至大至重の賜と称すべきものは、その人民へ自由を許し生産を安んぜしむるの政治なり。譬《たと》えば我英国に行わるゝ議事院の如き是なり。英国の議事院は、元《も》と人の議論を以てその法を定めたるに非《あら》ず、知らず識《し》らず漸次《ぜんじ》に体裁を成せしものにて、その始め未だ整斉《せいせい》に至らざるのときには嘗《かつ》て威権なく、亦《また》之に具わる殊典もなかりしなり。方今《ほうこん》世間に議事院の由来を議論するもの甚《はなは》だ多し。或人云《あるひといわ》く、議事院の根基は往古国中の長者、政府の良法を議する為《ため》大に集会せしものなりと。又一説に云く、往古世禄《せいろく》の臣下、王都に入朝し金を貢《こう》する為めに集会するの例あり、是即ち議事院の始めなりと。その説の相異

1 告朔の餼羊　告朔に供えるいけにえの羊。「告朔」は天子が年末に諸侯に翌年の暦を分け与える儀式。春秋時代、魯の文公のときから行われなくなったが、羊をいけにえにする習慣だけがのこった。転じて形式だけの虚礼を意味する。　**2 第一世チャーレス**　チャールズ一世（一六〇〇―四九）。　**3 御宇**　御代。治世。　**4 第二世チャーレス**　チャールズ二世（一六三〇―八五）。　**5 公事**　公式の事務。また、訴訟。　**6 戮力**　協力。

なること斯《かく》の如《ごと》し。一は国民自由の趣旨に出《いで》しものと云《い》い、一は国法の厳なるに由《より》て起りしものと云う。然《しか》れども今その原由《げんゆう》の如何《いかん》は姑《しばら》く捨《すて》て論ぜず、唯《ただ》国人集会の例一度始りてより、日就月将《ひになりつきにすすみ》、以《もっ》て今日の盛《さかり》に至り、世界第一の良政府と成りしこと知るべきのみ。

方今《ほうこん》の議事院をその創立のときに比すれば体裁の異なること甚《はなはだ》し。加之《しかのみならず》、稍《や》や歳月を経て、歴史中にも初て議事院のことを記せる時代に至り、その景況を察するに、尚《な》お今日の議事院とは甚《はなは》だ相違あり。この時代には上下両院の別なく、唯今の上院あるのみ。その後千二百年代の頃《こ》ろ下院の集会漸《ようや》く定り、今日に至てはその権威却《かえっ》て上院の右に出ると雖《いえ》ども、創立のときには実に微々たるものにて有れども無きが如し。都《すべ》てこの時代には議事院の権威甚だ小弱にして、固《もと》より国法を議定することを得ず。唯時として国王に哀訴歎願することあるのみにて、今の如く毎年定式の集会を催すこともなし。専ら権柄《けんぺい》を執《と》るもの[1]は国王と執政官とにて、その議事院の者を蔑視《べっし》すること亦《また》甚し。之《これ》を罵詈《ばり》し之を凌辱《りょうじょく》し、或《あるい》は激論を唱る者あれば之を罪科に処せしことあり。

爾後《じご》議事院の権次第に隆盛し、漸く独立の勢を以て政治議定の一大局と成れり。間《ま》ま或《あるい》は之を倒さんとせしこともありしかども、確乎不抜《かっこふばつ》[2]、恰《あたか》も大〔太〕古の始《はじめ》より存在せしものゝ如くにして、その殊典《しゅてん》を動かすべからず。斯《か》く議事院の盛《さかん》なる原因を按《あん》ずるに、銭貨の権を掌握《しょうあく》せしよりして遂《つい》にこの勢を成したりと云う。古来英国王、外国と戦争する等のことに由て銭穀《せんこく》[3]の入用あるときは、必ず議事院に談じ之を調達するを以て例とせり。議事院はこの機会に乗じて種々の事件を愁訴《しゅうそ》し、次第にその自由殊典の趣意を達せんとして、初《はじめ》は唯愁訴歎願なりしものも、漸く一国の制度と成るに至れり。元来法律を国中に布告するものは国王なるが故に、王より下院へ用金の談判あるときは、下院に於《おい》ては国民に便利なる法を建白し、この法を施行しなばこの金を調達すべしとの趣《おもむき》を約束して、則《すなわ》ちその法を行い、随《したがっ》て用金の談判あれば随て新法を建白し、遂には何等の事件に拘《かか》わらず、都て国中に法令を布告するには必ず議事院の評議を経るを以て常式[4]の例と為《な》し、若《も》し然《しから》ざるものは真の国法に非らずとせり。

古格旧式の廃すべからざるも亦甚だし。今日に至るまで我《わが》英国の議事院にて法を議定すれば、之を国中に布告する者は国王なり。固《もと》より王家の許允《きよいん》[5]は唯礼典に供するのみにて、その有名無実なるは万人の知る所なれども、その格式を変ずること能《あた》わず。抑《そもそ》も議事院にて国政の実権を掌握せし趣は実に不可思議にして、恰も人の手を執《とり》て之に教えたるが如し。議事院にて新令を

1 **権柄を執る** 政治の権力を握る。 2 **確乎不抜** 非常に堅固で揺るぎないこと。 3 **銭穀** 金銭と穀物。

4 **常式** 通常。 5 **許允** 免許。許可。允許ともいう。

建白し之《これ》を執行せんことを願えば、政府の官吏これを採用すれども、或《あるい》は之を布告するに当《あたり》て初め建白せし趣意を動《やや》もすれば変革したることあり。由《より》て又一法を工夫し、国王に建白して許允《きょいん》を求むるには、その趣意を書記して動かすべからざるものとなせり。故に議事院にて評議の書面と唱うるものは、国王の手より布告すべき法令の書と、字句の際、毫《ごう》も相異なることなし。

右の外《ほか》種々の由縁《ゆえん》ありて下院の威力次第に増盛し、今日に至るまで名は三局の下席なれども、実は政府最上の権柄《けんぺい》を執《と》れり。国を守るに兵備の必用なるは固《もと》より論を俟《ま》たず。之を支配する者は国王にて、その法宜《よろ》しく全権独裁なるべきが故に、この全権を国王に附与するが為《た》め「ムニチアクト[1]」と云える条例を設けり。然《しか》るにこの条例は一年を以《もっ》て期限とし、その期限終れば則《すなわ》ち又再議して一年の期を定むること、恰《あたか》も証文の書替《かきかえ》を為《な》すが如《ごと》し。故にその期限の終に至り、遇《たまた》ま議事院に異論ありてこの条例を施行することを肯《がえん》ぜざるときは、国中の兵卒忽《たちま》ち武器を棄《す》て平人と為り、その士官に服従せざるとも之を咎《とが》むるものなし。或は又士官の独断にて之を罰せんとするときは、官に訴て裁判を受ること、同等の争論を処するに異なること勿《な》かるべし。即《すなわ》ち議事院の毎年集会を催うすも、右に云《い》える「ムニチアクト」の条例を再議するが為めなり。

議事院の必《かならず》しも毎年集会する所以《ゆえん》は、前条の外に又一の事情あり。英国政府にて海陸軍及びその他の公用に金を費すことは、他の諸邦よりも遥《はるか》に夥多《おびただ》しと雖《いえ》ども、従来この金を調達するは議事院の権にあり。且《かつ》又国中にて金を出《い》だすものは国民なるが故に、その名代人《みょうだいにん》たる下院なれば、金穀のことは専ら下院にて評議すべきの理なりとて、政府より用金の命を下せば、この金は何等の用に供しその用法は如何《いかに》するやと、毎時常例の如く之を聞糺《ききただ》せしが、歳月を経るの際に又一層の権を増して、銭貨の権柄は尽《ことごと》く下院にて掌握《しょうあく》し、某の用には若干の金を供し、某の事には若干の金を用ゆべしと、一切出納の本《もと》を議定するに至れり。右の如く毎年議事院にて銭貨出納のことを議定するが故に、若《も》しその集会を止れば国中より政府の費冗《ひじょう》を償うものなかるべし。此《これ》即ち議事院の年々会合して政府の執政[2]并《ならび》に諸有司の為《た》めに便利を達する所以なり。

政府の号令を施行するには、その処置神速を貴び、須《すべか》らく一人の手より出《い》ずべし。下院の如き衆人会合の大局にて之を行うは甚《はなは》だ不便なり。故に英国にて号令を施行するの全権は、国王と執政とに任じて、その処置の速《すみやか》なること立君独裁の政治に異なることなし。王室の執政は施

1 ムニチアクト　ムチニアクトの誤植か。Mutiny Act（軍隊規律法）。**2 執政**　政務担当官。大臣。

行の全権を擅《ほしいまま》にすること斯《かく》の如《ごと》しと雖《いえ》ども、議事院に対してその責に任ずることも亦甚《またはなは》だ厳なり。万一執政に不良残酷の所業あれば、直に之《これ》を罰して罪を仮《ゆる》すことなし。総《すべ》て下院の左袒《さたん》を得ざる執政は、一人たりとも朝政に関ることを得せしめず。上は朝廷より下は瑣屑《させつ》[1]なる小吏局に至るまで、下院の権勢を仰がざる所なし。譬《たと》えば収税又は裁判の一小吏、不良を為《な》すことありて、議事院の人、傍《かたわら》より之を察し、執政に向てその探索を為すときは、必ず之を罰せざるを得ず。

前条々に云《い》える如く、我英国にて至善至美の政治を以《もっ》て国民の自由を達せしめし所以《ゆえん》は、一旦の騒乱に由《より》て俄《にわか》にその政《まつりごと》の体裁を変じたるに非《あ》らず、唯《ただ》従来の古風旧例を失わず、謹《つつしみ》て之を守り謹て之を改正したるに由《よっ》て来《きた》りしものなり。故に政治を処置するの要訣は、心を平《たいらか》にし意を安くし、能《よ》く事物を堪忍《かんにん》するにあり。今我輩にて自由不羈《ふき》の殊典《しゅてん》を得たるも、専ら謹慎を用いて古来の政体を折衷《せっちゅう》調和し、次第に邪を棄《す》て正に帰したるのみにて、その初《はじめ》は敢《あえ》て一時に全璧《ぜんぺき》を得んとして暴挙を企《くわだて》たるに非らず。今日英国の政治を見て、千五百年間の形勢を反顧すれば、その政体の同異霄壌懸隔《しょうじょうけんかく》[2]すと雖《いえど》も、その実は畢竟出藍《ひっきょうしゅつらん》[3]の青のみ。是《こ》れに由《より》て考れば、一国の人民文明の徳化に浴し、能《よ》く忍《しのん》で事に処すれば、軽挙暴動なくして自然にその風習を改め、遂《つい》には太平の極に至るべきこと瞭然《りょうぜん》たり。実に我《わが》政治沿革は千歳不朽の亀鑑《きかん》[4]と云うべし。

政府の職分5

政府の職分は、国民を穏《おだやか》に治め、国法を固く守り、外国の交際を保つの三箇条を以てその大綱領とす。この綱領を越て、他に行うべき事件と行うべからざる事件とに付き、学者の議論一定せず。或人《あるひと》の説に、政府たるものは宜《よろ》しく役夫《えきふ》職人の賃銀を極《き》め、遊民の為《た》めに職業を求め、物価を定め、貧人を救い、その他総《すべ》て平人の私事に関係して、その通義と職分とを傍《かたわら》より是非すべしと云えり。

前説斯《こ》の如しと雖ども、政府にて平人の通義職分を是非し、その私事に関係せんとするときは、必ず之が為め非理非道を行て人間の交際を害すること弁解を俟《ま》たずして瞭然たり。加之《しかのみならず》仮令《たと》い国民の為めに職業を求めその活計を得せしむるとも、又随《したがっ》て国民よりその冗費《じょうひ》を償わしめざるべからず。源《みなもと》なくして河あるの理なし。政府何の術を以て金を造るや。必ず之を国中

1 **瑣屑なる**　ささいな。2 **霄壤懸隔**　非常にかけ離れていること。雲壌懸隔に同じ。3 **出藍の青**　弟子が師よりすぐれていることのたとえ。4 **亀鑑**　手本。5 **政府の職分**　government functions and measures（政府の機能と手段）。

の税額に取るべし。然《しから》ば則《すなわ》ち是《これ》に取て彼に与うるのみ。その処置宜《よろし》きを得るものと云《い》うべからず。

前既《すで》に論ぜし如《ごと》く、人間交際の基本は、人々躬《みず》からその心力を労し躬からその責《せき》に任ずるに在り。是即《すなわ》ち人間自然の性情なるが故に、若《も》し外《ほか》より来《きたり》てこの大義を間然《かんぜん》するものあれば、必ずその弊害なきこと能《あた》わず。

故に政府たるもの、日夜孳々《じじ》伋々〔汲〕[1]として、国民の動静を思慮し、之《これ》が為《た》めに周旋せんとするは、啻《ただ》にその民の煩《わずらい》を為《な》すのみならず、有害無益、過分の労と云うべし。よく世間の事情に着意せる政府に於《おい》ては然《しか》らず。廟堂《びょうどう》[2]の上に立て国内の事務を司る者は僅《わずか》に数人にして、その職掌は敢《あえ》て民間の欠乏を知らんとするにも非《あ》らず、亦《また》その欠乏を探索して之に給せんとするにも非らず。抑《そもそ》も人間に欠くべからざるの一大緊要事あり。即ち心身健康なる者は、躬から思慮し、躬から労役《ろうえき》し、躬から衣食を求め、躬から居住を供せざるべからず。若し然らざるときは則ち生を保つこと能わず。又妻子ある者は、一身を保養するの外《ほか》に妻子の衣食を給せざるべからず。元来人としてその妻子を養い之に衣食を給するは、故《こと》さらにこれを勤るに非らず、即ち人の天然に出る至情にて、猶《な》お独身のとき自己の保養を為すに異なることなし。以上所論は一般の大義なれども、間《ま》ま或《あるい》はこの義に戻《もと》ることなきに非らず。或は身を懶惰《らんだ》に処して遂《つい》に餓死する者あり。或は躬から餓死せざるとも、家族の飢寒《きかん》を捨てゝ顧ざる者あり。然れども是等は皆非常の事柄にてその例甚《はなは》だ少し。但《ただ》し之を処置するの方法は下に論ずべし。

文明開化次第に進めば、世人の需用も亦随《したがっ》て増加し、漸《ようや》く安居を求め漸く美宅を営み、衣は軽暖を欲し食は精美を好む。是即ち自然の人情なり。斯《かく》の如く衣食住の美を好む者は、之を得んが為めにその心力を労し、又これを造る者も他の需《もとめ》に供せんとしてその心力を役《えき》し、互《たがい》に相勉強して[3]世間の事務次第に多端《たたん》なり。且《かつ》前条にも云える如く、家族の交《まじわり》は人の至情に出るものなれば、我一身に衣食住の美ならんことを欲すれば、その妻子も共に歓楽を享《う》くべし。故に世界人類の需用品次第に増加する所以《ゆえん》は、人々その一身を保養するの欲と家族を親愛するの情あるに由《より》て然らしむるものなり。

人或は衣食住の美を誤用して文化勤工の賜《たまもの》[4]を穢《けが》す者なきに非らず。然りと雖《いえど》も世上一般の景況を見るに、文明の功徳はその弊害を償て遥《はるか》に余《あまり》あり。その実際を知らんと欲せば、諸家の著述せる記行を読で草昧夷狄《そうまいいてき》の風俗を察すべし。我国と雖《いえ》ども、古来事物の改革なくば、その風

1 **孳々伋々**　熱心につとめる様。　2 **廟堂**　天下の政治をつかさどる所。政府。　3 **勉強して**　努力して。
4 **文化勤工の賜**　文明開化と技術改革の成果。

俗の陋《いや》しきこと何ぞ夷狄《いてき》に異なることあらん。畢竟《ひつきよう》文明開化の目的とする所は棄邪帰正《きじやきせい》[1]の趣意にて、人にも亦自《またおのず》から善を為《な》すべきの性質あり。若《も》し然《しか》らずして悪に陥るものは躬《みず》から為せる罪なり。

前の条々に云《い》える所を以《もつ》て之《これ》を考れば、平人の私に心力を労し正路に由《より》て産を営むものは、政府より決して之を是非するの理なし。是即《これすなわ》ち確乎《かつこ》不動の定論なり。故に政府たるもの、法を設けて下民の産業を処置し、或《あるい》は役夫《えきふ》職人の給料を定めんとするは大なる誤謬《ごびゆう》と云うべし。

千八百四十八年、仏国騒乱の後[2]、その首府パリスにて職人を仕役《しえき》するの法を設けんとして、愚を極めたる一奇談あり。于時《ときに》仏蘭西《フランス》政府にて兵卒の衣裳を作らんとし、職人千五百名を雇い、その職の巧拙に拘《かか》わらずして人々へ同様の給料を与うることに定めり。その法、先《ま》ず衣裳の仕立を請負《うけお》う一商人を呼出し、若干の衣裳を製するに何程の金にて之を請負うべしやとその価《あたい》を聞き、乃《すなわ》ちその商人に命ぜずして直に政府にて職人を雇い、その価を一様に千五百人の者へ分配すべしと定めたるが故に、職人は尋常の給料を受るのみならず、請負人《うけおいにん》の世話料をも共に分配するの理なりしが、その衣裳既《すで》に成り、金を分配するに至て、人々の受取りし高《たか》を見るに甚《はなは》だ少《すくな》し。千五百人中の拙工にても、常式《じようしき》の職を勤むればその給料尚《な》おこれより多かるべしとて、大に失望したりしと云う。その故は何ぞや。事実職人の業を怠りたるなり。その理甚だ明《あきらか》なり。千五百人の内にて一人勉強するとも、他の千四百九十九人にて共に労せざれば、独《ひと》り労してその報《むくい》を得ず。譬《たと》えば一人意を専らにして縫綴《ほうてつ》[3]し、雑話せず又煙を吹かず[4]、終日着坐して晩に至り、他の職人よりも一朱[5]丈《だ》けの仕事を多くすと雖《いえ》ども、その一朱を携て家に帰り家族妻子を悦《よろこ》ばしむること能《あた》わず。空しく之を千五百に分つのみ。斯《かく》の如《ごと》くしては誰か敢《あえ》て独り勉強する者あらんや。即ち相共に業を怠たりし所以《ゆえん》なり。

平人の常職を傍《かたわら》より是非して必ず弊害の生ずるは、前の一例を以て既に瞭然《りょうぜん》たり。故に国内事務の種類に由《よ》り、上より法を立てゝその益なきのみならず、却《かえっ》て之が為《た》めに政府の大害を醸《かも》すことあり。

往昔《おうせき》より我政府にて、役夫職人の為めを謀《はか》り種々に工夫を用いたれども、常に害ありてその益なし。役夫の賃銀を定むるの法は、唯《ただ》人を役《えき》する者の為めに利ありて、役夫の為めには益なし。且《かつ》人を役する者は上にして、人に役せらるゝ者は下なるが故に、上より正当なりとして賃銀の法を定むるとも、多くは一方の利を謀《はかり》て他の不便を顧みず。その実は役夫職人を奴隷の如くに御《ぎょ》して之を窘《くるし》むるのみ。故に政府より役夫仕用の法を立るときは、名は之を恵むの趣意な

1 **棄邪帰正**　よこしまなことを廃し正しい道にもどる。 2 **仏国騒乱の後**　二月革命後の第二共和政。 3 **縫綴**　裁縫する。 4 **煙を吹かず**　タバコを吹かさず。 5 **一朱**　一両の一六分の一。

れども、その実は常に私曲を交えざることなし。

又或《あ》る時、政府より役夫扶助《えきふ》の為《た》めとて一法を設けしことありしかども、此亦是《これまたこれ》に似て非なるものなり。その法、英国内の人をして尽《ことごと》く本国製造の布帛《ふはく》[1]を用いしめたり。蓋《けだ》し之《これ》を製する職人に業を得せしめ、遊民を減ぜんとするの趣意なり。然《しか》れども国中の人、布帛製造の産業に利潤多きを見て、一時にその本業を棄《す》て先を争て之に赴き、遂《つい》には職人の数、多きに過ぎ却《かえっ》て困窮したりと云《い》う。又一法を建て、自国の産業を繁昌《はんじょう》ならしめんが為め、外国にて製造したる品物は一切その輸入を禁じたることあり。然れどもこの法は国を富ますことなくして却て国を疲弊《ひへい》せしむるに足れり。貿易富国の大道[2]は、諸人をしてその意に任じ自由に売買せしむるに在り。一端の目撃を以《もっ》て之を考れば、国中の人、刀を求るに必ず一刀匠の家に行て之を買うときは、刀匠の利、莫大《ばくだい》なるに似たれども、利を占る者は独《ひと》り刀匠のみならず、他人も亦《また》同様なるが故に、刀匠若《も》し他に行て物を買わんとするときは、その価《あたい》の貴《たか》きこと刀の価の貴きよりも尚《な》お甚《はなはだ》し。斯《かく》の如《ごと》く互に相《あい》高価を貪《むさぼり》て互に相損亡を受けたるのみ。或《あるい》は当時非常に価の廉《れん》なる品物もありしかども、その故は唯《ただ》専売の利[3]を擅《もっぱ》らにせんとして、遇《たま》たま一種の業に走る者多く、之が為め過分にその品物を増加せしに由《より》てなり。到底《つまり》英国の役夫職人は、外国品の輸入を禁ずるの法に由《よ》り、嘗《かっ》て一毫《いちごう》の利を得しことなく、却て大に損亡を受けたり。

大凡《おおよそ》政府の行うべからざることにして、之を行うともその益なき箇条は左の如し。即《すなわ》ち政府は国民にその活計を附与すべからず、役夫職人の力を労して賃銀を受るにその多寡《たか》を定むべからず、又その賃銀を受けて人の為めに役するにその労逸[4]を定むべからず、衣食等の如き商売品を産するにその多寡を定むべからず、又之を売買するにその法を定むべからず、その価を定むべからず。概して之を云えば、政府は農工商の事に関係して傍《かたわら》より之を是非すべからざるものなり。

抑《そもそ》も亦世上の事務に、政府より関係して助け成すべき箇条なきに非《あ》らず。その最も大切なるものは、窮民を救うに至当の法を設ることなり。

窮民を処置するの法に付ては、古来世人の議論甚《はなは》だ多し。その大趣意は仁恵を施すに在りと雖《いえ》ども、妄《みだり》に施して紀律なきときは却て大に人を害す。銭を欲する者へ銭を与うるは、徒《いたずら》にその人を懶惰《らんだ》に慣れしむるのみ。元来人として懶惰の性あらざるものなきが故に、力を労せずして銭を得るの道あらば、誰か敢《あえ》て力役《りきえき》する者あらん。故に人に施して紀律なき者は徒に金を費

1　**布帛**　織物。　2　**貿易富国の大道**　貿易により豊かになること。　3　**専売の利**　monopoly（独占、とくに売手独占）。　4　**労逸**　労働。

し、名は慈愛に似たれどもその実は人を残《そこな》うなり。その施《ほどこし》を受る者は多々益《ますま》す足るを知らず、力役《りきえき》して得べき給料よりも多きに至らざれば飽くことなし。遂《つい》に天下の良民をして懶惰《らんだ》の風に慣れしめ、甚《はなは》だしきは悪事に陥《おと》し入《い》るゝことあるべし。

人、或《あるい》は少幼のときより教育を蒙《こうむ》らず、或はその身体強健ならず、或は意外の不幸に逢《あ》い、或は世上一般の禍災《かさい》に罹《かか》ることあり。この時に当《あたり》て躬《みず》から忍び、躬から依頼してその難に堪《たえ》ること能《あた》わざる者は、他の扶助を仰がざるべからず。是即《これすなわ》ち窮民なり。然《しか》れども平人にてはこの窮民の景況を探索して之《これ》を扶助するの法を設くべき機会を得ず。且《かつ》又前条にも云《い》える如《ごと》く、人々の意に従い妄《みだり》に私恵を施さば却《かえっ》て世間の害と成るべきが故に、窮民を恵《めぐみ》て之を扶助するには政府にてその法を設け、国中一般の人よりその費《ついえ》を出《いだ》さしめざるべからず。之を救窮の法[1]と名づく。然れどもこの法を適宜《てきぎ》に施行するは甚だ難きことにて、その処置宜《よろ》しきを得ざれば有害無益なることあり。身体強壮なる者懶惰に慣れ、何事をも為《な》さずして詐《いつわり》て力役に堪えずと称し、則《すなわ》ち他の扶助を受ることを得ば、是即ち世上の人を促しその常職を棄《す》てゝ窮民たらしむるに異ならず。加之《しかのみならず》老人病者を扶助するにも、その法厳正ならざれば必ず弊害なきこと能わず。尚《な》おこれより甚《はなはだ》しきことあり。孤子棄児を養うの法を設けてより、遂に天下父母の心をして子を養うの職分を怠たらしむるに至れり。

動《やや》もすれば身体健康なる者ありて貧院に来《きた》るが故に、英国にては一法を設けその人を力役に仕用せり。之を試力の法と名づく。或は又仮令《たと》い力役するとも院内に養わるゝを便利なりとし、その常職を棄てゝ来る者もあるべきが故に、之を防がん為《た》め、院内の力役は世間の常職よりもその賃銭を少くし、且その法則ありて力役するに門戸を出さず、衣食住の趣《おもむき》も専ら人意に適せしめざるを趣旨とせり。右の次第を以《もっ》て、事実身体の強壮にして力役せんと欲する者は、速《すみやか》に貧院を去て人の煩《わずらい》をなさず、且院を去て世間の常職に就《つ》けば、その身は不羈《ふき》独立と為《な》りて、得る所の賃銭は多かるべし。

仮令《たと》い老年衰朽《すいきゅう》の者と雖《いえ》ども、妄に衣食を給して紀律なければ恐るべき弊害を生ず。大凡《おおよそ》世間の人、心力を労すれば老後残年《ざんねん》の貯《たくわえ》を為し得ざることなし。然るに今老後は必ず他の養《やしない》を受くべしとの目的を得ば、世人皆不虞《ふぐ》に備預《びよ》する[2]の要務を怠たるべし。又人の子として活計を勤めその父母を養うの有様は、他人の目よりこれを傍観しても快《こころ》よき程のことなり。然るに今一般の法を以て老人を養わば、天下の子弟をして孝悌《こうてい》[3]の道を忘れしむるの緒《いとぐち》となるべし。加《しか》の

1　**救窮の法**　poor law（救貧法）。2　**不虞に備預する**　不測の事態に備える。3　**孝悌**　親や目上の人によくつかえること。

之《みならず》窮民扶助《ふじょ》の為《た》めに金を費し、徒《いたずら》に狡猾詐譎《こうかつさぎ》の道を開くことあり。老夫老婦、力を労せずして安楽に衣食を得べきが故に、平生より老後の備《そなえ》を為《な》さゞるは固《もと》より論を俟《ま》たず、甚《はなはだ》しきに至ては詐《いつわり》て老衰と称し、私《ひそか》に二、三の貧院に出入してその扶助を貪《むさぼ》る者あるべし。昔日《せきじつ》はこの弊甚《はなは》だ多かりしと云《い》う。

窮民を扶助するに、衣食住の安楽自在を奪い、故《こと》さらに束縛してその意に適せしめざるは、その法或《あるい》は刻薄《こくはく》〔酷〕に似たれども、実は然《しか》らず。英国に於《おい》て窮民を養うの法は、仮令《たと》い老年衰朽《すいきゅう》の者と雖《いえ》ども家族に近づくことを許さず、数十百人の窮民を広き一屋内《いちおくない》に雑居せしめて、飲酒を禁じ淫楽《いんらく》を制し、食物は良品なれども滋味を与えず、且《かつ》院内の法則ありて眠食共に自由ならしめず。世人若《も》しこの有様を見て愍然《びんぜん》[1]なりと思わば、退て国中億万の小民を反顧すべし。病翁老婆、茅屋《ぼうおく》[2]の内に住居し、或は昔日の貯蓄を以《もっ》て自《みず》からを俸《ほう》し、或は孝子慈孫の保養を受け、俯《ふ》仰《ぎょう》[3]心に関することなく、不羈《ふき》独立、以てその残年《ざんねん》を終る者甚だ多し。実に国内の良民なり。然《しか》るを今貧院にて力役《りきえき》の法を廃し、窮民の意に適して之《これ》を養なわば、斯《かか》る良民も自《みず》からその節を変じて他の扶助を仰ぐの意を生ずべし。是《こ》の如《ごと》きは則《すなわ》ち世間一般の冗費《じょうひ》を増すのみならず、故さらに良民をして不羈独立の廉恥を忘れしむるなり。

右所論の如く、救窮の法を設くるは極めて難事なるが故に、政府たるものゝ職分[4]は、一国内の人をして各々独立の活計を営み勉《つと》めて他の扶助を仰ぐこと勿《なか》らしめんが為《た》め、自《おのず》からその風俗を鼓舞して之を助け成すに在り。方今《ほうこん》、世に行わるゝ積金《つみきん》預所《あずかりじよ》[5]、相対《あいたい》扶助[6]等の諸法小民扶助のために設けたる法、詳なるは下条に記す。を勧励《かんれい》[7]して、その施行《しこう》を助るも即《すなわ》ちこの趣旨なり。譬《たと》えば積金預所へ預けたる金は、之を合せて政府逋債《ほさい》の高に加入し、その利息を尋常の逋債よりも多くして、余分の割合二厘《りん》五毛《もう》を与えり。譬えば尋常の逋債なればその利息百匁に付三匁なるに、窮民の為めには三匁二分五厘を与うるなり。方今英国にて積金預所へ預けたる金高大凡《たかおおよそ》三千万「ポンド」なれば、その利息僅《わず》かに二厘五毛を増すと雖ども、政府より出《い》ずる金は八万「ポンド」に近《ち》かし。即ち全国の人民〔にて〕窮民の為めに八万「ポンド」を費すなり。

前条に記す所の事実を以て考れば、役夫《えきふ》職人の資財も之を一に合すれば実に莫大《ばくだい》の金なり。又国中力役の輩をして躬《みず》からその業を怠たらしめなば、何等の国に於て何等の税額を収るとも、その不足を補うに足らざるべし。是《この》理甚だ明《あきらか》なり。積金預所に預けたる金へ僅《わず》かに二厘五毛の割合を与うるも、その高既《すで》に八万「ポンド」に上《のぼ》れり。然《しか》ば則ち全国の役夫を役《えき》せずして全国

1 **慇然**　憫然。あわれむべきさま。　2 **茅屋**　あばら屋。　3 **俯仰**　うつむくこと、あおぎ見ること。起居動作。　4 **政府たるものゝ職分**　ここでの「職分」は duty（義務）の訳語。　5 **積金預所**　savings bank（貯蓄銀行）。　6 **相対扶助**　friendly and benefit societies（共済組合）。　7 **勧励**　奨励。

の冗費を以て之《これ》を養わんとせば、その金高の巨大なること何を以て之に譬《たと》えん。英国政府の歳入既《すで》に夥多《おびただ》しと雖《いえ》ども、之を八倍し之を十倍して尚《な》おその費を償うに足らざるべし。英国の富豪その数、少なからずと雖ども、尽《ことごと》く之を没入《ぼつにゅう》して尚おその不足あるべし。

この他更によく熟考すれば、仮令《たと》い慈悲寛大の趣意に似たる事件あるとも、政府にて一々之に関係すべからず。世人或《あるい》は愛人の美名を買わんとして[1]漫《みだり》に政府の任を責め、彼も政府の職なり、此《これ》も政府の分なりと云《い》うものあれども、皆事の実際を知らざる空論のみ。その美名を得るの価《あたい》は廉《れん》なりと雖ども、之を事実に施すの費は甚《はなは》だ大なり。故に政府の職分に欠くべからざるの要訣《ようけつ》は、国内の良民を保護し、人々をして義気を重んじ廉節《れんせつ》を守り、前後を思慮して心力を労せしめ、労すれば従てその報《むくい》を得せしむるに在り。但《ただ》し国民の保護を為《な》すこと斯《かく》の如《ごと》くなる所以《ゆえん》は、法律と裁判局とを以て之を維持すればなり。

又国民各々躬《みず》から業を修めその家産を増加するに於《おい》て他より之を妨《さまた》ぐるものあらば、法を以てその妨《さまたげ》を除くも政府の職分なり。国中の人民、官府の法を頼《たのみ》てその生命を安《やす》んじその私財を保つを得ば、力役《りきえき》を以て賃銭を取り、商売に由《より》て利潤を得るとも他より之を妨ぐるの理なし。

収税の法は宜《よろ》しく寛にして偏頗《へんぱ》なきを趣旨とす。但し人生に必用ならずして淫楽奢侈《いんらくしゃし》[2]に属する品物は、苛税《かぜい》を収て妨なし。譬えば酒、麹《こうじ》の如き、是《これ》なり。此等の品物を用ゆる人は、自《みず》から求て税を出《い》だすものと云うべし。英国に於ては蒸餅《パン》、肉類、衣類の如き、生活に必用の品物にはその税を取らず。実に万国へ対して誇るべき美事なり。唯《ただ》遺《い》憾《かん》なるは国内の人、多くは分頭税[3]本編巻之二第四十六葉に出[4]を出だすを好まず。之が為《た》め止《や》むを得ずして茶、砂糖、「コッヒー」の税を取れり。実はこの品物も人間に必用なるものなり。

又政府にて行うべき事件は、人民教育の大本[5]を固くすることなり。この箇条は最も重大の事なるが故に、その条目を別にして詳《つまびら》かに議論すべし。その他国内に書庫を設け、本草園《ほんぞうえん》を開き、博物館を建〔て〕、遊園を築く等のことは、人民を開化するの一大助なるが故に、政府よりその施行を助けざるべからず。その法、或は富人《ふじん》の私に財を散じて之を設るものあり、或は官府より之を建るものあり。何《いず》れも皆広く国人に恩を施すの趣意なり。国に是等の場所あれば、自《おのず》から人心を導て放僻邪侈《ほうへきじゃし》[6]の風を除き、悪業に陥《おちい》る者少し。行てその場所に逍遥《しょうよう》すれば人の健康

1 **愛人の美名を買わん**　博愛家であるという良い評判を得よう。 2 **奢侈**　ぜいたく。 3 **分頭税**　direct tax（直接税）。 4 **本編巻之二第四十六葉に出**　初編巻之二の「荷蘭」の項は本書では割愛されている。分頭税に関する詳細な説明は二編巻之一の「収税論」の項（本書二六六頁）参照。 5 **人民教育の大本**　elementary education of the people（人民の初等教育）。 6 **放僻邪侈**　身勝手で、やりたいほうだいに悪い行いをすること。

を助け、行てその実物を観《み》れば人の智識を博《ひろ》くす。職人役夫《えきふ》の如《ごと》きは、多くは活計に逐《お》われて、旅行し山に登るの機会を得ざれば、地球の土性《どせい》を目撃するに縁なし。故に博物館に行き化石の類を見て、平生《へいぜい》研究せし書中の説に参考するときは、疑団《ぎだん》忽《たちま》ち氷解してその人に益あること挙て云《い》うべからず。「オールド・レット・サンドストン」1と名《なづ》くる地皮の中より掘出《ほりい》だせる巨骨の古怪なるものを見れば、嘗《かつ》て人の言に聞きし前世界の有様をも現に想像するを得べし。右の如くその場所に行きその物を観て、人の智識を博くするのみならず、斯《か》く巨万の財を費し珍品奇物を集めて自由に人に示すは富豪の賜《たまもの》にて、貧人と雖《いえ》ども之《これ》を見ることを得れば即《すなわ》ちその富を与《とも》にするの姿なるが故に、自《おのず》から満足して他を羨《うらや》むの悪念を絶つべし。

又政府の関係すべき一事あり。即ち都下一般に養生の法を立ることなり。人戸《じんこ》稠密《ちゅうみつ》2にして不潔なる都府には、動《やや》もすれば疫熱《えきねつ》3「コレラ」等の如き伝染の病、流行して大に人を害することあり。都下に法則を設けて街道居家《きょか》等を清潔にすれば、この災害を除き能《あた》わざるも、大に流行の勢いを殺《そ》ぐべし。故に厳法を以《もっ》て人を制し、その疎忽簡慢《そこつかんまん》を禁止するは、或《あるい》は残酷に似たれども、実はその人も共に病災を免《まぬ》がれしめんとするの趣旨なり。四達の街道に車を駆《かっ》て人の群集を妨《さまた》ぐるは既《すで》に国法の禁ずる所にて、之を犯すものは必ずその罰あり。故にこの法を推《お》して考うれば、塵芥《じんかい》を一処に捨てゝ堆《うずたか》くする者も罪に処して可なり。その故は塵芥の不潔より伝染病を起して人を害するも、車を群集の中に駆て人を害するも、その罪軽重の別なければなり。

学問上の発明に由《より》て新工夫を成すも、その工夫を施行するに当《あたり》て、世間一般を一家の如く為《な》さゞれば不便利なることあり。瓦斯《ガス》灯の発明あらざりし以前は、毎戸唯《ただ》油、蠟燭《ろうそく》を用いて夜《よる》光を取り、その用法、人々の意に従て便利を達したりしが、瓦斯の発明世に行われてより、之を以て家業とする者は社中を結び、一局の仕掛を以て千万の家を照らし、世間の便利を為したり。然《しか》れども斯《かか》る商業を一社中の手に引受るときは、独《ひと》り壟断《ろうだん》[4]を私《わたくし》して非常の利を貪《むさぼ》るの弊なきに非《あ》らず。この弊を防んが為《た》め、別に、社中を立てゝ共にその商業の盛衰を競わしめんとするの説もあれども、瓦斯に於《おい》てはこの法を施し難し。元来瓦斯の仕掛は、一局の製造所と一条の管とを以て周《あま》ねく全市中に及ぼすものなるが故に、若《も》しその商業を競い、別に社中[5]を結て同一の街道に二、三の管を埋めんとせば、徒《いたずら》に天物を暴殄《ぼうてん》[6]するのみならず、その冗費《じょうひ》も亦夥《またおびただ》しくして、必ず事実に行われざるべし。是即《これすなわ》ち止《やむ》を得ずして瓦斯の商業を一社中に任ずる所以《ゆえん》なり。故にこの社中を御するには、至当の法律を立てゝ専売の権を制せざるべからず。或人《あるひと》の説に、

1 **オールド・レッド・サンドストン**　旧赤色砂岩。古生代デボン紀の地層。　2 **稠密**　密集していること。
3 **疫熱**　ペスト。黒死病。　4 **壟断**　利益を独占すること。　5 **社中**　joint-stock company（株式会社）。
6 **天物を暴殄する**　自然をあらす。『書経』武成にある言葉。

瓦斯《ガス》灯の仕掛は都下の人民一般の所有と為《な》して、特に利を得る者なからしむるに若《し》くはなしと云《い》えり。この説妥当《だとう》なるに似たり。

市中に水を導くの法も、瓦斯の如《ごと》く一条の仕掛を以《もっ》て足れり。水を給するの冗費《じょうひ》は市中の小民より取るべからず。水は人の身体を健康にし、汚穢《おわい》を洗うに欠くべからざるの需用品なるが故に、容易に之《これ》を得べき方便を設れば、人の力を省くこと甚《はなは》だ大なり。貧窮なる役夫《えきふ》の如《ごと》きは、遠方に行て水を汲むに暇なければ、常に之を惜《おしみ》て朝夕の用に供すること甚だ少量なり。近来は水道の仕掛を改正して次第にその便利を増し、窮民と雖《いえ》ども饒《ゆた》かに之を用い、価《あたい》も亦《また》甚だ廉《れん》なり。家産中等の市民へは稍《や》やその価を高くすれども、一日に半「ペンス」「ペンス」は我七分五厘の割合を以て幾許《いくばく》の水を用ゆるとも妨《さまたげ》なし。右の次第を以て官より法を立て、市中の人民、上下貴賤の別なく、至当の価を以て水を用い、之を妨《さまたぐ》るものなきや否《いなや》を検査するは、政府の職分なり。又一方より論ずれば、斯《か》く汲水に便なりと雖ども、之を用ゆるに謹慎して妄《みだり》に費さゞるは、亦市民の職分なり。

市民を鎮撫《ちんぶ》して不意の危害を防ぐ為《た》め、市中取締の法を設るも政府の公務なり。取締の法則は、その箇条に由《よ》り或《あるい》は人の自由を妨るに似たるものなきに非《あ》らずと雖ども、その処置宜《よろ》しきを得れば世間一般の為めに裨益《ひえき》[1]たること甚だ大なるが故に、僅《わずか》かにその自由を失わしむるとも之を意とするに足らず。又仏蘭西《フランス》の如く取締の権を政府の一手に掌握するは宜しからざるに似たり。政府にてその権を執《と》り盛《さかん》に之を施行《しこう》するときは、動《やや》もすれば取締の趣旨を失い、之を誤用して政治上の策略を助くるの弊を生ず。我英国に於《おい》ては然《しか》らず。取締の権を半《なか》ばその土地の官吏に委任して公事《くじ》を処置せしむ。即《すなわ》ち「ロカル・マジストレート」[2]「ポリス・コムミッショネル」[3]の如き、是《これ》なり。日本にて云えば、名主、荘屋の類にて権威ありて町内又は一村の事を取捌くが如し。

酒店[4]を開くに法則を以て之を免許するも前条取締の趣意なり。飲酒は人間の一大悪事なれども、法を以て之を禁ぜんとするときは、朝夕人の家事私用に関係してその際限なく、遂《つい》には世上の物論沸騰して大害を生じ、その法の行われざること必せり。然れども人の常に遊宴する場所は、よく取調べてその法則を立て、人物宜しからざる者にはその家の主人たることを許さゞるべし。この法は酒店のみならず、常に人の集まる芝居等に於ても同様たるべきことなり。御者《ぎょしゃ》、使人足《つかいにんそく》等にも一般にその法則あり。幾町の道を幾許《いくばく》の賃銭にて車を御《ぎょ》すべしと定めたるは、御者の商業を妨るに似たれども、その実は之を強《し》いて然らしむるに非らず。御者の業を

1 **裨益**　役に立つこと。助けになること。 2 **ロカル・マジストレート**　local magistrate（司法権を持つ地方行政官）。 3 **ポリス・コムミッショネル**　police commissioner（警察庁長官）。 4 **酒店**　public house（パン）。

始むるときは、必ず世間に布告し、幾許《いくばく》の割合にて人をその車に乗すべしとの趣《おもむき》を約束するの例なるが故に、法則を以《もつ》てその割合を増減せしめざるは、即《すなわ》ち自《みず》から為《な》せる約束を守らしむるの趣旨なり。然《しか》れども御者には悪習ありて、或《あるい》は賃銭の割合を知らざる人に逢《あ》い、或は急用ある人を見れば、格外の賃銭を貪《むさぼ》ること間《ま》まこれなきに非《あ》らず。

市中の家を建るにも亦《また》法則なかるべからず。各人の随意に家を建てしめなば、甲は右方に面し乙は左方を背にし、之《これ》が為《た》め市中の街道、西転東曲して条理を乱《み》だるべし。斯《かく》の如《ごと》くしては往来の人、路《みち》を求むるに不便なるのみならず、急病のとき医を招かんとするもその家を求め得ず、或は盗賊を捕えんとして探索に不便なる等の患《うれい》あるべし。右等の故を以て市中の家を建るには、一町の端より端に至るまで、各屋《かくおく》の軒を一直線に揃《そろ》えて見通しを妨ること勿《なか》らしめり。

都下の家毎に番号を附し、版籍[1]を以て人別[2]を糺《た》だし、芝居、酒店等の如き遊宴の場所には取締の法を設けて之を監察し、馬車を御《ぎょ》して渡世する者へは印鑑を与え番号を正しくしてその取締を為し、市場の法則を建て、火事消防の備《そなえ》を設る等、世間の事務甚《はなは》だ多し。固《もと》より是類《このたぐい》の箇条は前段にもその一、二を論ぜし如く、政府の職分に於《おい》て稍《や》や些末《さまつ》に属するものとは雖《いえ》ども、よく之を処置すれば都府の形勢を改良するにその裨益《ひえき》甚大なり。

右の如く政府にて許多《あまた》の法則を設くれども、その及ぼす所、何《いず》れを以て分限[3]とし何れに至て止《や》むべきや、之を定むること甚だ難し。然れども一般にこの法則の世に益ある所以《ゆえん》を知らんと欲せば、二百年前のロンドン府を反顧すべし。当時その広さ今のマンチェストル、ガラン《〔ス〕》ゴーよりも大ならず。往来の道に未《いま》だ敷石《しきいし》なるものもなく、且《かつ》掃除の法は不行届にて、泥濘塵芥《でいねいじんかい》、足を下すに所なし。府内に稍《や》や繁華なる処は僅《わず》かに一、二町にて、その余は皆狭隘《きょうあい》なる陋巷《ろうこう》[4]のみ。家を建るに紀律なく、往来の形は湾々曲々、殆《ほと》んど網の如し。且町の名も一町毎《ごと》に分明ならず、家にも番号なきが故に、市中の人、互《たがい》に他の家を求めんとするにも、嘗《かつ》てその処を記憶するに非らざれば之を探るべき方便なし。市中の商家は、その商業を明かに人に示さんが為め、巨大なる看板を高く掲げて殆んど道の巾《はば》を横ぎり、時としてはその看板、地に落ちて往来の人を打殺せしことあり。乱雑も亦極《きわま》ると云《い》うべし。加うるに当時道路を照らすの法なく、日没して乃《すなわ》ち暗黒となり、人毎に燭《しょく》を携えざれば戸外に出《い》ずべからず。往昔《おうせき》の形勢、斯の如し。これを今日のロンドンに比較しなば雲壌懸隔《うんじょうけんかく》も啻《ただ》ならず。その故は何ぞや。他なし、法則の然らしむる所なり。

1 版籍　「版」は所領、「籍」はその住民。戸籍。　**2 人別**　人数。また、各人に割り当てること。　**3 分限**　限度。　**4 陋巷**　裏町。せまくるしい路地。

旅行の法則も亦《また》厳ならざるべからず。昔日《せきじつ》は旅行する者、皆馬に乗り、徐々に往来して人を害せしことなきが故に、その法則を設るにも及ばざりしなれども、蒸気車の発明、世に行われて、その駛行《しこう》、殊《こと》に迅速なるに就《つい》ては、世間に又一難事を生ぜり。蒸気車の未《いま》だ世に行われざる以前は、ロンドンよりエジンボルフ[1]〔スコットランドの都府なり。ロンドンの北西三百卅七里に在り。〕まで旅行するに十四日を費やせしが、今蒸気車に乗れば十二時の間に達し、その便利も亦極まると云《い》うべし。然《しか》れども蒸気車を御《ぎょ》するに謹慎を加えずしてその御法を失するときは、動《やや》もすれば恐るべき危害を起すことあり。然るに今その処置を鉄路会社の意に任して事を為《な》さしめなば、会社の者は利を重んじて人の生命を軽《かろ》んじ、自《みず》からその御法を謹むこと勿《な》かるべし。故にこの弊害は国の法度《はっと》を以《もっ》て防がざるべからず。

以上所記の件々は、政府の法を以て之《これ》を定め、国民に益あるものなり。或《あるい》は法を以て之を定むるも、却《かえっ》て世上の不便たることあらば、速《すみや》かに政府の関係を脱して、国民の随意に之を行わしむべし。政府にて国民の為《ため》に勉《つとめ》て事を為すの弊は、懈《おこたり》て事を為さゞるの害に異ならず。過猶不及《すぎたるはなおおよばざるがごとし》の理なり。唯《ただ》良政府にしてよくその中庸《ちゅうよう》を執《と》り永く幸福を享《う》くべし。今英国政府の如《ごと》きは中庸を得るものと云《い》て可なり。

積金預所《つみきんあずかりじょ》[2]〔セイヴキングス・バンク〕○この仕組《しくみ》は、小民役徒《えきと》の銭を預り、利に利を附けて蓄財せしむる法なり。相対扶助《あいたいふじょ》の法の如く専ら病老の為に設けたるものには非《あ》らざれども、小民保護の為には最上の良法と云うべし。役徒《えきと》職人等は、遇《たま》ま余分の銭あるも、之を預けて慥《たし》かに利息を取り又入用のとき容易にその元金を取返すべき場所なきが故に、蓄財の方便甚《はなは》だ難し。尋常の両替坐《りょうがえざ》[3]には十「ポント」一「ポント」は我三両に当る以下の金を預からず。力役《りきえき》の輩、何等の業を勉《つとむ》るとも、一時に十「ポント」の大金を得るの理なし。或は又日に積み月に蓄えてその高を集めんとするも、遠く企て及ぶべきに非らず、唯《ただ》望洋[4]の思《おもい》を為《な》すのみ。固《もと》より些少《さしょう》の日雇《ひやとい》賃を以て百般の家事に供することなれば、仮令《たと》い意を決して蓄積に志すも、事実その辛苦《しんく》に堪えざるべし。右の次第を以て、遇《たまた》ま役徒の蓄うる銭には常に利息を生ずることなく、且《かつ》之を蔵《おさ》むるにも堅固なる櫃《ひつ》なくして、動《やや》もすれば人に盗まるゝこともあれば、人々望《のぞみ》を失い、我活計は今日ありて明日なしとて、遂《つい》には蓄財の念を絶つに至る。或は又千辛万苦して蓄えたる金を、高利の為《た》めに欺《あざむ》かれて疑わしき人物へ貸し、家産を一掃して失う者も亦少なからず。◯以上所記の弊害を除き、貧人の心を一新して、前後を思慮し節倹を守らしむるには、積金《つみきん》の

1 **エジンボルフ**　エジンバラ。スコットランド東部の大都市。　2 **積金預所**　この項は他書（未詳）からの挿入。　3 **両替坐**　ここでは欧米の銀行をさす。　4 **望洋**　果てしがなく見当がつかない様。

預所《あずかりじょ》を建て、些少《さしょう》の銭たりとも慥《たし》かに預りて利息を与うるの法を設くるに若《し》くはなし。預所の法、一度《ひとた》び行われれば、人皆金を処置するの便利を知り、我貯《たくわ》うる所のものは必ず我私有となりて、その利息をも取るべきの確証を得るが故に、一銭たりとも無益の遊楽に費さずして、務《つと》めて之《これ》を貯え、謹て之を積むべし。大凡《おおよそ》人として不羈《ふき》独立の活計を好まざるものなし。今爰《ここ》に自力を以《もっ》て財を貯うべき方便を得ば、誰か之を勉《つと》めざるものあらんや。

英国にて第四世ジョージ[1]の世千八百二十年より三十年までに定めたる積金《つみきん》預所の法は、一年の利息百「ポント」に付三「ポント」十「ペンス」より多からず、一年の間に一人にて三十「ポント」より多く預ることを許さず。斯《かく》の如《ごと》く年々に預けてその高《たか》百五十「ポント」に至れば、これを極度の分限として、この分限より多く預ることを許さず。又その金を預所より取返すとき、元利の勘定を為して二百「ポント」の余に上《のぼ》れば、その余分の高には利息を払うことなし。

爾後《じご》処々の預所にて不正の事ありしに付き、千八百六十一年、議事院の評議にて、政府の飛脚《ひきゃく》場内に積金の預所を設け、これを「ポースト・オフヒス・セイヴヰングス・バンク」[2]と名《なづ》けり。爰に金を預る者へは一年二分五厘《りん》の割合を以て利息を与え、出納《すいとう》の法、最も簡便を極めり。千八百六十三年の末に至ては、この一箇所にて預かりし積金の高三百五十万「ポント」に上りしと云《い》う。

右の如く政府より正しく法を立てし預所の外《ほか》に、近来は又処々の都邑《とゆう》にてその場所の評議に従い、一文《いちもん》預所と唱るものを設けたり。即《すなわ》ち字義の如く仮令い一文たりとも預かるとの趣意にて、積金の高も些細《ささい》なるものなれども、その集りたる惣《そう》高に至ては動《やや》もすれば驚くべき程の大金を見ることあり。

相対《あいたい》扶助の法[3]「フレンドリ・ソサイチ」又「ベネヒト・ソサイチ」　○人々の随意に会社を結び、平生より積金を備え置きて、その社中に病人又は不幸に逢《あ》う者あるときは、積金を以て之を扶助する法なり。この法は往古《おうこ》商人の組合にて互《たがい》に不時の難を救いし遺風なりと云う。人の年齢三十四、五歳に至るまでの間は、疾病《しっぺい》も少なくして、事を為《な》すべき時なれば、この時に当《あたり》て活計に余る銭を、月に貯《たくわ》え年に積て、不時の病難に備え、或《あるい》は老後に至りて、安楽にその残年《ざんねん》を終るべしとの趣旨なるが故に、天下の良法この右に出《い》ずるものなかるべし。人として自《みず》から信ずること甚《はなは》だしきに過ぎ、独歩孤立して事を成さんと欲するときは、動もすれば意外の不幸に逢う者少なからず。是亦《これまた》人間に避くべからざるの難なり。今この不虞《ふぐ》に備預《びよ》せんには、平生《へいせい》より他人に与《く》

1 **第四世ジョージ**　ジョージ四世（一七六二―一八三〇）。割註は在位年。　2 **ポースト・オフヒス・セイヴィングス・バンク**　郵便貯金。　3 **相対扶助の法**　この項はブランド&コックスの『学術百科事典』（一八六五―六七）からの挿入。

みして同心協力、互《たがい》に相依り、小金を棄《す》てゝ大難を救うに若《し》くはなし。

英国にて相対扶助《あいたいふじよ》の法の行われしは、千七百九十三年をその始《はじめ》とす。爾後《じご》政府の法令に従い、その処置漸《ようや》く斉整《せいせい》すと雖《いえ》ども、間《ま》ま或《あるい》は失錯《しっさく》なきに非《あ》らず。その最《はなは》甚《だ》しきものは、積《つ》金《きん》の内を以《もっ》て病老の扶助を与うるに、その高を過分に多く定めたることなり。抑《そもそ》もこの社中創立のときは、固《もと》より壮年の人のみにて、疾病の患《うれい》も少く、社中の元金俄《にわか》に増加せしに付《つき》、遇《たま》ま《た》不幸に罹《かか》るものあれば、過分に扶助金を与えしが、年月を経るに従て、その事情大に変じ、病者老人の数、次第に多く、扶助の金高次第に増し、之《これ》が為《た》め元金の入を以て出を償うこと能《あた》わず、甚しきは一社中の仕組、全く破潰《はかい》して、残余の老人は平生依頼せし所の積金を尽《ことごと》く失いしことあり。右の次第を以て、輓近《ばんきん》は相対扶助の法を直に政府の支配に属し、国法を以て之を処置して旧弊を一新したりと云《い》う。

西洋事情　外編　巻之二　終

西洋事情　外編　巻之三

福澤諭吉　纂輯

人民の教育

人の生るゝや無知なり。そのこれを知るものは教《おしえ》に由《より》て然《しか》らしむる所なり。子生るれば父母これに教え、先《ま》ずその智識を開て所得[1]甚《はなは》だ多し。既《すで》に父母の教導を受れば、次《つい》で又学校に入らざるべからず。故に天下の急務は学校を設けて之《これ》を扶持[2]するより先なるはなし。蓋《けだ》し人民、幼にして学ばず、長じて智識なければ、軽挙妄動、前後を顧みず、遂《つい》には罪科に触れ、人間の交際を害すること多し。

人の知識を教導するとも、必《かならず》しも之《これ》に由てその徳誼《とくぎ》[3]を養うべきに非《あ》らず。古来聡明穎敏《そうめいえいびん》の誉《ほまれ》ある学者にして、却《かえっ》て大悪無道《ぶどう》なるもの少なからず。然れども教育の法、宜《よろ》しきを得て、徳行に進み聖教に化[4]するときは、亦以《またもっ》て盛徳の士を出《い》だすべし。又世間に悪事の悪たるを知て故《こと》さらに之を犯す者あらば、速《すみやか》に罰してその罪を仮《ゆる》すこと勿《な》かるべし。斯《かく》の如《ごと》き輩は仮令《たと》い罰を蒙《こうむ》るとも、その罰の至当なるを甘んじて罪に伏し既往の過《あやまち》を改るを知るべし。然れども人に知識乏しくして是非曲直の弁別なき者を罰するに至ては、その処置甚だ難し。その罪を見て直に之を罰するよりも、若《し》かず、その人をして先ず是非を弁じ罪に陥ること勿《なか》らしめんには。是《こ》れ所謂《いわゆる》真の刑法なり。人を罪するより人を教ゆるの便利なるを知らば、何《なん》すれぞその人をして無知ならしむるや。教えざる民を罰するは惨酷《ざんこく》の甚《はなは》しきものと云《い》うべし。

法律のよく行わるゝ政府に於《おい》ては、国に罪人あれば之を捕え、夜盗、拐児《かたり》[5]、強盗の如《ごと》きも、一《ひ》と度《た》び縲絏《るいせつ》[6]に就《つい》てその罪状明白なるときは、之を刑に処して国典を明《あきらか》にすべしと雖《いえ》ども、国に無知文盲の人民多きは、その害挙《あげ》て云うべからず。この輩は是非を別《わか》たず曲直を弁ぜず、国法に従て私財を保つ所以《ゆえん》の理を知らずして、一旦国に騒乱あれば忽《たちま》ちその釁《きん》[7]に乗じて雲集蜂起《うんしゅうほうき》し、法をも畏《おそ》れず人をも憚《はば》からず、惨酷兇悪《きょうあく》至らざる所なし。その一例を挙て云わんに、昔《せき》日《じつ》仏蘭西《フランス》騒乱[8]のときに恐るべき暴行を為《な》せし輩は、皆無学文盲、放蕩無頼《ほうとうぶらい》、良政府の下に居ては活計を営むこと能《あた》わざる者なり。

救窮の為《た》めに多く金を費すも、その原因を尋れば皆下民の無知無識なるに由て然らしむるものなり。人に知識なければ必ず遠き慮《おもんぱかり》なし。遠き慮なき者は目前の慾《よく》に逐《お》われて、遂にはその悪行名状すべからざるに至ることあり。第一養生の法を知らず、飲食を節することを知らず、

1 **所得**　ここでは会得すること。　2 **扶持する**　援助する。　3 **徳誼**　徳義に同じ。　4 **聖教に化する**　聖人の尊い教えに感化を受ける。　5 **拐児**　詐欺。　6 **縲絏**　罪人を縛る黒色の縄。捕縛。　7 **釁**　すき。
8 **仏蘭西騒乱**　フランス革命。

人に交《まじわ》るの道を知らず、廉恥《れんち》の義を知らず、以《もっ》て世間の風俗を乱《み》だり、共に貧窶《ひんく》[1]の苦界《くがい》に陥入《おちい》るもの少なからず。

人に知識なければ、勤労の真理を知らずして、貧窮に困《くる》しむこと甚《はなは》だし。或《あるい》は力役《りきえき》するに似たることもあれども、その方向を誤て無理の道に由《よ》るが故に、労して功なし。或は又事実、その土地に居て活計の道なくば、他国に行て之《これ》を求め、自《おのず》から安身《あんしん》の方便なきに非《あら》ざれども、尚《な》お奮発の意なくして懶惰《らんだ》に安《やす》んじ、甘《あまん》じて貧窮に困《くる》しむ者少なからず。即《すなわ》ち蘇格蘭《スコットランド》の西部に住居する野民の如《ごと》き者、是《これ》なり。この野民の無知なることも亦《また》甚だし。常に貧困にして或は餓死するものあり。然《しか》るに他所よりこの貧民を雇て仕役《しえき》せんと欲する者多しと雖《いえ》ども、無知の致す所、如何《いかん》ともすべからず、尚お郷里を離るゝこと能《あた》わず、蠢爾《しゅんじ》[2]として家に止《とどま》り、終歳貧窶の苦を嘗《な》めり。

古来種々の新発明に由《より》て世間の裨益《ひえき》を成せしことは挙て云《い》うべからず。然るに無知頑陋《がんろう》[3]の輩は、この発明工夫を見て奇異妖怪の如くに思えり。小民徒党を結て精巧なる機関を毀《こぼ》ち、或はその発明家の功徳を謝せずして却《かえつ》て之を凌辱《りょうじょく》[4]せしこと屢々《しばしば》これあり。是《こ》れ皆無知文盲の然らしむる所なり。この輩は固《もと》より機関の何物たるを知らずして、只管《ひたすら》これを有害無益の物と視做《みな》し、之が為《た》め世間一般の恩人たる発明家も害を被りしこと少なからず。昔日《せきじつ》仏蘭西《フランス》の首府パリスに

「コレラ」病の流行せしとき、都下の衆医、皆心力を尽して之を救わんとせしに、小民等は「コレラ」病の何物たるを知らずして、妄《みだり》に医師を咎《とが》め、医師毒薬を以て人を害するとて、兇《ひと》人《ごろし》の如くに視做し、屢々之を犯したることあり。又医術研究の為めに死体を解剖するを見て、無知の小民は之を医生の罪とせり。

新式の工夫、世に行われ、或は時物の流行、変換するに従て、人も亦その職業を改めざるべからず。この時に当て事物の理に通じ、器械学の趣旨を知るものは、よく時変に応じてその業を改ることを得ると雖ども、無知文盲なる者は然らず。旧業を固守して変通5を知らず、坐して他の新工夫の為めに窘《くるし》めらるゝのみ。抑《そもそ》も斯《かか》る愚夫の意には、旧来我守る所の職業の外《ほか》、天下に求むべき活計の道なしと思うべけれども、若《も》しこの輩をして稍《や》や物理に明かならしめなば、活計の求て得易《えや》すきを知り、旧を棄《す》て新に就《つ》き、却て貧困の苦を免《まぬ》かるべし。又之を一国の為めに計るときは、救窮の費を省くの一大助ともなるべし。

稍や教育を被りたる人は、知識の貴きを知り、知識を養う為めには心力を労し、財物を散ず

1 貧窶　貧しくみすぼらしい。**2 蠢爾として**　地をはう小虫のうごめくように、うじうじとして。**3 頑陋**　頑固で狭量であること。**4 凌辱**　はずかしめること。**5 変通**　臨機応変に事を処理し、自由自在に変化、適応していくこと。

るとも之《これ》を務むるの志あれども、愚《ぐ》痴《ち》蒙昧《もうまい》の輩《やから》は絶てこの味を知らず、人を教育し知識を養う等の事に至ては、恬《てん》として[1]心に関することなし。是《こ》れ皆無知無学に由《より》て致す所の大害なり。愚夫愚婦の、子を棄《す》てゝ教えざる有様を見るに、その心事駭《おどろ》くべし、又憎むべし。啻《ただ》に教育の趣意を知らずして躬《みず》から心力を労せざるのみならず、甚《はなはだ》しきは他より厚意を以《もっ》て我子弟を教ゆる者あるも、之《これ》に対してその恩を謝することをも知らざる者あり。故に一国人民の中にて、知識なきものは、世の教育を助くるに非《あら》ずして却《かえっ》て之を妨《さまたぐ》る者と云《い》うべし。

右の次第に付き、貧にして知なき者の子を教育するの一事は、止《やむ》を得ずして他人の任と為《な》れり。然《しか》れども人も亦《また》甘んじてこの任を引受け、その煩労《はんろう》を厭《いと》うべからざるの理あり。従来窮民を救い罪人を制する為《た》めに税を納るの高《たか》は、既《すで》に已《すで》に夥《おびただ》し。今人民教育の為めに費す所の金は、人をして貧困に陥ることなく、又罪悪を犯すことなからしめんとするものにて、所謂《いわゆる》禍《わざわい》を未然に防ぐの趣意なれば、既に貧しき貧人を救い、既に罪ある罪人を制する為めに税を納るよりも、その金を費すの功徳、遥《はるか》に優《まさ》るべし。故に国中に人民教育の入費を出《いだ》さしむるは、之を貪《むさぼ》るに非《あ》らず、実は却てその税額を減少せんが為めなり。且《かつ》右の如《ごと》く教育の為めに税を集めて、之を用ゆる所は、悪人を罰する為めには非《あ》らずして、人の善を助け人の幸福を成す為めに費すが故に、仮令《たと》い或《あるい》は名実齟齬《そご》することあるも、その税を出《い》だしたる者の身に於《おい》て之を考うれば、金を費す所以《ゆえん》の趣意を信じて自《みず》から心に慊《こころよ》きことあるべし。大凡《おおよそ》人情に於て人の悪を罪するよりも人の善を見るを好まざるものなし。

或人《あるひと》の云《いわ》く、国民をして強《し》いてその子弟を教育せしめんとするは、即《すなわ》ち人の家事私用に関係して之を妨《さまたぐ》ることなれば、その処置、宜《よろ》しきを得るものに非らずと。然《しか》れどもこの説甚《はなは》だ非《ひ》なり。政府たるものは常に正道の行わるゝや否《いなや》を察し、国民の安寧《あんねい》なるや否を見て、若《も》し然らざる所あれば、則《すなわ》ち国法を以て之に関係して、その処置を施さゞるべからず。罪人を罰するの法も、語を易《か》えて之を云えば、人の私事を妨るより他ならず。然れども今一家族の内に罪を犯す者ありて、子は父の為めに匿《かく》し、父は子の為めに匿さんとするも、法に於て宥《ゆる》すべからず。故に云く、政府若し人を罰するの権あらば、亦人を教ゆる権なかるべからずと。是れ古今の金言なり。刑罰は人の身に苦痛を受けしむることなれども、世間一般の為めを謀《はか》れば尚《な》お之を施行《しこう》して妨《さまたげ》なし。況《いわ》んや教育はその人を益しその人を利するの趣意なれば、之を行うに於て何等の故障あるべきや。余輩断じて云う。若し世間一般の為めに斯《かか》る大利益の事あらば、仮令い人の

1　恬として　恥じることもなく。平気な様子で。

身に苦楚《くそ》[1]疼痛《とうつう》を覚えしむるとも、必ず之《これ》を行わざるべからず。

是《この》故に国民教育の法を設るの一事は、人の不徳を矯正し人の貧困を救う為《た》めのものなれば、その教育を受る者に利益あるのみならず、又この法を設る為めに金を費す者も自《おのず》から利する所あるべし。然《しか》れども一丁字《いっていじ》を知らざる[2]小民に至るまでも、尽《ことごと》く政府の力を以《もっ》て教育せんとするが如《ごと》きは、事実行われ難きことなるが故に、政府は唯《ただ》学校を設けて諸塾の教師と為《な》るべき人物を養い、その他教育の事に付き平人の弁じ難き冗費《じょうひ》を出《い》だすを以てその任とせり。

人として高上の学に志しその極度に達する者あれば、之に由《より》て世上一般の裨益《ひえき》を為すこと少なからず。譬《たと》えば爰《ここ》に一少年あり。その天稟《てんぴん》事を成すべき器量[3]ありて、大業を企て敢《あえ》て辛苦を嘗《な》めんと欲すれども、その素志《そし》を達せんが為《ため》には、書籍なかるべからず、学術に用ゆる器械なかるべからず、その他種々の物品を購《あがな》うが為め、その冗費頗《すこぶ》る多し。但《ただ》し是等《これら》の物品を求めて自己の便利を達し自己の奢侈《しゃし》を恣《ほしいまま》にせんとするの趣意なれば、他より之を助くべきの理なしと雖《いえ》ども、その一身の俸養は千辛万苦も敢《あえ》て憚《はばか》る所なしとて自《みず》から決心せるものなれば、その心事、実に憐《あわれ》むべし。然るに古来富豪の家に生れ百般の需要不自由なくして斯《かか》る大志を抱《いだ》く者は甚《はなは》だ稀《まれ》なり。少年にして大業を企る者は、多くは父母の助力を得ざる貧家の子なれども、その志を達するに至ては国中一般の為に大裨益を起すが故に、国中の人も亦平生《またへいぜい》よりこの寒《かん》書生[4]

を助けざるべからず。即《すなわ》ち国に大学校等の設《もうけ》あるもこの趣旨なり。大学校の内には、書庫あり、博物府あり、又窮理《きゅうり》学に用ゆる器械等も備わりて、寒貧書生と雖ども、自由にこの物品を用いて志す所の学業を研究すべし。大凡《おおよそ》人民教育の為めに、右等の法を設け、多く金を費してその処置を誤ることなくば、一国の繁栄を致すこと更に疑《うたがい》を容《い》るべきに非《あ》らず。

経済の総論

前の条々は専ら人間交際の道を明かにし、良政府の主宰を説たるものにて、稍《や》や経済の論には遠ざかりて、之を人間交際の学[5]とも謂《い》うべし。然れども他に又種々の事情ありて、その処置宜《よろ》しきを得れば、自《おのず》から人間の交際を助け、良政府の基を開き、以て世人の幸福を増すべきもの少なからずとのことは、前既《すで》に之を記したり。

今この条目に於《おい》ては経済に関係せる事を論ずべし。交際の学と経済の学[6]とはその関係甚だ大

1 **苦楚**　苦痛。 2 **一丁字を知らざる**　まったく字を知らない。 3 **器量**　才能。 4 **寒書生**　貧しい学生。寒貧書生も同じ。 5 **人間交際の学**　社会学、政治学。 6 **経済の学**　ポリティカル・エコノミー。今日のエコノミックス（economics）。

なりと雖《いえ》ども、一般に之《これ》を論ずれば、交際学の大趣意は、事物の条理を正《た》だし、是非を明かにし、人々をして互《たがい》に相親愛し、互に相敵視すること勿《なか》らしむるに在り。経済学の旨とする所は、人間衣食住の需用を給し、財を増し、富を致し、人をして歓楽を享《う》けしむるに在り。往古《おうこ》の碩《せき》学《がく》、始めて経済の事に付《つき》、書を著し、之を富国論[1]と名《なづ》けり。その説に拠《よ》れば、人は家法を節して富を致すべきが故に、之を大にして一国に施すときは、亦以《またもっ》て一国の富実《ふじつ》を成すべしと云《い》えり。然《しか》りと雖ども世の学者、経済の学は唯《ただ》富を致すものと思い、或《あるい》は富を致して之を守る所以《ゆえん》の趣意なりと思うは、大なる誤解なり。抑《そもそ》も経済の大趣意は、人の作業を束縛するには非《あ》らずして、却《かえっ》てその天賦に従い、自由にその力を伸べしむるものなり。故にその議論、人間交際の事をば後にして、専ら人間自由の所業を抑制して弊害の生ずる所以を明かにせり。今この編に於《おい》ては、交際の議論を終て経済論に移らんとする所なれば、その趣旨の詳《つまびらか》なるを論ずること左の如《ごと》し。

「ポリチカル・エコノミー」経済と訳すの字は、その字義を以て事実の義を尽すに足らず。「エコノミー」とは希臘《ギリシア》の語にて家法と云う義なり。家法とは家を保つの規則にて、家内百般の事を整理することなり。家事を整理するの術は無益の費を省くを以て大眼目とするが故に、「エコノミー」の文字は唯質素倹約の義にのみ用ゆることあり。上の「ポリチカル」の字は国と云える義なれば、この二字を合せて「ポリチカル・エコノミー」と云うときは、唯《ただ》国民、家を保つの法と云える義を成すのみ。

経済は畢竟《ひつきよう》一種の学文《がくもん》[2]にて、之を法術[3]と云うべからず。マッコルロック[4]氏云《いわ》く、経済とは、物を産し、物を製し、物を積み、物を散じ、物を費すに、その紀律を設る所以の学文にて、即《すなわ》ちその物とは、或は必用なる物あり、或は便利なる物あり、或は人意を悦《よろこ》ばしむる物ありて、何《いず》れもこれを売買して価あるものなりと。又或人《あるひと》の説に、この学は資財の事情を説き之に由《より》て生ずる所の物と又之を分配する法方[5]とを論ずるものなりと云えり。

紙上の議論を以てこの学の趣旨を弁ぜんとするも、初心の輩には容易に了解し難きが故に、学者[6]、若《も》し十分にその要訣《ようけつ》を知らんと欲せば、先《ま》ずこれに従事して下学上達[7]、次第にその議論

1 **富国論**　『諸国民の富』、または『国富論』。著者のアダム・スミス（一七二三―九〇）は英国の哲学者。経済学の創始者で、ほかに『道徳感情論』がある。2 **学文**　学問。science（科学）。3 **法術**　art（技術、技法）。4 **マッコルロック**　J・R・マッカロック（一七八九―一八六四）。スコットランドの経済学者。主著に『経済学原理』、『商業辞典』がある。福澤が上記辞典を参照していた可能性が強い。玉置紀夫『學鐙』（丸善、二〇〇二年一月号）参照。5 **法方**　方法に同じ。6 **学者**　ここでは学生、学徒。7 **下学上達**　基本から学んで、次第に高遠な学問に進むこと。

の貴きを知り、次第にその佳境《かきよう》[1]を探るべし。然《しか》れどもこの学に入門する者は、預《あらかじ》め学文の範囲を知り、その議論の及ぶ所の境界を察せざるべからず。若《も》し然らざるときは、この学文上に関係せる事件と思うものも、書中に於《お》いては事実その議論なくして、之《これ》が為《た》め学者の望《のぞみ》を失することあるべければなり。抑々《そもそも》経済学の主とする所は、人間需用品の状態を説き、之を採用する法を明かにし、私有品の増減する所以《ゆえん》の理を論ずるのみ。蓋《けだ》し一身の徳を明かにし人に交《まじわ》るの道を修るが如《ごと》きは、元来、聖教、道徳、政治学の関係する所にて、経済学には之を議論することなし。

右の如く、学科に区別ある所以を明かにせん為め、爰《ここ》に一例を挙ること左の如し。経済学の論に云《いわ》く、力を以《もっ》て人を束縛し強《し》いて之を役《えき》するものは、その功、粗《そ》にして駁《ばく》なり[2]。不羈《ふき》独立、躬《みず》から富を致すの趣意を以て人を鼓舞し、自由に之を役すれば、その功、精《せい》にして美《び》なり。故に売奴《スレーヴ》は、唯甘蔗《かんしよ》[3]の田を芸《くさぎ》[4]り、烟草《タバコ》の葉を抄《とつ》て之を揃《そろえ》る等の如き、粗糙《そぞう》の業にのみ用ゆべきなれども、蒸気の器械を製し精巧の機関を取扱う等の事に至ては、売奴の能《よく》する所に非《あ》らずと。之に由《より》て考うれば、経済学の論は、唯《ただ》人を自由に役して高上精美の功を成すべき所以を説くのみにて、売奴の悪法を誹謗《ひぼう》しその天理人道に背く所以を弁論するは、経済学の趣旨に非らず。

又経済学に於ては、博奕《ばくえき》、打賭《かけ》を以て人間に益なきものとし、その議論に云く、骰子《さい》を投じ競馬に賭して銭を得るとも、事実世に物を生ずることなし。斯《か》く銭を得し者は、他の便利を達することと、医、農、工、商の如くならざるのみならず、金を得んが為め不良を為《な》し、唯彼に損して是《これ》に得るのみ。且《かつ》その博奕、打賭を行うの間に、無益に時を失い、無益に心力を労して、その損亡たること甚《はなは》だ大なりと。経済家の所論は唯斯《かく》の如きのみ。博奕、打賭の悪事たる所以を弁じ、人心の非を正《た》だすのことは、聖教、道徳の学科に譲て、之を論ずることなし。

右の如く経済学と他の学科との分界を明かにするには、経済の実情を知ること緊要なりと雖《いえ》ども、先《ま》ず是学《このがく》に入るの門を求め、次第にその階梯《かいてい》[5]を歴《ふ》るに非らざれば、楼閣に登て真境を見るを得べからず。学者、若《も》し是道に従事して漸《ようや》くその真味《しんみ》を嘗《なむ》るに至らば、果して大に発明することあるべし。即《すなわ》ち人には一種天賦の性情ありて、今一方より直にその情実に就《つい》て之を見れば、偏小なる私慾《しよく》にて甚だ賤《いやし》むべきに似たれども、その性情の自然に従い、広く人間の交《まじわり》を成せる景況を察すれば、即ちこの性情は、人をしてその安寧《あんねい》幸福を進め、至善の徳誼《とくぎ》に達せしむべき、天与の賜《たまもの》と云《い》うべし。譬《たと》えば物を買い物を売るの一事は、元《もと》利を射るの欲心に出で、そ

1 **佳境**　興味深いところ。面白いところ。　2 **粗にして駁なり**　あらっぽく雑である。　3 **甘蔗**　サトウキビ。　4 **芸る**　田畑の雑草を取り除く。　5 **階梯**　はしご。段階。

の趣意甚《はなは》だ鄙陋《ひろう》[1]なるに似たれども、売買の道は、全世界中の欠乏品を給し、有余不足を平均するの方便なりとして之《これ》を考うれば、啻《ただ》に天賜の物品を海内《かいだい》に分布して人の便利を達するのみならず、その物品に藉《か》りて世の文明開化を助け、人の知識見聞を博《ひろ》くし、太平無事にして人類の交《まじわり》を親しからしむるに足るべし。

世界万有を察するに、日月星辰《じつげつせいしん》の旋転《せんてん》するあり、動物植物の生ずるあり、地皮の層々相重さなるありと雖《いえ》ども、各々一定の法則に帰して、嘗《かつ》てその功用を錯《あやま》ることなきは、実に驚駭《きょうがい》に堪《たえ》たり。抑々《そもそも》経済の学に於《おい》ても亦《また》一定の法則あること他に異なることなし。その定則の一班を窺《うかが》うときは、或《あるい》は欠典あるに似て、之を名状すること甚だ難しと雖ども、合して一体と為《な》しその全璧《ぜんぺき》を見れば、至善至美、尽さゞる所なし。故に是《この》学も猶《な》お他の生物論[2]、地質論[3]、本草《ほんぞう》学の如《ごと》く、共に是《こ》れ地球上の一学科たりと雖ども、その理を窮《きわむ》るに至ては亦以《もっ》て造化霊妙[4]の仁徳を窺《うかが》い見るに足れり。右の如く経済学の定則は、元《も》と人造に非《あ》らず、又人意を以て之を変易《へんえき》改正すべきものにも非らざれば、人或は問を発する者あらん、何等の趣意を以て是学を研究するやと。余答て云《い》わん、唯《ただ》その定則を知て之に従わんが為《た》めなり。譬《たと》えば人身は天然生理の定則に従てよくその生を保ち無恙《むよう》[5]健康なることを得るものにて、その定則は人の意匠を以て変易改正すべきに非らず。然《しか》れども人として人身窮理《きゅうり》[6]を研究するの趣意は何ぞや。唯その定則をして人身の内に行われしめ、その作用を逞《たくまし》うせしめて天然を妨《さまたぐ》ること勿《な》からんが為めなり。故に云《いわ》く、経済学を研究するは人身窮理を学ぶの趣意に異ならずと。

人心若《も》し禽獣《きんじゅう》の如くにして、是非の別を知らず唯天性の慾《よく》に従て事を為すものならば、定則を設けて之に従わしめんとするも無益のことなれども、人の事を為すや必ず思うて然る後に之を行うものなり。或は又そのこれを行うの間に、自然の定則を誤解して事を錯《あやま》るあり。或は心に知て故《こと》さらに法を犯すあり。今、人身窮理《きゅうり》の定則を了解する者は、空気の閉塞《へいそく》、汚穢《おわい》の蒸発、不良の食物等を以て、疾病の原因として之を避くることを知れり。経済家も亦《また》、人間の衣食住を整理し、人をして安楽ならしむる所以《ゆえん》の定則を察して、若しこの定則を妨《さまた》ぐるものあればその妨害を除くことを知れり。殊《こと》に人の上に立て衆を御《ぎょ》する者に於ては、この定則を知ること最も緊要なる一事とす。譬えば、世に暴君ありて専ら私慾《しよく》を恣《ほしいまま》にし、その国の諸港へ台場を築て外国人の来《きた》るを防ぎ、我国人をして他に交《まじわ》り有余不足を貿易することを禁じなば、一国の窮することも亦甚《はなはだ》しかるべしと雖ども、仁君代て出《いず》れば必ずこの妨害を除き、貿易の法を立て

1 **鄙陋**　いやしいこと。 2 **生物論**　physiology（生理学）。 3 **地質論**　geology（地質学）。 4 **造化霊妙**　人知でははかりがたいほどすぐれた自然。 5 **無恙**　つつがない。病気にかかったりせず健康であること。 6 **人身窮理**　人体の生理学。

ヽ国民を塗炭《とたん》[1]に救うことあるべし。是即《これすなわ》ち経済学の然《しか》らしむる所なり。但《ただ》し経済学の趣旨は、売買の道を保護し、之《これ》を鼓舞して世の貿易を盛《さかん》ならしむる所以《ゆえん》の理を論ずれども、これを実地に施すの処置に至ては政治学の関る所とせり。

経済の定則自《おのず》から世に行わるゝ所以の理を説明せんが為《た》め、二箇条の例を示すこと左の如《ごと》し。但しこの事は物品の需要と供給とに関係する箇条なれば、その詳《つまびらか》なるは下編[2]に記すべし。即ちその一例は竜動府《ロンドン》なり。竜動の人口二百万有余、一日に費す所の食物、牛三百頭、羊二千百二十六、羊仔《ひつじのこ》七百、牛仔《うしのこ》、豚仔《ぶたのこ》の数も之に称《かな》う。蒸餅《パン》十七万五千三百五十「クワルトル」[3]（一「クワルトル」は四「ポント」に当る）牛酪《ボートル》[3]六千二百「ポント」、乾牛酪《チース》[4]七千「ポント」、牛乳二万七千五百三十四「ガルロン」[5]（一「ガルロン」は二升四合に当る）なり。仮に一日この諸品不足してその半量を減じ或《あるい》はその三分の一を減ずることあらば、市民の困苦は固《もと》より論を俟《ま》たず。之が為め甚しき混乱を生ずべし。然《しか》れども古来嘗《かっ》て斯《かか》る事変の起りしことなく、市民に於《おい》ても亦《また》斯る事変の起るべしとて未来を慮《おもんぱか》るものもなく、安《やす》んじて生を送れり。朝第八時に起て戸を開けば、正しくその時刻を違《たが》えずして蒸餅の暖《あたたか》なるを齎《もた》らし来《きた》る者あり。若《も》し然らざれば則《すなわ》ち戸外を出ること数十歩にして之を買うべし。蓋《けだ》しその蒸餅を作る者は、暁《あかつき》第四時より起き、麺粉《めんぷん》[6]を調和して火に上《のぼ》せ、第八時に当《あたり》て煖餅《だんぺい》正《まさ》に製了し、以《もっ》て他人の意に適せしめんことを勉《つと》むるものなり。蒸餅を製する者は麺粉を買い、麺粉を磨《ま》する者は麦を買う。その麦は、或は英国に生じ、或は亜米利加《アメリカ》に生じ、或は黒海より来《きた》るものあり、或は北海より来るものあり。又砂糖を買うは蒸餅を買うよりも容易なれども、その由《よっ》て来る所を尋るに、黄道[7]以内熱帯の地方にある黒奴の耕して製したるものなり。茶は一万里外の支那国に生じ、之を養い之を採り之を撰《えら》び之を製する者はその国内の人種なり。この名品を遠く我国に送り吾人の日用に供すれども、その品を用いてその人を知らず。支那国、内地の風俗は未《いま》だ人の詳にせざる所にて、その土人の有様を見ば一場の奇観とも云《い》うべき程のことなり。故に今竜動の住人一名を見て、その一日に飲食する所の物を検査し、その由て来る所を尋れば、唯《ただ》一人の飲食を給するが為めにも、数千万の人員、全世界中の各処に布在して各々一班の用を達せり。その事情を譬《たと》えて一の機関とせば、昌大精巧《しょうだいせいこう》[8]の妙機と云う

1 **塗炭**　泥と火。きわめて苦しい境遇。 2 **下編**　訳出しなかった「経済の学」全体をいう。 3 **クワルトル**　クォート（quart）。英国、アメリカの体積の単位。穀類等の一クォートは英国では約一・三七リットル、アメリカでは約一・一〇リットル。 3・4 **牛酪・乾牛酪**　バター、チーズ。 5 **ガルロン**　ガロン（gallon）。英国、アメリカの体積の単位。液類の一ガロンは英国では約四・五五リットル、アメリカでは約三・七九リットル。 6 **麺粉**　小麦粉。 7 **黄道**　黄道とは地球から見た太陽の運行する道。ここで「黄道以内」とは「東西に伸びる」という意味であろう。 8 **昌大精巧**　勢いが盛んで、かつ細かく巧みな。

も啻《ただ》ならず。豈《あに》人力を以《もっ》て整理すべきものならんや。然《しか》り而《しこう》して竜動《ロンドン》府の政治を反顧《かえりみ》するに、その政治の趣旨は府内物品の需要を助け勧るにも非《あ》らず、亦《また》その供給を制するにも非らず、往《ゆく》を止めず来《くる》を防がず、唯《ただ》人間自然の勢《いきおい》に任するのみ。裁判局を建て市中の取締を設けて人命と私財とを保護し、市民相対《あいたい》の約条を固くする為《た》めには官府の法を以て之《これ》を維持し、人の往来を便利にする為《ため》には道を作て常に之を補理し、商売船を陸に近づけ荷物の積卸《つみおろし》を便利にする為めには船入と波戸場《はとば》とを設け、河には舟を浮ぶべく陸には車を通ずべく、各々その処置を為《な》せり。是等《これら》皆貿易の道を制するの趣旨に非らず、唯貿易自然の道に従て自由に事を成すべき為めの余地を与うるのみ。

　前条所記の第二例として、今爰《ここ》には莫大《ばくだい》の人員を集め人力を以てその需要品を給せんとせし一大事件を記すべし。大凡《おおよそ》古来世に英傑少なからずと雖《いえ》ども、斯《かか》る大事件を企つべき才幹を抱《いだ》き且《か》つその事を成すべき威力ありし者は、第一世拿破崙《ナポレオン》の右に出《い》ずるものなかるべし。千八百十二年、拿破崙五十万の兵を卒〔率〕いて魯西亜《ロシア》を攻めしとき、その兵を分て三大隊となせり。故にその人員の相合集《がっしゅう》せる地も稍《や》や広くして、竜動《ロンドン》府の人戸稠密《ちゅうみつ》なるが如《ごと》くならず。この大兵に食糧を給する為めには、盛《さかん》に制度を建て、牛羊を逐《お》う者あり、之を屠る者あり、麺粉《めんぷん》を磨《ま》する者あり、蒸餅《パン》を焼く者あり、炊夫厨人《すいふちゅうじん》[1]備具せざるはなし。之を指揮するには先《ま》ず総督数名を命じ、次に附属士官を従《したが》えて、各々その職掌を尽さしめ、書記官は以て出納を記し、監察は以て将士の邪正を糺《ただ》し、一切の法令厳整《げんせい》ならざるはなし。実にこの一挙に於《おい》ては拿破崙も生涯の才力を揮《ふる》いしものと云《い》うべし。然《しか》るに軍令の厳整既《すで》に是《こ》の如しと雖ども、尚《な》お以て大兵を養うに足らず。兵卒の内、過半は未《いま》だ魯西亜の国境に入らずして、先ず食料に窮して進むこと能《あた》わず。その進で境に入りし者は、数日にして餓死する者あり、或《あるい》は飲食多きに過ぎて食傷する者あり。右の次第を以て、兵糧の事に任じたる者は厳罰を蒙《こうむ》りて、縊殺《いさつ》[2]せらるゝものもあり、射殺せらるゝものもありしと雖ども、遂《つい》に食料の過不及[3]を制して諸隊一様に及ぼすこと能わざりしと云《いう》。是即《すなわ》ち人為の処置は以て自然の商売に及ばざる所以《ゆえん》なり。

蘇格蘭《スコツトランド》にて牛羊を飼う者は、深山幽谷を越え、竜動の市に来《きたり》て之を売るに、その途中最も謹慎を加えり[4]。その故は何ぞや。牛羊を守護するは即ち自己の利益たればなり。拿破崙の軍に従て牛羊を逐う者は然らず。之を逐うて身体疲労し、或は連日の煩《わずらい》に倦《う》むときは、乃《すなわ》ち私に之を殺して路傍に棄《す》て、その腐敗するをも顧みずして去るもの少なからざるに、その場所を距《へだた》る

1 **炊夫厨人** 料理人。 2 **縊殺** 絞殺。 3 **過不及** 過不足に同じ。 4 **謹慎を加えり** 身をつつしんでいた。

こと僅《わず》かに数十里の処には、兵卒皆飢餓《きが》に苦み、日夜牛羊の至るを待て殆《ほと》んど垂死《すいし》[1]の時なり。又軍隊の此処《ここ》には山海の珍味を連ねて飲食流るゝが如《ごと》くなるに、彼処《かしこ》に在ては拿破崙《ナポレオン》の愛将と雖《いえ》ども飢渇《きかつ》を免《まぬ》かれざる者あり。この大行軍に由《より》て仏兵の利を失いしは世人のよく知る所なり。全軍の内、魯西亜《ロシア》の堺に進入せしものは、多くは死傷して、生《いき》て堺を出《い》でし者は僅《わず》かに六分の一なりと云《い》う。その死傷とは固《もと》より敵兵に殺されしもの少なからずと雖ども、過半は食料に乏しくして飢渇に斃《たお》れたるものなり。是《これ》に由《より》て考れば、当時の一大俊傑にしてその老錬比類なき拿破崙たりと雖ども、斯《かか》る大衆の需要を給して過《か》不及《ふきゅう》なからしめんとするには、遠くその才力の及ばざりしことなるべし。

右の二例を視《み》て之《これ》を考れば、経済学は元《も》と人為の法に非《あ》らざること瞭然《りょうぜん》たり。その学の趣旨は、自《おのず》から世に行わるゝ天然の定則を説くのみなるが故に、経済の定則を説くは、猶《な》お察地《さっち》学[2]に於《おい》て地性を論じ、医学に於《おい》て病理を明かにするが如《ごと》し。且《かつ》この学を学び、講究切磋《せっさ》、愈々《いよいよ》上達するに従て愈々その切実なる真理を探り得べし。近来は経済学も、その秘蘊《ひうん》[3]を極めその真理を明かにして、世上の鴻益《こうえき》[4]を成すこと挙て云うべからず。人或《あるい》はこの学を軽侮《けいぶ》して妄説を唱うるものなきに非らざれども、実はその先入する所の陋見《ろうけん》に惑《まど》わされて、未《いま》だ真の趣旨を知らざる者なり。大凡《おおよそ》天下の事物に於て無知は有知に若《し》かず。未だ一臠《いちれん》を嘗《な》めず[5]して全鼎《ぜんてい》の旨否《しひ》[6]を論ずべけんや。

私有の本を論ず

私有とは、価《あたい》ある物を躬《みず》から為《た》めに用い、或は自由に之を処すべき権を云う。物、或は人の用を為《な》して甚《はなは》だ大切なれども、その人の私有に非らざることあり。日光、大気の如き、是なり。是二物の貴きことは家財服飾と同日の論に非らざれども、人の私有に非らず、即《すなわ》ち造化の賜《たまもの》にて、万人共に享《う》くる所の物なれば、何人《なんぴと》にても特に之を私すること能《あた》わず。又政治の寛大なる国に於て、人々の身を自由にする有様を指して、その人の私有と云うべからず。蓋《けだ》し斯《かか》る善政の下に立つ人民は、自《みず》から作《な》せる孽《わざわい》に由て身を束縛するに非らざるの外《ほか》は、一夫として自由安身の地を得ざる者なければなり。又この理を拡《かく》して考れば、人の言に、往来の路《みち》を称して国中一

1 垂死　死にそうな状態。瀕死。**2 察地学**　geology（地質学）。**3 秘蘊**　奥義。秘訣。**4 鴻益**　社会全般にとっての利益。**5 一臠を嘗めず**　「一臠」はひとときれの肉。『淮南子』説山訓にある「一臠の肉を嘗めて、一鑊の味を知る」（ひときれの肉を味わって料理全体の味を知る、一部分から全体を察知する）による。一部分を知ることすらなく。**6 旨否**　おいしいか、そうでないか。良し悪し。

般の私有と云《い》うこともあれども、実は私有品の名を下《くだ》すべからず。

私有得失の理を弁ずる者は独《ひと》り人類のみに非《あら》ず。大凡《おおよそ》有生の造物には天然にこの性質を備えざるものなし。鳥の巣を以《もっ》てその私有と為《な》せるは猶《な》お人の家に於《お》けるが如《ごと》し。巣は鳥の勤労を以て綢繆《ちゅうびゅう》[1]せしものなり。家は人の勤労を以て造営せしものなり。その得失は皆道理を以て基本とせり。人間私有の得失に至ては事稍《や》や繁雑に属すと雖《いえ》ども、悉《ことごと》く天然に胚胎《はいたい》せざるはなし。仮令《たと》い無知無霊の獣類にても大に之《これ》を弁別するものあり。譬《たと》えば犬は街道に居て役徒《えきと》の衣を守り、或《あるい》は主人の為《た》めに倉庫の護衛を為せり。且《かつ》又この犬は人の為めに物を守るのみならず、自《みず》から為めにその私有を守ることを知れり。即《すなわ》ち小屋の内に居る犬は自《みず》からその私宅たる小屋を守て防禦《ぼうぎょ》せり。平生《へいぜい》よりその馴従《じゅんじゅう》[2]せる人たりとも、強《し》いて之をその小屋より逐《お》い出さんとするときは、必ずその人の意に従うことなし。

人類に於《おい》ては、仮令《たと》い草昧夷俗《そうまいいぞく》たりと雖ども、私有の得失を弁別すること遥かに禽獣《きんじゅう》に優《まさ》れり。亜米利加《アメリカ》土人の弓矢はその私有なり。土人若《も》し私有の弁別なくしてその弓矢に常主なくば、誰か心力を労して自《みず》から之を作るものあらん。故に開闢《かいびゃく》の始《はじめ》より私有の理は人の天然に知る所にて、即《すなわ》ち人をして無為《むい》にして得べからざる物を有為《うい》にして造らしめ、以てその産を修めしむる所以《ゆえん》なり。蛮野《ばんや》の民、弓矢を以て野獣を獲《う》れば則《すなわ》ちその私有と為り、肉は以て食に供し皮は以て衣を作る。又物既《すで》にその私有となれば之を他人に与うるを得べし。野民の弓矢はこれをその子弟に伝え或は他人へ与うるも妨《さまたげ》なし。又或はこの弓矢を以て他人の私有品と貿易することもあり。航海者新《あらた》に国土を発見すれば、その土人獣皮を携て船に来《きた》り、船中の衣服珠玉と交易することを知れり。

蛮野の民、手に弓矢を携え身に獣皮を着るは即ちその私有品にて、之を携え之を着て何《いず》れの地を徘徊《はいかい》するとも、他の野民、その品物を認てその人の私有と為し嘗《かつ》て怪む色なし。又雨露《うろ》を凌《しの》ぐ為めに小屋を造るときは、その小屋を身に従えて動くこと能《あた》わず、且その身も常に小屋の内に在らずと雖ども、尚《な》おその人の私有たり。加之《しかのみならず》土地を墾開《こんかい》して芋《いも》を作れば、その土地は即ち之を墾開したる人の私有と為る。甲比丹《かぴたん》コック[3] 英国有名の航海家。千七百二十八年に生れ千七百七十九年サンドウヰチュ島に於て土人の為めに殺されたり。 ニウジーランドを発見せしとき、その土人[4]の有様を見るに、蠢愚《しゅんぐ》[5]にして且殺伐なること、人肉をも喰《くら》うに至れり。然《しか》れどもその田園には籬《かき》を作て各々常主ありしと云《い》う。又夷俗の野民に私有の弁別を知ること尚《な》おこれよりも密なるものあり。亜米利加の土人は各々群を成して、

1 **綢繆す**　たばねる。　2 **馴従**　馴れ従う。　3 **甲比丹コック**　ジェームズ・クック（一七二八―七九）。キャプテン・クックとして知られる。オーストラリア大陸およびニュージーランドを発見。　4 **土人**　原住民。　5 **蠢愚**　無知で愚かなこと。

一群毎《ごと》に定式《じょうしき》の猟場あり。固《もと》よりその場所は自然の山野にて、藩籬《はんり》[1]を設けたるにも非《あ》らざれども、自《おのず》から境界を立てゝ、此《この》群の私有たる猟場には、彼《かの》群の来て猟するを許さず。

文明の人民に於《おい》ては私有の弁別、愈々《いよいよ》繁にして愈々密なり。我衣服の我私有たるは、我身に之《これ》を着るを以て明《あきらか》なり。時計、銭袋《ぜにぶくろ》、小刀《こがたな》、鑰匙《やくし》[2]も、我懐中にあれば則《すなわ》ち我私有にて、人も亦《また》之を見て我私有たるを許す。往来にて人の懐中を掠攫《りゃくかく》[3]する者あらば、街卒《がいそつ》[4]又は路傍の人にても、之を見て偸児《とうじ》[5]と為《な》し直に之を捕うべし。時計、銭袋は身に附して動かすべき物なれども、家具、書画等の如《ごと》きは親しく身に附《つ》くること能《あた》わずして、常に之を家内に置くが故に、是等《これら》の物はその家に住居する人の私有とせり。外人若《も》し力を以て之を奪わんとし、或《あるい》は欺《あざむき》て之を取んとする者あれば、必ず之を防がざるべからず。是即《すなわち》ち巡邏《じゅんら》街卒の任なり。

私有に二種の別あり。一を移転[6]と云《い》い、一を遺転[7]と云う。移転とは此処《ここ》より移して彼処《かしこ》に転ずべき物を云う。金銭、商売品、家具、書画等の如《ごと》き、是なり。遺転とはその処を動かすべからずして他人へ遺《のこ》し伝うる物を云う。地面、家宅の如き、是なり。且《かつ》これを遺伝するには自《おのず》から政府の法律あり。移転品はその主人分明なるが故に、これを守護すること難からず。前条にも云える如く、人の懐中にある銭袋《ぜにぶくろ》はその人の銭袋たること亦疑《またうたがい》を容《い》るべきに非らず。

地面家宅の類は、その主人の主人たる証を顕《あら》わすこと移転品の如くに分明なり難し。家を買て代金を払うとも、終始その家に居てこれを守護すべきにも非らず、又これを携て動くべきにも非らず。故に国法を以て種々の証券を認《したた》め、金を出《い》だして買取りし家は、事実その買主の私有たることを明《あきらか》にせり。この証券を「タイトル・ヂーヅ」8と名づく。既《すで》にこの証券あれば、地面家宅等を買いし者も、これを頼で我私有を守護し、後日に至て故障の生ずべき患《うれい》なし。尚又この遺伝を固くする為《た》め、蘇格蘭《スコットランド》又はその他の国に於《おい》ても、「タイトル・ヂーヅ」の証券を国中布告の書に附録することあり。斯《かく》の如くすれば、仮令《たと》い証券を失い或《あるい》は之を焼失することあるも、右の布告書を以て証と為し、私有を失うことなかるべし。

地面家宅等の主人を定るには事稍《や》や繁雑に亘《わた》り、分明詳細の証書を用いざればその事情を尽すべからざることあり。譬《たと》えば三、四人にて一軒の家を持つが如し。固《もと》よりこの家は三個、四個に切るべき物に非らざれども、自《おのず》からその一人はその一部の主人なり。又地面を質にして金を借るときは、その金を貸《かし》たる者は地面の本主には非らざれども、一時その地面を支配すべき主人なり。こゝに一人の金主あり、又一人の地主ありて、金主、その金を地主に貸せども、地

1 **藩籬**　かきね。 2 **鑰匙**　かぎ。 3 **掠攫する**　かすめとる。 4 **街卒**　巡査。パトロール警官。巡邏も同じ。 5 **偸児**　どろぼう。 6 **移転**　動産。 7 **遺転**　不動産、または遺産。 8 **タイトル・ヂーヅ**　title deed（権利証書）。

面を買うことを欲せず、又は地主よりこれを売ることを欲せざれば、互《たがい》に約条を結び、今この地面を直に引渡すことなしと雖《いえ》ども、後日に至りその借金を返さゞるときに之《これ》を引取るべしとの趣《おもむき》を定るが故に、金主に於《おい》ては所謂《いわゆる》質物[1]を預かるなり。地主一《ひ》と度《た》びその地面を質入《しちいれ》するときは、又他に約条を結で先の金主を欺《あざむ》くべからず。この欺偽《ぎぎ》を防ぐものは即《すなわ》ち国法なり。

又国債の元金を以《もっ》て私有の産と為《な》す者あり。その法左の如《ごと》し。国に屢々《しばしば》戦争の事あれば、政府の借金も亦随《またしたがっ》て増加す。これを国債と云《い》う。この国債を償うには、国内の税額を以て之に当るより他に方便なしと雖《いえ》ども、その高《たか》非常の大金にして、一時の税を集るとも固《もと》より之を償うに足らざれば、法を定めてその利息のみを払い、元金は唯《ただ》年々歳々漸次《ぜんじ》にその一部を返すのみ。故に国民、私有の金を費さずして唯《ただ》その利息のみを得んと欲する者は、その金を政府に貸して国債の内に加入す。即ち国債の元金を所持するとは是《こ》れを云うなり。右の如く政府は唯利息を払うのみにて、必ずしも元金を返さゞれども、最初元金を出《い》だせる者にて一時に之を得んと欲すれば、元金所持の名目を他人に譲て現金に代ることを得べし。事は本編巻之一第十八葉〔本書二二頁〕に出

商人会社の元金を以て家産と為すものは又一種の別法なり。平人、私《わたくし》に会社を結で、鉄路を造り、港を築き、市場を開き、両替座を建て、水道を引く等の大事業を企るときは、国中の人、先《ま》ずその元金を出だし、事成り利生ずるに至れば、各々その元金を出だせる多寡《たか》に応じて利潤

を分配す。商社の元金を所持するとは即ちこの事なり。その法種々あれども、一般に元金所持の名目は、以て子孫に伝え、或《あるい》は以て他人に売るべきこと、他の物品に異なることなし。但《ただ》しその名目は、手を以て手に渡すべき実物に非《あ》らざれば、之を授受するに証書なかるべからず。事は本編巻之一第二十二葉〔本書二六頁〕に出

私有の種類に尚《なお》又一層の美を尽し繁にして且《かつ》密なるものあり。即ち発明の免許、蔵版の免許等、是《これ》なり。国法の趣旨は人の私有を保護し以てその勤工を助け成す所以《ゆえん》のものなり。世に新発明の事あれば之に由《より》て人間の洪益《こうえき》2を成すこと挙て云うべからず。故に有益の物を発明したる者へは、官府より国法を以て若干の時限を定め、その時限の間は発明に由て得る所の利潤を、独《ひと》りその発明家に附与して、以て人心を鼓舞するの一助と為せり。之を発明の免許《パテント》と名づく。譬《たと》えば爰《ここ》に一士人ありて、水の漏らざる布を製することを発明すれば、則《すなわ》ち国法に由て若干の時限の間は独りこの布を製して利を得べしとの免許を受け、この免許を以て私有の産と為す。抑《そもそ》も独り物を製して独りその利を専《もっぱら》にするは、壟断《ろうだん》の利を占めて他人の損を為すに似たれども、その発明に由て世の裨益《ひえき》たること大なるが故に、世間の為《た》めに謀《はか》りても、その所得は

1 **質物**　担保品。　2 **洪益**　社会全般にとっての利益。鴻益に同じ。

所損を償て遥かに余《あまり》あり。又書を著述し図を製する者も、之《これ》をその人の蔵版と為《な》して、独《ひと》り利を得るの免許を受け、以《もっ》て私有の産と為せり。之を蔵版の免許《コピライト》[1]と名づく。

勤労に別あり功験に異同あるを論ず[2]

力を勤労する者は、或《あるい》は物の形質を変じ、或は物の処を移して、その物の品位[3]を増加す。故にその増加したる品位は即《すなわ》ちその人の有なれば、その物を以て尽《ことごと》く自己の需用に供するか、又は力を労せし多寡《たか》に従てその一部を取るに於《おい》て妨《さまたげ》あることなし。

右の如《ごと》く、力を勤労して従て生ずる所の功は、その勤労の多寡に従て大小あるが故に、その労を半《なかば》にしてその功を倍すべからず。譬《たと》えば爰《ここ》に一匠ありて、至当の術を以て一脚の椅子《いす》[4]を作るときは、他の拙匠これに倣《なら》い、更に力を省て同様の椅子を作らんとするも、決して成るべきの理なし。故に椅子の価《あたい》は同時同処に於て常に同様ならざるを得ず。且《かつ》又椅子に於ては自《みず》からその数を倍加するの力なし。刊行の書類等に相反対せるを云う[5] 故に是等《これら》の職人は自《みず》から一種の全権ありて恰《あたか》も壟断《ろうだん》を私するが如し。その故は天下の衆匠、椅子を作るに、この職人の作るよりも価の廉《れん》なるものなく、この廉価を以てこの椅子《いす》を作るものは、独《ひと》りこの職人のみなればなり。力役《りきえき》の景況は斯《かく》の如しと雖《いえど》も、心を労して発明と工夫とを勤むるものに於ては、その事情全く相反せり。発明工夫は元《もと》と無形にして知識より生ずるものなり。知識とは人身体中無形の部分たる精心の変動なり。精心一《ひ》と度《た》び動て知識を生ずれば、即ちその精心に品価〔位〕を増すと雖ども、その品価の位する処は無形物なれば、これを以てその人の私有品と為すべからず。或は又仮に之を私有品と定るとも、事実その人の用を為さず。且又精心の変動に由《よ》て生ずる所の智識は、唯《ただ》その本人の思慮に感ずるのみにて、蔵《おさめ》て之を匿《かく》せば他人の見聞すること能《あた》わざるものなり。是《これ》即ち力役と心労とその趣《おもむき》を異にする所以《ゆえん》なり。

　事物の変化する所以の理を窮《きわ》めてその定則を発明せんとするには、非常の才力を尽して時を費し財を散ずるに非《あ》らざれば、その極に至り難しと雖ども、一旦この定則を発明するときは、凡庸《ぼんよう》の人物にても之を伝え習うことを得べし。爰に人あり、一理を発明して之を隣人に告《つぐ》れば、忽《たちま》ちその人の精心を動かして智識を生ず。隣人又これを他に伝うれば、一時の間に千人の心を動かして又その知識を生じ、千は万に伝え、万は億に伝う。殊《こと》にこの発明を書に記して版本と為すときは、その伝習の倍加すること更に際限あることなし。故に始て事物の

1 **コピライト**　copy right 著作権。版権。 2 **勤労に……論ず**　ウェーランド『経済書』からの抜粋。同書については解説注（5）本書三五一頁参照。 3 **品位**　価値。 4 **椅子**　原書ではテーブル。 5 **刊行の……云う**　福澤による訳注。

理を発明するの勤労と、その発明を聞て之を他に伝るの勤労とを比較するときは、その難易、年を同《おなじ》うして語るべからずと雖《いえ》ども、その発明を私《わたくし》すべからず、又之《これ》を買売《ばいばい》して独《ひと》り壟断《ろうだん》の利を占《し》むるの方便なし。その故は、一旦人の知識に由《より》て発明することあれば、その知識を取て人に伝うるには固《もと》より勤労を費すに足らず。之を伝え又之を伝えて、その数の一時に倍加すること限《かぎり》なく、遂《つい》に買売の価《あたい》を失うに至ればなり。

右の如《ごと》く精心を以《もっ》て産する物は、その需用、供給、勤労、報酬の趣《おもむき》、全く尋常の物に反対するが故に、常則を以て之を制すべからず。然《しか》りと雖《いえ》ども無形の産物たる発明工夫は、以て国家の大益を起し世人の幸福を増すべき至大至重のものなれば、経済学に於《おい》ては、自《おの》ずからこの産物を処置する法ありて、その発明家をして労すれば随《したが》って必ずその報《むくい》を得せしめり。

文明国に於ては、無形の産物たる発明工夫の、以て人間の洪益《こうえき》を成し、且《かつ》その発明家なる者、動《やや》もすれば労して報を得ざるの弊あるを察して、乃《すなわ》ち法を設け、この類の勤労を為《な》せし者へも必ず至当の報酬を得せしむるの処置を為せり。即《すなわ》ち蔵版の免許、発明の免許の如き、是《これ》なり。著述家、発明家は、唯《ただ》この法のみに依頼してよくその知識の産物を処置し、之に由て利潤を受ることを得るなり。若《も》し然らざるときは、書を著し物理を発明するとも、その心を労して得る所の報は定式《じょうしき》のものなくして、唯世人の志《こころざ》しにて傍《かたわら》よりその功労を思い、聊《いささか》之に附与する所の褒賞《ほうしょう》のみなるべし。大凡《おおよそ》天下の人に功あれば、その事業、有形の産物に係《かか》ると雖ども、その物に由て利潤を取り、又従て褒賞《ほうしょう》をも得べし。然《しから》ば則《すなわ》ち心を労して無形の物を産するとも、独りその褒賞を得るのみにて、常式《じょうしき》の利潤を得ざるの理なし。

右の議論を推《お》して考れば、尚《な》お又力役《りきえき》と心労との間に一種の区別あり。力役に由て産するものは実物なれば、その多寡《たか》に限《かぎり》あり、その価に定《さだめ》ありて、之を他国に輸出するときは、その価に適当すべき他品と交易すべきが故に、一国中に農、工、商の業を勤めて産物を多くすれば、その国必ず富を致すと雖ども、無形の産物は之に異なり。人の知識は他国に輸出して他の実物と交易すべきものに非《あ》らず。且爰《ここ》に一片の知識あれば、之を伝え之《こ》れを習うて忽《たちま》ちその類を倍加し、諸人の需《もとめ》を飽かしむるに至るべし。故に一国の人民、尽《ことごと》く学者先生にて、窮理《きゅうり》、発明、その他教授の業にのみに従事して、他の産業を修ることなくば、その国民、富を致さゞるのみならず、遂《つい》には飢渇《きかつ》の窮に陥入《おちい》るべし。元来是等の職人学者を云うに由て産する物知識を云うは、他の職業に合せざれば嘗《かつ》て功用を為さずと雖ども、他と相合して此彼《しひ》相助るときはその功最も大なり。之を譬《たと》えば、心を労する者は猶《な》お蒸気の如く、力を役《えき》する者は猶お機関の如し。機関の仕掛宜《よろ》しきを得て之に蒸気の力を施すときは、その功験実に人の耳目を驚かすと雖ども、機関を除て独りその蒸気を放てば唯空中に飛散するのみ。又機関の部分を解くときは、その材料を以て粗糙《そぞう》の用に供すべからざるに非らざれども、蒸気を以て真にその作用を起さゞれば、之《これ》を無用の長物と云《いい》て可なり。

右の故を以《もっ》て、世上の職業、各々その類を異にすと雖《いえ》ども、互《たがい》に相助けざるべからず。万物の理を窮《きわ》めてその定則を知る者なければ、蛮野《ばんや》の民たるを免《まぬ》かれず。器械の用法に巧《たくみ》なる者なければ、知識を研《みが》くの方便なし。或《あるい》はその知識あるも、之を実用に施すべからず。故に世人、或はその先入する所、主となりて、心を労する者も力を役《えき》する者も、互《たがい》にその職業を軽侮《けいぶ》することなきに非《あ》らざれども、無謂《いわれなき》の甚《はなはだ》しきものと云《い》うべし。事実に於《おい》てこの両様、毫《ごう》も軽重の別なし。双方互に力を戮《あわ》せ、好合調和、以て物産の道を進め、世の便利を達し、人の幸福を増すは、豈《あに》人間の一大美事ならずや。

発明の免許《パテント》[1]　○往古《おうこ》世にこの法あるを聞かず。方今《ほうこん》も欧羅巴《ヨーロッパ》、亜米利加《アメリカ》のみにて、他国にはこれなし。英国に行わるゝことは最《もっ》とも旧《ふる》しと雖ども、僅《わず》かに二百余年のみ。仏蘭西《フランス》にては千七百九十一年を始《はじめ》とす。亜米利加合衆国にても千七百九十六年始てこの法を建て、その後千八百六十一年これを改正せり。この法の趣意は、世の士君子、新奇有用のものを発明して之を秘することなく、世上一般の裨益《ひえき》を為《なさ》んが故に、世人も亦《また》報恩の為《た》めに暫時《ざんじ》の間、発明の利潤を独《ひと》りその発明者に附与して専売の権を執《と》らしむる所以《ゆえん》のものなれば、恰《あたか》も世上一般の人と発明家と約条を結ぶが如《ごと》し。故に発明家もその免許を受るに、欺《あざむき》て発明の秘蘊《ひうん》を匿《かく》すときは、国法の趣旨に戻《もと》り、又この免許を与うる政府に於ても、既《すで》に世間に行わるゝ陳腐の事を採用して専売の権を附与することあらば、法の行わるゝことなかるべし。畢竟《ひつきよう》政府の目的とする所は、世間一般の為めを謀《はかり》て、発明家に専売の大利を許し、人心を鼓舞して世に有益の発明多からしめんとするに在り。その法、世の士君子、窮理《きゆうり》、舎密《せいみ》、器械学等を研究して、新奇有用の物を発明することあれば、その次第を書に記してこれに品物の図を添え、或は又図を以て解し難きものはその雛形《ひながた》を造りて、その書面に発明者の姓名を記し、これを「パテント・オフヒシ」[2]と云える発明免許の官局に出して点験を請《こ》う。この局には年来免許を請いし種々の機関器械、文具武器、衣服冠履、織物模様等、千万の絵図雛形を排列し、新《あらた》に免許を請うものあれば、その品物を局中在来の諸品に比較して、未曾有《みぞう》の新工夫なるときは、則《すなわ》ち局の証書を与え、その品物を製して独り之を売ることを免《ゆる》す。但《ただ》しこの免許を受る年限の長短に従て、官に納る税の多少あり。その割合、亜米利加にては、三年半の免許を受るには税銀十「ドルラル」、七年なれば十五「ドルラル」、十四年なれば三十「ドルラル」を

1　**発明の免許**　*The New American Cyclopedia*（前掲）の該当項目から一部分を挿入。　2　**パテント・オフヒシ**　patent office（特許庁）。

定《さだめ》とす。又新《あらた》に工夫を始めたれども、之《これ》を試験して成功に至るまでは、多少の時日を費すべくして、その間に同様の発明を以《もつ》て免許を請《こ》う者あらんことを恐るゝときは、その工夫の次第を記して官局に訴え、預《あらかじ》め之を防ぐことを得べし。これを「カフヒート」と称す。「カフヒート」は預防《よぼう》の義なり。既《すで》に預防の書を局に納るときは、局中にては之を秘して人に示さず、若《も》しその後一年の内に同様の発明を以て免許を請う者あれば、先人の納め置きし預防の書を以て前後の証と為《なし》て、その免許を与うることなし。この預防を請うには一年の税銀十「ドルラル」を以て定とす。既に一年を経て尚《な》お未《いま》だその工夫を遂《と》げざるときは、又十「ドルラル」の税を納めて一年の期限を延ばすべし。又免許を得ざる物へ免許の記号を附け、或《あるい》は免許を得たる人の名を盗んで贋物《にせもの》を製する者は、その偽物一個毎《ごと》に百「ドルラル」の過料を払わしむ。都《すべ》て発明の免許を与うるには、公平にして偏頗《へんぱ》なきを主とするが故に、その官局に参《あず》かる吏人は発明工夫を以て躬《みず》から免許を受るを禁ぜり。○英国にて発明の免許を受るの法は、先《ま》ずその発明の次第を官局に告てより、六月の間は税を納ることなくしてその専売を許し、この間に免許を請うの利害得失を試ることを得せしむ。その発明の器品、果してよく世に行わるゝに付き、免許を受るを以て便利なりとする者は改て之を請い、専売の期限十四年の免許を得べし。且《かつ》又この十四年を三期に分ち、先ず二十五「ポント」を納めて初期三年の税と為《な》し、三年の期、終れば又五十「ポント」を納めて次期四年の税と為し、四年終れば又百「ポント」を納めて末期七年の税と為す。合して十四年なり。斯《かく》の如《ごと》く期限を分つ所以《ゆえん》は、一旦免許を受たる者も、その専売の利潤少なければ中途にして之を廃することを得せしめんが為《た》めなり。方今《ほうこん》英国にて発明の免許を与うること、毎歳二千人に近しと雖《いえ》ども、多くは中途にて廃止し、その七年の期を越えて尚お持続する者は僅《わず》かに二百人に過ぎずと云《い》う。

蔵版の免許《コピライト》[1]　○この法は著述家をして独《ひと》りその書を版本に製して専売の利を得せしむるものなり。往古《おうこ》の法は唯《ただ》有形の物を以て人の私有と定めしが、爾後《じご》人の知識を以て産する無形物にても自《おのず》から実価を得るの風俗とはなりたれども、稍《やや》近代に至るまでも、国法に於《おい》て未だその詳《つまびらか》なる規則を掲示するに至らず。千七百六十九年、英国に於て遇《たま》ま蔵版のことに付《つき》事故を生じ、蔵版は永代著述家の私有と為《な》すべきや、又はその年期を限るべきやとの議論ありて、遂《つい》に議事院の評議に従い、年限あるものと定め、その年限の間は国法を以て著述家

1　**蔵版の免許**　*The New American Cyclopedia*（前掲）の該当項目から大略を挿入。

に専売の権を附与せり。千八百四十二年、尚《な》お又この法を改正し、著書専売の期限は著述の年より計《はか》て四十二年を限《かぎり》とし、この期限を終てその著述家存命なれば、存命中は尚お之《これ》を許せり。書を著す者は先《ま》ずその書名、著述の年月、著述家の姓名住所を出版の会所に告げ、出版の後《のち》一月の内にその版本一部を博物館に納め、その他国内四ヶ所の大学校へもこれを納めしむ。○合衆国に於《おい》ては千八百二十一年、蔵版免許の法を改め、著述家の専売は二十八年と定め、この期限の後も十四年の間はその本人又は妻子にて著書を再版して専売の利を占《しむ》ることを得せしむ。即《すなわ》ちその年限は前後合して四十二年なり。仏蘭西《フランス》、白耳義《ベルギー》にては、年限に拘《かか》わらず著述家の生涯とその死後二十年の間相続の者へ専売を許す。バフハリヤ、[1]ウルテンボルフ、[2]その外《ほか》日耳曼《ゼルマン》列国にては、著述家の死後三十年の間これを許す。澳地利《オーストリア》は伊多利《イタリア》の諸国と条約を結で、双方の国々にて書を著すものあれば、その遺稿にても四十年の間は相続の者へ開版専売を許す。魯西亜《ロシア》にては、著述家の生涯と死後二十五年の間これを許す。英国にて蔵版の免許は、書籍のみならず地図、新聞紙等、その他彫刻の像も、皆一類とせり。合衆国にても大同小異、書籍、地図、標目の掛物《かけもの》、楽譜等、都《すべ》て彫刻の版類、皆これに属す。合衆国に於て蔵版の免許を請《こ》うの法、著書を開版せんとすれば、先ずその書名を記して著家住所の官局へ告げ、蔵版の税として一部の書に付半《つき》「ドルラル」を納め、免許の手数銀として又半「ドルラル」を払う。既《すで》にこれを開版すれば、開版後三月の内にその版本一部を官局へ納め、その他「スミソニヤン」[3]と云《い》える書庫へ一部、議事院の書庫へ一部を納む。然《しか》る後は国法を以《もっ》てこの蔵版を守護し、国内に偽版を作るものなし。又国法を犯し官に告げずして開版する者あれば、その売弘《うりひろ》めし版本の紙数一帖に付半「ドルラル」ずつの過料を取り、且《かつ》その偽版者の手許に在る版本を尽《ことごと》く没入す。これは活字版の書なり 又彫刻の版木なればその版木を没入《ぼつにゅう》し、且その版本の紙数一帖に付一「ドルラル」ずつの過料を取る。又蔵版の免許を受けざる書を、偽《いつわり》てこれを受けたるものと記すときは、仮令《たと》いその版本を売買せざるとも百「ドルラル」の過料を取る。又千八百五十六年の法例に拠《よ》れば、戯作《げさく》狂言[4]の著述にも蔵版の免許ありて、その著述家の承諾を得ざれば之を戯場に施すを許さず。若《も》し然《しか》らずして他の作を盗み私《わたくし》に戯場を設るものあれば、初てこれを犯す者には百「ドルラル」の過料を取り、次に之を犯す者には五十「ドルラル」の過料を取る。〇英国政府に於て自国の著述家を保護せんが為《た》め、千八百三十八年、議事院の評議に従い、各国と約条を結で互に蔵版免許の法を守らん

1 **バフハリヤ**　バワリヤとも。ババリア。ドイツ南部、バイエルン地方。　2 **ウルテンボルフ**　ドイツ南部、ビュルテンベルク地方。　3 **スミソニヤン**　ワシントンのスミソニアン研究所の図書館。　4 **戯作狂言**　演劇等の脚本。

との説を立て、仏蘭西《フランス》、普魯士《プロシア》、サクソニー[1]、ハノウフル[2]、ブロンスウヰツク[3]等の諸国はこの説を採用し、この国々にて書を著す者には、各国互《たがい》に免許を与えて専売の権を妨《さまたぐ》ること勿《なか》らしめり。但《ただ》しその書を互《たがい》に輸入するとき相当の税を取るのみ。合衆国にても英国の説に従い、互に蔵版の法を守らんとし、既《すで》に千八百五十四年、ヱドワルト・エウレット[4]外国事務執政のとき、殆《ほと》んどその約条を結ばんとするに至りしかども、上院の内に異論ありて、今日に至るまで未《いま》だその事を遂《と》げずと云《い》う。

私有を保護する事

国法を以《もっ》て人の私有を保護すれば、国中貧富の別なく皆その恩沢《おんたく》を被らざるものなし。或《あるい》は又富豪の勢《いきおい》に乗じて暴行を恣《ほしいまま》にし不正を行うの弊なきに非《あ》らざれども、この弊は元《も》と私有を保護するが為《た》めに生じたるものに非《あら》ず。畢竟《ひっきょう》他の法度《はっと》に欠典あるを以《もっ》て然《しか》らしむるものなり。良政府の下に於《おい》ては、一人富を致せば衆人その福を共にす。仮令《たと》い卑賤《ひせん》の小民たりとも、自個の利益を謀《はか》るを知らば、私有保護の趣意を誤解する勿れ。小民の自《みず》から衣食を給してその不幸を免《まぬ》かるゝ所以《ゆえん》は、唯《ただ》富人の有余《ゆうよ》を仰ぐにあらずや。

私有を保護するに、その処置の第一着は、先《ま》ず人の勤労を保護すべし。ワットが蒸気機関を工夫し、ラフヒール[5]が絵を画《えが》き、ミルトン[6]が詩を作りし如《ごと》く、この世に功あるものは、世人その功に報い、自個にその報《むくい》を得べし。概して之《これ》を云えば、心力を労して従て生ずる物あらば、その物を躬《みず》から所持し、或は之を売て価《あたい》を取るに、他より之を妨るの理なし。故に勤労を保護するとは、即《すなわ》ちその勤労に由《より》て生じたる私有品を保護することなり。譬《たと》えば職人の給料はその私有なり。

人々心力を労し従てその報を受るの正理たるを論ずるは、修心学の趣旨なり。経済学に於て論ずる所は、世の形勢、斯《かく》の如く正理に赴くを得ば、必ず一般の為めに利益あるべき所以を示すのみ。人若《も》し世の為めに功を立てゝその報酬を得るの目的なくば、何人《なんぴと》か徒《いたずら》に力を労せんや。

1 サクソニー　ザクセン侯国。現在はドイツ連邦領。**2 ハノウフル**　ハノーウルとも。ハノーファー侯国。現在はドイツ連邦領。**3 ブロンスウヰツク**　ブロンスウヰーキとも。ブルンスウィック侯国。現在はドイツ連邦領。**4 ヱドワルト・エウレット**　エドワード・エヴァレット（一七九四―一八六五）。一八五四年当時の合衆国国務長官。**5 ラフヒール**　ラファエロ（一四八二―一五二〇年）か。ルネッサンス期のイタリア人画家。ヴァチカン宮殿の壁画等の傑作を多数描いた。**6 ミルトン**　ジョン・ミルトン（一六〇八―七四）。英国の詩人。『失楽園』で有名。ピューリタン革命にも参加し、またクロムウェルの共和政府にも参与した。

世に功を立る者なきは即《すなわ》ち世間一般の損亡ならずや。人或《あるい》はこの議論を以《もっ》て私欲を行わんとするの辞柄《じへい》[1]なりと云《い》う者あれども、固《もと》より無根の妄言、その弁解を俟《ま》たず。人をして世の為《た》めに功を為《な》さしめ従て至当の報《むくい》を得せしむるに於《おい》て何等の妨《さまたげ》あるべきや。決してこれを私欲と云うべからず。大凡《おおよ》そ人として一身の俸養を為し又その妻子に衣食を給するは天下の通理なり。今この国に生れて大功を立る者あれば、これに由《より》てその国益を成すのみならず、自《おのず》から一家の産を起し、その子孫をして飢寒《きかん》の患《うれい》を免《まぬ》かれ、不羈《ふき》独立の活計を遂《と》げしむべければ、一挙して公私両様の幸福を成すものと云うべし。抑《そもそ》も労して報《むくい》を得んとするの心は、果して理の当然に出《いず》るものか、又は然《しか》らざるか、姑《しばら》くその是非邪正の論を置き、試《こころみ》に見よ、天下古今の人類、誰かこの心意なきものぞ。今若《も》し強《しい》てこの心なからしめんと欲せば、宜《よろ》しく不食不眠の人に就《つい》てこれを責むべきのみ。

故に心力を労してその報酬を受るは確乎《かっこ》不抜《ふばつ》の正理なれども、その報酬を我私有と為すのみにして之《これ》を他に分与すること能《あた》わざれば、未《いま》だ私有の趣意を尽すに足らず。現に有功の者に非《あ》らざるの外《ほか》は決してその報酬の賜《たまもの》を与《とも》にすること能わざるものとせば、或《あるい》は之を受けてその益なし、猶《な》お食て味なきが如《ごと》し。且《かつ》又斯《かく》の如くなるときは、その心力を労する者も唯《ただ》一身の私欲に役《えき》せらるゝものと云《いい》て可なり。故に家産を積で子孫に遺《のこ》すも私有を自由にするの趣意にて、これを人生最後の自由と云う。人若しこの自由を失い、遺物[2]を子孫に伝うるの目的なくば、唯《ただ》存命の間に忙《せ》わしくその私有を処置せんとし、之が為め遂《つい》には風俗を乱《み》だり国法を破るの弊を生ずべし。世上或はその例なきに非らず。

心力を勤労して家産を起したる者は、生前死後共に之を自由に処置し、之を人に伝うることを得るが故に、之を受る者も直に我私有となし、自由に之を処置することその先人に異なるなし。〇人の遺物を伝うるに最も妨《さまたげ》なきものはその子なり。子なきものはその近親に与うるも亦《また》可なり。是即《これすなわ》ち自然の人情なれば、文明国に於ては、人の死期に当て遺言なき者と雖《いえ》ども、死後の遺物を処置するに当《あた》ては、死者の心を推して之を至親の者へ伝うるを以て定例とせり。加之《しかのみならず》某国にては子なき者、一旦その家産を他人に譲るとも、その後に子を生むときは、則《すなわ》ちこれを取返して実子に与うるを許せり。又各国に於て人の産を妻子に遺《のこ》さずして他人に与うるは国法の禁ずる所なり。

私有の産を自由にすること度に過れば、国民一般の利益を妨《さまたぐ》るの弊あり。国民一般の利益を重んずること度に過れば、私有の趣意に害あり。両様の間に至当の境界を立つるは一難事なれ

1 辞柄　口実。　**2 遺物**　遺贈品。遺産。

ども、文明国に於《おい》ては稍《や》やその紀律を設けり。第一には私有の産に富むと雖《いえ》ども、その富有の威光を自然に任して度に過ることなからしめ、第二には人民を保護して富有の威光に苦しめらるゝこと勿《なか》らしむるを趣旨とせり。世間に富を致す者あれば、その勢《いきおい》に乗じて同類の人を売奴《ばいど》の如《ごと》くに仕役《しえき》するとも妨《さまたげ》なく、この悪習を以《もっ》て一般の風俗を成せる国あり。昔年《せきねん》仏蘭西《フランス》に於て騒乱の前には、国に貴族なる者ありてその富有最も盛《さかん》なりしが、私有の土地を領して税を出《い》だすことなし。然《しか》るに貧窶《ひんく》の小民は却《かえっ》て私《わたくし》の税を納るのみならず、又この貴族の為《た》めに空しく仕役せられたり。是即《これすなわ》ち富有の威光を自然に任せずして適度を過ぎたる一例なり。英国に於ては決してこの悪習なし。

前論斯《かく》の如しと雖ども、富有の威光を自然に任し、その力を逞《たくまし》うせしむるのみにて之《これ》を監察することなくば、亦《また》以て不正暴行の柄《もと》となるべし。貧にして悪心ある者は、賄賂《わいろ》を貪《むさぼり》て人を惨《ざん》殺《さつ》し、或《あるい》は偽《いつわり》て自《みず》から証人と為《な》り、私《ひそか》に人の悪を助くる等を以てその常習とせり。今伊多利《イタリア》、葡萄牙《ポルトガル》の一貴族、他人と不和を生ずるときは、金を以て刺客《しかく》を買い、私《わたくし》にその仇《かたき》を殺すこと甚《はなはだ》容易なり。土耳格《トルコ》及びその他東洋諸国に於て、裁判所に訴訟の事あれば、富人は常例に従て金を出《い》だし、偽証の人を用いて常にその公事《くじ》に勝ち、貧者は常に曲《きょく》を蒙《こうむ》らざることとなし。魯《ロ》西亜《シア》に於ても裁判所の吏人、動《やや》もすれば賄賂を受けて不公平の処置を為すことあり。我《わが》英国に於て斯《かか》る不正の事あらば、その事に関係せる者は尽《ことごと》く罪人として必ず刑に処せらるべし。

私有を保護するときは、貧人も共にその徳を被るとのことは前既《すで》に之を論じたり。家産に有余なく又不足なき者は、固《もと》より人に物を分与する能《あた》わざるが故に、貧にして不幸に逢《あ》う者は唯《ただ》富有の余《あまり》を仰で一時の難を免《まぬ》かるゝのみ。是即ち文明諸国の風俗にて、私有を貯蓄するの徳沢《とくたく》なり。私有を保全するは国の為めに一大緊要事なれども、人の生命を保全するに至てはその事更に又重大なり。故に窮民をして餓死の難を免かれしめんが為め、救窮の法を設けり。その法は前段にも記載せる如く、有余の財を以て不足の窮を救うの趣意なり。

私有を保護せんとするときは、随《したが》て又その冗費《じょうひ》あり。国に私有の財少なければ、裁判所の吏人、市中の街卒《がいそつ》、獄屋の数をも、これに準じて減少すべし。元来裁判刑獄の法を設るに、その冗費は悉《ことごと》く国中の税額より出《いず》るが故に、私有を貯《たくわ》うること最も多き者は、税を納ることも最も多かるべきの理なり。蓋《けだ》し裁判刑獄の徳沢を被ること最も多き者は、私有を貯ること最も多き者なればなり。この理を推《お》して考れば、飢寒《きかん》に苦しむ小民は、動《やや》もすれば他を害するが故に、国に救窮の法を設るときは、富豪の人も亦共にその徳沢を被るの理なり。又人民教育を被り、風俗文明に赴きて、人々私有の趣旨を知り、一身の職分を弁ずるときは、之が為め国中富豪の人の利益を為すこと、挙て云《い》うべからず。故に是等の趣意を以て税を納め金を費すは、富人に於《おい》て固《もと》より当務の職分と云《い》うべし。

抑々《そもそも》富有の人は唯《ただ》国法に従うのみを以《もっ》てその処置を尽せりとすべからず。法の禁ずると否《いな》とに拘《かか》わらず、都《すべ》てその私財を処置するには、宜《よろ》しく躬《みず》から悪意を除き他人を害することなきを以て先務と為《な》すべし。是即《これすなわ》ち富人の利益のみならず、或《あるい》はその職分と云《いい》て可なり。元来私有の財を保護するは国中一般の便利とは雖《いえ》ども、主としてその保護を受るものは富人なり。故に国中一致して他の富有を保護すれば、その保護を蒙《こうむ》るものも亦《また》その恩を謝し、世上一般の為《た》めに善を施さゞるべからず。国内の富人よくこの趣旨を体し、富を以てその地位と威権とを得れば又従てその責に任ずべき所以《ゆえん》の理を知るときは、その国常に安全ならざるはなし。

私有の利を保護する事

凡《およ》そ私有は何品にても之《これ》を他人に貸せばその報《むくい》として物を納るを常とす。即ちその物は私有を貸したる人の利潤なり。家を以て私有とする人の利潤は家賃なり。船を以て私有とする人の利潤は船賃なり。又金を以て私有とする人はその金を貸して利息を取るべし。但《ただ》し利息の多少は時の事情に由《より》て一様ならず。

商売の利とは、元金を用いて物を買売《ばいばい》し、従て得る所の利潤なり。この利潤を生ずる所以の原因は、多くは元金の多少に在らずしてその人の労逸《ろういつ》に関係するが故に、或は之を勤労の報と云て可なり。但し金銭の利息、地代、家賃等の如《ごと》き私有品に由て生ずる所の利潤は、全くその趣《おもむき》を異にし、その主人は嘗《かつ》て心力を用いず何等の功労なしと雖ども、その物品より自《おのず》から利を生ずべし。都《すべ》て私有品を貯《たくわう》れば、その人は何人《なんぴと》たるを問わず、その物は何品たるを論ぜず、唯その物を用るに由て銭を得るなり。

開化を被りたる国[1]に於《おい》ては、私有に属する利潤は必ずその主人に附与せり。その法公正にして且巧《かつたくみ》なりと云《い》うべし。前既《すで》に論ぜし如く、私有の産は産を起したる本人に属すべく、又その本人より之を他に与うれば則《すなわ》ち又その人の私有と為るが故に、その私有に由て生ずる所の利潤も、本《もと》の私有と共に帰する処を同《おなじう》すべきの理なり。若《も》し然《しか》らざるときは、私有も甚《はなは》だ貴《たつとし》とするに足らずして、自《おのず》から之を得んが為《た》め勉強する者少く、遂《つい》には国益の基本たる人生の勤労を衰えしむるに至るべし。抑々《そもそも》私有に由て生じたる所の利潤も、元《も》と人為を以て人に奪いしものならば、之をその主人に附与せんとするは理に当らざるに似たれども、その生ずるや決して人為

1　**開化を被りたる国**　文明の開けた国。

に非《あ》らず、恰《あたか》も天然の理を以《もっ》て私有なるものへ実を結びたるなり。然《しか》ば則《すなわ》ち誰かこの実を取るべきや。その私有の主人に非らざれば他にその人なかるべし。

地代は一種の利潤にて、自《おのず》から一種の事情あり。凡《およ》そ世上の私有品は、その品物を用い又従て心力を労し、以《もっ》てその物の品位を増すと雖ども、地面に於《おい》ては然《しか》らず。地主に一毫《いちごう》の功労なくして俄《にわか》に地代の騰貴《とうき》することあり。蓋《けだ》しその故は、人口増加し耕作の業盛《さかん》なるに由《より》て然らしむるものなり。譬《たと》えば爰《ここ》に一島ありて、嶋の沃土《よくど》1のみに産する穀物にても島の人口二倍を養うべく、その瘠地《せきち》2をも耕さば三倍の人口を養うべきときは、その島に居て地面を所持するとも嘗《かつ》てその品位なし。之《これ》に反して島の人口次第に増し、良田のみを耕すときは僅《わず》かにその人口の食を給するのみにて少しも余なければ、漸《ようや》く瘠地を求めて耕す者あり。人口尚《なお》又増加して、初めは卅《さんじゅう》「シルリング」を以て一俵の麦を買いし者も、四十「シルリング」を投じて之を買わんとするに至れば、人皆争て薄田《はくでん》3瘠地を求め、耕作を業とする者、日に多し。然《しか》るに瘠土を耕すと沃土を耕すとはその労逸甚《はなは》だ異なりと雖《いえど》も、産したる麦の価《あたい》は同様なるが故に、人皆金を出《い》だして沃土を耕さんことを好むべし。是即《これすなわ》ち地主に一毫《いちごう》の労なくして利潤を得る由縁《ゆえん》なり。

故に地面を買てその地に品位を増すときは必ず利潤なかるべからず。所謂《いわゆる》地代なるもの是なり。地代の利は人為の国法を以《もっ》て定めたる者に非らず、天然の然らしむる所にて、猶《な》お水の低《ひくき》に就《つ》くが如《ごと》し。[4] 国法の主宰[5]は、唯《ただ》その地面の主人を定め、その授受売買の規則を正《た》だすのみ。抑《そもそ》も些少《さしょう》の功労もなくして地代の利潤を一人に附与するは理なきに似たれども、その来《きた》る所を尋れば元《も》と人の物を奪いしにも非らず、亦《また》他人の力を労役せしにも非らざれば、前条にも記載せる道理に従い、之をその主人に与うるを以て至当の処置となせり。

西洋事情　外編　巻之三　終

1・2 沃土・瘠地　収穫の多い土地、少ない土地。肥沃な土地とやせ地。**3 薄田**　収穫の少ない田地。**4 水の低に就くが如し**　自然の勢いの止めにくいことのたとえ。『孟子』梁恵王、上にある言葉。**5 国法の主宰**　国がもっぱら法定すべきこと。

西洋事情 二編（抄）

例言

○西洋事情初編の第一巻に於《おい》て、先《ま》ず政治、収税法、国債等の数箇条を示し、以《もっ》て本編の備考に供したれども、畢竟《ひっきょう》、唯梗概《ただこうがい》[1]一斑の紀事[2]のみにて、未《いま》だ利害得失の議論を詳《つまびらか》にせりと謂《い》うべからず。蓋《けだ》し我邦に於て始て英書を翻訳するや、その事業固《もと》より容易ならず、加之《しかのみならず》、現今当務の要を挙げ、学者をして早く外国の事情に通ずるを得せしめんとするに急なれば、自然疎《そ》漏《ろう》の譏《そしり》を免《まぬか》れず、又この譏を顧るに遑《いとま》あらず、匆々《そうそう》筆を走らし、聞見の実録と諸書の撮訳とを揮写《きしゃ》して、数十葉の寥々《りょうりょう》[3]たる紙面に、千百般の堂々たる事件を載せり。故に学者、之《これ》を読で事の梗概を窺得《きとく》するも、遂《つい》に未だ真味を嘗《な》め佳境に入るに由《よし》なし。恰《あたか》も堂に上《のぼり》て尚《なお》室に入らざる[4]が如《ごと》し。故に或《あるい》はその解を誤らんも計るべからず。その甚《はなはだ》しきは或は不解を以て解と為《な》さんも知るべからず。余これが為《た》めに恐れ、因《より》て今爰《ここ》に彼《かの》法律書、経済書等の中より撮訳して、先ず人間の通義 英版[5]ブラッキストーン氏の英律[6]を抄訳す 及び収税論 亜版[7]ヱーランド氏の経済書[8]を抄訳す の二箇条を挙て、その議論の詳なるを示し、以て第二篇の備考に供す。学者、宜《よろ》しくこの二条を初篇の備考及び外篇 三冊去年開版 の議論に参合して、逐漸《ちくざん》[9]、彼国《かのくに》の風俗事情を知り、本篇中各国の史記、政治等の箇条を読で、新奇不審と思う事もあらば、等閑《なおざり》に之を看過《かんか》することなくして、顧て備考に就《つ》き、丁寧反覆、互《たがい》に相照らして、その事の由《よっ》て来《きた》る所以《ゆえん》の沿革を察し、その物の由て生ずる所以の源因を詳にせば、則《すなわ》ち以て大なる過《あやまり》なきに庶幾《ちか》からんか。但《ただ》し第二篇も初篇の体裁を改めず、全篇三冊の内、第一冊を以て備考と為し、その紙葉に限《かぎり》あれば、初篇備考中の諸箇条を尽《ことごと》く詳論する能《あた》わず。故に唯その首《はじめ》の二条を掲示するのみにて、余は之を第三篇に譲り、亦《また》以てその備考に供すべし。

○普天《ふてん》の下《もと》、卒〔率〕土の浜《ひん》、[10] 均《ひと》しく是《こ》れ人類なれば、その天然の性情は億兆皆同一軌[11]なりと雖《いえど》も、その国体風俗に至ては則《すなわ》ち然《しか》らず。此《こ》の所軽を彼に重んじ、彼の所重を此《これ》に軽んずるの差異なきに非《あ》らざれば、彼の常言[12]も我耳に新しきことありて、洋書を翻訳するに臨《のぞ》み、或は妥当《だとう》の訳

1 梗概　大略。あらまし。　**2 紀事**　記事。　**3 寥々**　数少ない。もの寂しい。　**4 堂に上て尚室に入らざる**　堂の上にはあがったが、奥の部屋までは入っていない。転じて、学問、技芸が奥義にまでは達していないこと。　**5 英版**　英国の出版。　**6 ブラッキストーン氏の英律**　この書の著者と書題については、本書三五一頁の「解説」注（5）に記す。　**7 亜版**　アメリカの出版。　**8 ヱーランド氏の経済書**　この書の著者と書題についても、本書三五一頁の「解説」注（5）に記す。　**9 逐漸**　しだいに、段々に。　**10 普天の下、卒土の浜**　普天率土。天のおおう限り、大地の果てまで。帝王の治める全世界。　**11 同一軌**　平等。「同一轍」に同じ。　**12 常言**　ふつうにいうこと。あたりまえのこと。

字なくして訳者の困却《こんきやく》すること常に少なからず。譬《たと》えば訳書中に往々自由 原語「リベルチ」[1] 通義 原語「ライト」[2] の字を用いたること多しと雖《いえ》ども、実は是等《これら》の訳字を以《もっ》て原意を尽すに足らず。就中《なかんずく》、この篇の巻首には専《もっぱ》ら自由通義の議論を記したるものなれば、特に先《ま》ずこの二字の義を註解して訳書を読む者の便覧に供すること左の如《ごと》し。

第一 「リベルチ」とは自由と云《い》う義にて、漢人の訳に自主、自専、自得、自若、自主宰、任意、寛容、従容、等の字を用いたれども、未《いま》だ原語の意義を尽すに足らず。

自由とは、一身の好むまゝに事を為《な》して窮屈なる思《おもい》なきを云う。古人の語に、一身を自由にして自《みず》から守るは、万人に具《そな》わりたる天性にて、人情に近ければ、家財富貴を保つよりも重きことなりと。

又上たる者より下へ許し、この事を為して差構《さしかまい》なしと云うことなり。譬えば読書手習を終り遊びてもよしと親より子供へ許し、公用終り役所を退きてもよしと上役より支配向《しはいむき》[3]へ許す等、是《これ》なり。

又御免《ごめん》の場所、御免の勧化《かんげ》[4]、殺生御免などいう御免の字に当る。

又好悪《すききらい》の出来ると云うことなり。危き事をも犯して為さねばならぬ、心に思わぬ事をも枉《ま》げて行わねばならぬなどゝ、心苦しきことのなき趣意なり。

故に政事の自由と云えば、その国の住人へ天道自然の通義〔下に詳なり〕を行わしめて邪魔をせぬことなり。開版の自由と云えば、何等の書にても刊行勝手次第にて書中の事柄を咎《とが》めざることなり。宗旨の自由とは、何宗にても人々の信仰する所の宗旨に帰依《きえ》せしむることなり。千七百七十年代、亜米利加《アメリカ》騒乱5の時に、亜人は自由の為《た》めに戦うと云い、我に自由を与うるか、否《しから》ざれば死を与えよと唱えしも、英国の暴政に苦しむの余《あまり》、民を塗炭《とたん》に救い、一国を不羈《ふき》独立の自由にせんと死を以《もっ》て誓いしことなり。当時有名のフランキリンが云えるには、我身は居に常処なし、自由の存ずる所、即《すなわ》ち我居なりとの語あり。されば此の自由の字義は、初篇巻之一第七葉〔本書一六頁〕の割註にも云える如く、決して我儘放蕩《わがままほうとう》の趣意に非《あ》らず。他を害して私を利するの義にも非らず。唯《ただ》心身の働《はたらき》を逞《たくましう》して、人々互《たがい》に相妨《さまた》げず、以て一身の幸福を致すを云うなり。自由と我儘《わがまま》とは動《やや》もすればその義を誤り易《やす》し。学者宜《よろ》しくこれを審《つまびらか》にすべし。

第二　「ライト」とは元来正直の義なり。漢人の訳にも正の字を用い、或《あるい》は非の字に反し

1 リベルチ　liberty（自由）。**2 ライト**　right（権利）。初編、外編でももっぱら通義と訳す。『学問のすゝめ』では権理通義、さらに権義とも訳している。**3 支配向**　下役。配下。**4 勧化**　勧進。仏の道に入らせること。寺などを建てるため信者に寄付をすすめること。**5 亜米利加騒乱**　独立戦争。

て是非と対用せしもあり。正理に従て人間の職分を勤め邪曲なきの趣意なり。

又この字義より転じて、求むべき理[1]と云《い》う義に用ゆることあり。漢訳に達義、通義等の字を用いたれども、詳《つまびらか》に解し難し。元来求むべき理とは、催促する筈《はず》、又は求ても当然のことゝ云う義なり。譬《たと》えば至当の職分なくして求むべきの通義《つうぎ》なしと云う語あり。即《すなわ》ち己《おの》が身に為《な》すべき事をば為さずして他人へ向い求め催促する筈はなしと云う義なり。

又事を為すべき権[2]と云う義あり。即ち罪人を取押《とりおさえ》るは市中廻方《まわりかた》[3]の権なり。

又当然に所持する筈のことゝ云う義あり。即ち私有の通義と云えば、私有の物を所持する筈の通義と云うことなり。理外の物に対しては我通義なしとは、道理に叶《かな》わぬ物を取る筈はなしと云う義なり。人生の自由はその通義なりとは、人は生《うまれ》ながら独立不羈《ふき》にして、束縛を被るの由縁《ゆえん》なく、自由自在なるべき筈の道理を持つと云うことなり。

明治二年己巳《つちのとみ》季秋[4]

福澤諭吉　誌

1・2 求むべき理・事を為すべき権　この二つから「権理」という訳語がつくられる。

3 市中廻方　巡査。警官。

4 季秋　晩秋。旧暦の九月。太陽暦では十一月頃。

西洋事情　二編　目録

巻之一

海陸軍［略］

銭貨出納［略］

この書、始て稿を起すとき、全編三冊の積りなりしが、仏蘭西《フランス》の条を訳するに至り、その史記の事柄多《た》端《たん》にして妄《みだり》に之《これ》を略し難く、是《これ》がため止《や》むを得ずして紙の数を増し、四巻にて事を終りたれば、書冊の体裁、初編の目録と符合せず。又この編の例言にも齟齬《そご》せり。蓋《けだ》し仏蘭西は欧羅巴《ヨーロッパ》洲にて四達[1]の地位を占《し》め、全州各国の治乱十に七、八は仏に関係あらざるものなし。故に仏の史記を明《あきらか》にすれば、亦以《またもっ》て他国の歴史を読むの一大助となるべし。この編、特に仏の史記を詳《つまびらか》にするも、訳者の微意なきに非《あ》らず。看官《みるもの》これを厭《いと》う勿《なか》れ。

1 **四達** 道路が四方にのびていること。またその分岐点。

西洋事情 二編 巻之一

福澤諭吉 纂輯

備考

人間の通義

英国人民の自由〇一身を安穏《あんのん》に保するの通義〇一身を自由にするの通義
〇私有を保つの通義〇この通義を達する所以《ゆえん》の安心を論ず

〇国律[1]は人民の身を処し交《まじわり》を結ぶの規則にして、正理を勧め邪悪を禁ずるものなれば、国の法律を論ずるの大綱領は、先《ま》ず理非を弁ずるに在るなり。

　この正理とは何ぞや。曰《いわ》く人の通義なり。これに二様の別あり。乃《すなわ》ち人の身に係《かか》る事を一身の通義と云《い》い、所有の物に係る事を物の通義と云う。邪悪にも亦《また》二様の別あり。その一を私悪と云う。私悪とは一人の私《わたくし》を害したる罪なり。その一を公悪と云う。公悪とは天下の公法を犯し衆人の害を為《な》したる罪なり。公悪を犯したる者は必ず私悪も共に之を犯せり。譬えば人を殺し物を盗むものは公悪なり。一人の生命を害し一人の私有を奪う所の罪を以て之を論ずれば私悪なれども、人を殺せば天下の為め一個の人員を減ずるなり。且この悪例に傚い、更に人を殺す者あらば、遂には天下衆人の大害と為るべきが故に、之を私悪と云わず。物を盗む者も之に同じ。その罪、物を借りて返さゞる者と同日の論にあらず。借りて返さゞるものはその財を償て罪を謝すべしと雖も、物を盗みしものはその物を償うともその盗罪は免るべからず。

右の所以に由《よ》り英国の法律は之《これ》を四目に分てり。

第一　一身の通義を説きその得失を論ず

第二　物の通義を説きその得失を論ず

第三　常法を害する私悪を説き之を改めて正に帰せしむるの所以を論ず

第四　公悪の大罪を説き之を刑して禍《わざわい》を防ぐの所以を論ず

一身の通義は、天下の衆人各々皆これを達すべきの理なり。概して之を人間当務の職分[2]と称す。又人の身に在ては天然と人為との別あり。天然の身[3]とは天より生じたる儘《まま》の身を云い、人為の身[4]とは、同社[5]又は政府を建るが為《た》め、人智を以て法律を設け、この法律に従て進退するものを云う。譬《たと》えば某の同社と云い、某政府の官員[6]と云うが如《ごと》き、皆是なり。

一身の通義にも亦《また》有係[7]と無係[8]との別あり。無係の通義とは只《ただ》一人の身に属し他に関係なきものを云《い》う。有係の通義とは世俗[9]に居り世人と交《まじわ》りて互《たがい》に関係する所の通義を云う。今この条に

1　**国律**　municipality law（公法）。　2　**人間当務の職分**　civil duties（市民の義務）。このあと、原文数行の翻訳を福澤は省略している。　3　**天然の身**　自然人。　4　**人為の身**　法人。　5　**同社**　corporation（会社）。　6　**政府の官員**　bodies politics（統治組織）。　7　**有係**　relative（相対的）。　8　**無係**　absolute（絶対的）。　9　**世俗**　society（社会）。『学問のすゝめ』では人間交際と訳している。

於《おい》ては無係の通義のみを論ず。

右の故を以《もっ》て、無係の通義は人の天賦に属したるものなれば、天下の衆人、世俗の内に交《まじわ》るものも、又は世俗の外に特立するものも、均《ひと》しく共にこの通義を達すべき理《ことわり》なり。然《しか》れども一身当務の職分は稍々《やや》その旨を異にし、人為の法律に由《より》て人を責め要して之《これ》を守らしむべきにあらず。但《ただし》国法の旨とする所は人の行為動作を正し之を制するものなりとは雖《いえ》ども、元来世俗の交際上に就《つい》てのみ施行《しこう》するものなれば、一身の職分に関係せず、只《ただ》世俗交際の職分を責むべきのみ。譬《たと》えば今爰《ここ》に一人あり。その心は自暴自棄、その行は放僻邪侈《ほうへきじゃし》なりとも、私《わたくし》にその悪を蔽《おお》うて外に公《おおやけ》にせず、曽《かつ》て治世の典型《てほん》をも犯せしこと無くんば、如何《いか》に法律を明察にすともその罪の由て罰すべきなし。却《かえっ》て之と異にして酣酔潦倒《かんすいろうとう》[1]、長鯨の飲[2]を為《な》す如《ごと》き、唯独《ただひと》りその人の一身を害して他の妨《さまた》げを為さゞるに似たりと雖ども、その挙動既《すで》に世間に公明なるときは、悪風を流し人心を誘い、遂《つい》には世俗一般の弊端を醸《かも》す[3]べきが故に、国法を以て之を止めざるべからず。之に由て是《これ》を考れば、各人当務の職分を破るに当り、国法の及ぶ所は私破と公破とに由てその別あり。故に曰《いわ》く、公に身を慎むは人に対しての職分なれば、国の法律を以て之を勧懲《かんちょう》[4]すべし。私に身を慎むは一身無係の職分にして他の関り知る所にあらざれば、世間人為の法を以て之を勧め之を止め能《あた》わずと。〇右は人生の職分に就ての議論なり。その通義に至ては蓋《けだ》し之に異なり。人生の通義は仮令《たとい》一人無係の身を以て之を論ずるも、私公の別あることなく、その通義は必ずその人に属するものにて、且《かつ》国法に在ても人の通義は動かすべからざるものとせり。

人生無係の通義とは、その個条多しと雖ども、先《ま》ず綱領を挙て名義を下さば、即《すなわ》ち人生天賦の自由なり。自由とは何ぞや。我心に可なりと思う所に従て事を為すを云《い》う。その事を為すや、只天地の定理に従て取捨するのみにして、その他何等の事故あるも、分毫《ぶんごう》[5]も敢《あえ》て束縛せらるゝこと無く、分毫も敢て屈撓《くつとう》[6]すること無し。以上の論は全く世間に関係せざる通義自由を云うことゝ思うべし 然りと雖ども、人として既に世俗人間の交際に加わるときは、この交際上よりして我に得る所の恵沢《けいたく》[7]裨益《ひえき》も亦《また》大なれば、之を償うが為《た》めに天の賦与せる一身の自由をも聊《いささ》かは棄却する所なかるべからず。譬えば猶《なお》互市《ごし》貿易[8]を為すが如し。我自由の一部を棄《す》てゝ世間の規矩《きく》[9]に従い、以てその恵沢《けいたく》を被るなり。斯《かく》の如《ごと》く国法に従順するは、我自由を棄《すつ》るに似たりと雖ども、その実に棄る所は蛮野《ばんや》人民の自

1 **酣酔潦倒**　酒を飲んで酔いつぶれること。 2 **長鯨の飲**　大きな鯨が水を飲むように、たくさん酒を飲むこと。 3 **弊端を醸す**　弊害の始まりをもたらす。 4 **勧懲**　勧善懲悪。善をすすめ、悪をこらしめる。 5 **分毫**　ほんの少し。 6 **屈撓**　おそれ、ひるむこと。 7 **恵沢**　恵み。情け。 8 **互市貿易**　外国との貿易。 9 **規矩**　コンパスとさしがね。きまり。規則。

由なれば、所得所失を償て万々余りあり。蛮野人民の自由とは何ぞや。乃ち居処定まらず、眠食恒なく、無知無学を以て自ら安足し、世間風俗の何様たるを知らず、蠢爾として生涯を送るものを云ふ。蓋し文化の盛なる世界に在ては許さゞる所の自由なり。大凡《おおよそ》軽重大小の分を解するの人は、我一身の随意を達せんが為《た》め、妄《みだ》りに威力を逞《たくまし》うせんと欲するもの無《なか》るべし。若《も》し一人斯《かく》の如《ごと》くならば他人も亦《また》各々その力を逞うし、互《たがい》に随意を以《もっ》て相争い、遂《つい》には生霊[1]の依頼する所なきに至るべし。故に処世の自由[2]とは、人々この世に処して、その世俗人間中の一人たる身分を以て受け得たる所の自由なれば、天賦の自由に人為の法を加えて稍々《やや》その趣《おもむき》を変じ、以て天下一般の利益を謀《はか》りたるものなり。之《これ》に由《より》て考うれば、法律を設けて人を害するの罪を制するは、その状或《あるい》は人の天賦の自由を減ずるに似たれども、その実は之に由て大に処世の自由を増加せり。然《しか》りと雖《いえ》ども、事実縁由《えんゆう》[3]なくして漫《みだり》に人民の意志を束縛するものは、皆之《これ》を暴政と云《いい》て可なり。加之《しかのみならず》、国法を以て人民の進退を処するに当り、仮令《たとい》之を処するに全くその人の利害を移すこと無しと雖ども、更に一層の美事を生ずべき目的もなくして、妄《みだ》りに事を興起しその人を動揺するは、乃《すなわ》ち亦《また》人の自由を妨《さまたぐ》るの法と云て可なり。之に反して、法律に由《よ》り一人の進退を処すれば随《したがっ》て天下一般の利を生ずべき確実の着見あらば、人も亦私心を去り些少《さしょう》の意見を屈して更に天下の要事たる一般の自由を存せざるべからず。即《すなわ》ち一国独立の風俗を助るの所由《しょゆう》[4]なり。故に国法を設くるに慎思《しんし》小心[5]を加《くわう》るときは、決して人の自由を妨るにあらず、却《かえっ》て人を自由に導くの端これより生ずべし。試《こころみ》に見よ、世界万国、法律を設けずして善《よ》く人民の自由を存するものあるか。抑々《そもそも》政府を立て法律を設くるの一大要事は、人民をして身《み》躬《みず》からその身を持して処世の自由を保たしむるに在りと雖ども、或《あるい》は天下一般の大利を謀《はか》り、その軽重に従て一人の身を制しその進退を御《ぎょ》するも亦妨《さまたげ》なし。

我英国人民の通義とは何ぞや。即ちその一身の自由なり。この自由の趣旨を主張せしは決して一朝一夕の偶然に出《いで》たるにあらず。方《ま》さに政府の体裁を為せしときよりその源《みなもと》を開き、政府の体裁と国民の自由と恰《あたか》も共立並行せり。古来数千百年の間には、或は暴君の為《た》めにこの自由を妨げられたることあり、或は一途に自由の度を失して浮《ふ》華《か》無実6の流俗7に陥り、無政無君の擾《じょう》乱《らん》に遭《あ》いしことあり。この時代に於《おい》ては世間の洶々《きょうきょう》たる8こと、殆《ほとん》ど暴君の政《まつりごと》に窘《くるし》めらるゝよりも更に甚《はなは》だしかりし。然りと雖ども従来我英政の自主自由を重んずるに由《よ》り、その盛大なる勢を以《もっ》て遂《つい》に人民を塗《と》炭《たん》に救い、争乱随《したがっ》て治まれば随て又人民の通義自由を輓回《ばんかい》してその

1 **生霊**　人民。たみ。　2 **処世の自由**　社会における自由。　3 **縁由**　ゆかり。いわれ。　4 **所由**　理由。
5 **慎思小心**　よく考え、細心の注意をはらうこと。　6 **浮華無実**　うわべだけ華やかで実のない様。　7 **流俗**　風潮。風俗。　8 **洶々たる**　さわぎどよめく様。

本分を得せしめ、尚《なお》又時代の沿革に従い、議事院の議論を以《もっ》て益々《ますます》その趣旨を主張し、難を凌《しの》ぎ危を冒して以て今日の盛《さかり》に至りしなり。

英国人民の自由を得し所以《ゆえん》を尋るに、第一着は千二百十五年、ジョン王[1]の時に当り、自由の大法「マグナチャルタ」[2]を云を立て、その子第三世ヘヌリ王[3]のときに至り、議事院に於《おい》て尚又之《これ》を増補正定し、次《つい》で「コンフヒルマシヲ・カルタロム」[4]と云《い》える法令を下《くだ》し、「マグナチャルタ」の大法を以て国中一般の常法と定め、従来この大法の趣旨に戻《もと》れる裁判の諸法を廃止せり。その後第一世ヱドワルト王千二百七十二年即位の代より第四世ヘヌリ王千三百九十九年即位の代に至るまで、種々の法律を立てしなれども、皆従来行わるゝ所の国民自由を固くするものなり。又下《くだっ》て第一世チャーレス王千六百二十五年即位の初めに当り、議事院にて「ペチション・ヲフ・ライト」[5]と云える法令を布告せり。是亦《これまた》国民自由の趣旨を主張したるものなり。第二世チャーレス王千六百六十年即位の代に至り、「ハビース・コルプス」[6]と云える法令を定め、第三世キルレム王[7]千六百八十八年即位の代には、「ビル・ヲフ・ライト」[8]と云える法を定め、その後千七百年代の初《はじめ》、キルレム王の崩後には、「アクト・ヲフ・セツトルメント」[9]と云える法を定めたり。是等《これら》の諸法は皆年代の沿革に随《したがっ》て決定せしものにして、その趣意は国民の自由を維持固保[10]するものなり。

英国人民の通義特典を布告せし法令の多きこと、その数、前条に掲示するが如《ごと》し。その通義とは国民一身の自主自由なれども、畢竟《ひっきょう》天下の公利を謀《はか》て私利を去り、天賦自由の棄《す》つべきを棄て、以て一身に残れる所の自由あり。或《あるい》は又一身天賦の自由を棄てしその代として、更に得たる所の処世の自由あり。今この通義を分て三類と為《な》す。曰《いわ》く、身を安穏《あんのん》に保護するの通義、曰く、身を自由にするの通義、曰く、私有を保つの通義[11]、是なり。大凡《おおよそ》人生天賦の自由を害するとは、他なし、只《ただ》この三の通義を妨《さまた》ぐることなり。故にこの通義を保護するは、即《すなわ》ち我英人処世の自由を保護するの趣意なり。

1 ジョン王　ジョン王（一一九九—一二一六）。**2 マグナチャルタ**　マグナ・カルタ。英国憲政の基本文書。一二一五年、封建貴族がジョン王の不法統治に抵抗し、彼らの権利を再確認した文書。近代になって人民の自由と議会の権利を擁護したものとされ、権利請願、権利章典とともに英憲法の三大法典と称されるに至った。**3 第三世ヘヌリ**　ヘンリー三世（一二〇七—一二七二）。**4 コンフヒルマシヲ・カルタロム**　Confirmatio Cartarum（ラテン）。「両憲章の確認」という。一二九七年、エドワード一世（一二三九—一三〇七）の治下で成立。なお「両憲章」の一つはマグナ・カルタで、いま一つは「御狩場証書」。**5 ペチション・ヲフ・ライト**　権利請願。一六二八年。**6 ハビース・コルプス**　人身保護法。「ハビュース・コルクス」として前出（本書一四五頁）。**7 第三世ヰルレム**　ウィリアム三世（一六五〇—一七〇二）。**8 ビル・ヲフ・ライト**　権利章典。一六八九年制定。**9 アクト・ヲフ・セツトルメント**　一七〇一年の王位継承法。**10 固保**　かたく保つ。**11 私有を保つの通義**　私的所有権。私有財産権。

第一　身を安穏に保護する通義とは、生命を保ち、四肢《しし》を保ち、身体を保ち、健康安寧《あんねい》を保ち、名声面目を保つを云《い》う。

甲　生命を保つは各人天賦の通義なり。未《いま》だこの世に生れずと雖《いえ》ども、既《すで》に母の胎内に在て胎子運動の機を生ずるときは、国法に於《おい》て之《これ》を一人の生命と為《な》す。故に孕婦《ようふ》[1]自《みずか》ら薬を用て堕胎するか、或《あるい》は妊婦を打て之を害し、その婦人これが為《た》めに堕胎して死子を生じたるときは、一様に殺人の大罪と為す。又国法に於て、胎子は父兄の遺物を受くべし、之に家産を譲るべし。胎内の子にて家名を相続するの類を云う 家産を譲て之が為めその後見を命ずること、既生の幼子に異なること無《なか》るべし。是等《これら》の個条に於ては、世俗の国法と人生天然の定則と毫《ごう》も相戻《もと》ることなし。

乙　人の四肢は外患を防《ふせぎ》て一身を守り天然の形体を保つ所以《ゆえん》のものなり。然《しか》ればこの手足を自由に用ゆるは即《すなわ》ち天然の通義なり。故に人として人間処世の自由を破るに非《あら》ざれば、決してその人の手足を残《そこな》うべからず。英国の法律に於ては、人の生命と手足とを重んずること最も甚《はなは》だし。自己の生命を防禦《ぼうぎょ》し、自己の手足を防禦せんが為めには、その相手の者を殺すも妨《さまた》げなしとせり。蓋《けだ》し生命と四肢とを保護するは人間第一の要事と看做《みな》せるものなり。譬《たと》えば爰《ここ》に一人あり。偶然死に迫り、之を恐るゝの余り、止《や》むを得ずして家産受授[2]の証書を記す等のことあれば、仮令《たとい》証書の文は本来の規矩《きく》を具《そな》うるとも、後日に至り、自然この証書を認《したた》めたる所以は、元来本人の真意に出《い》でしに非ずして、生命を失い手足を残わんとするの危難に迫り、止むを得ず之を認めたるの証拠を得るときは、その証書を廃紙とするを法とす。総じて国法の趣意は、人の生命を重んじ之を保護するのみならず、又之を養う所以の方便を備えざるべからず。故に国中には窮民なかるべきの理なれども、若《も》し不幸にして窮民あるときは、富人の物に資《よっ》て生命を養うも妨げとせず。乃《すなわ》ち国に救窮法の設《もうけ》ある所以なり。

生命及び四肢の通義は、只《ただ》死して然して後《のち》止むのみ。昔者《むかし》人の死を二様に分ち、一を世俗の死と為し、一を天然の死と為す。世俗の死とは何ぞや。その国を出奔《しゅつぽん》し、或は出家して宗門に帰するを云《い》う。国を出奔し、宗門に帰する者は、国法を以《もっ》て之を論ずれば、死者に異る無し。故にその家産は相続の者へ与うるを常典[3]とせり。蓋《けだ》し在昔《ざいせき》家産を有するに、天然の生涯の間、之を維持する等の語ありしは、即《すなわ》ち右に云える世俗の死と天然の死との区別なり。この天然の生は、他人の力を以て敢《あえ》て害すべきにあらず、亦《また》自己の意を以て自由に害すべきものに非《あ》らず。只《ただ》極悪大罪を犯し人間世俗の法律を破るものあれば、乃《すなわ》ち法を以てその人の

1 **孕婦**　妊婦。　2 **家産受授**　家財の贈与。　3 **常典**　しきたり。人として守るべき道。典章。

生命を奪うことあるのみ。蓋《けだ》し近世英国にては、事実止《や》むを得ざるの外《ほか》は、人を死刑に処せずして、寛典[1]に従うを常とす。

丙　四肢の外、総じて人の身体髪膚《はつぷ》[2]は、天然の理を以《もっ》て之《これ》を保護するの通義あり。即《すなわ》ち人の身体は妄《みだ》りに之を劫《おびや》かすべからず、之を痛むべからず、之を打つべからず、之を疵《きず》つくべからず。

丁　危《あやうき》に近づかずして、健康を守るも、是《これ》亦一身を安穏《あんのん》にするの通義なり。

戊　他の無礼誹謗《ひぼう》を防て、我面目を守り我名声を保つは、天然の正理なれば、人々この理を主張するも義に於《おい》て妨《さまた》げあること無し。抑々《そもそも》人として一身の面目を失いその名声を落すときは、決して他の通義を伸ばす能《あた》わざればなり。

第二　英国の法に於ては、先《ま》ず国民一身の安穏を重んじ、継《つぎ》て又その自由を重んじ、その自由を附与し、その自由を保護するを主意とせり。一身の自由は元来人として天然に備わる所の通義にして、之を存するは尚《なお》その安穏を保つの理に異なるなし。故に英律[3]に於ては、決して妄《みだり》に人の自由を抑制することなし。仮令《たとい》官府の意を以て人を制せんと欲するも、国律[4]の許さゞる所は之を施行《しこう》するを得ざるなり。

一身の自由を保護するは国の為《た》めに一大緊要事とせり。譬《たと》えば随意に人を囚《とら》るの権を一、二の官吏に付与するか、若《もし》くは無上の君主をしてこの権柄《けんぺい》を握らしむることあらば、諸般の通義一時に廃滅すべし。何様の仕方にても人を強いて勒《とど》むる5は之を囚《しゅう》と名づく。故に人の意に逆《さから》て之を私家に勒め或は之を道路に勒めてその行を妨《さまた》ぐるは、即ちその人を囚《とらえ》るに異ならず。英律に於て、一時人に迫られ止むを得ずして奉公仕役《しえき》等の証書へ調印せし者ありて、後日に至り、その奉公仕役は本人の意にあらざれども、若《も》しこれを肯《がえん》ぜざれば捕わるべきの勢ありて、恐迫《きょうはく》の余《あまり》、止むことを得ずして証書に調印せしとの旨を訴るときは、その証書を廃紙とするの法なり。抑《そもそ》も謂《いわ》れなく妄に人を囚るの弊端を防ぐが為めにこの法あるなり。故に法に従て人を捕えんとする者は、必ず裁判局の命を奉じ、或は他の人を捕うべき官吏の保証を得ざるべからず。且《かつ》この保証とは、その人を捕る所以《ゆえん》の趣意を書記し、之に官吏の姓名を記して調印したるものなり。若《も》しこの書中に召捕《めしとり》の趣意を掲明6せざるときは、獄屋の番兵にても、必ずその人を守るべき理あらざれば之を放て妨《さまたげ》なし。

右の如《ごと》く一身の自由を存するが故に、大凡《おおよそ》英国の人民はその国に住居せんと欲すれば乃《すなわ》ち之

1 **寛典** 軽い刑罰。 2 **身体髪膚** 全身。 3 **英律** laws of England（英国の法律）。 4 **国律** laws（法律）。 5 **勒むる** 「勒」はくつわ。拘束する。 6 **掲明** 明示。

に住居するの権あり。何様の事故に由《よ》るとも、罪を犯すに非《あら》ざれば強《しい》て国外に逐《お》わるゝの理なし。元来英国の常法に於《おい》ては遠謫《えんたく》の科《とが》[1]なし。若《も》し之《これ》あるは近世議事院の評議にて定《さだめ》たる所の律なり。

総《すべ》て英国の法律は民の自由を重んじて之を設けたるなり。故に国内に在ては国王その臣下に令するの権ありと雖《いえ》ども、之を国外に出《いだ》すに於ては、仮令《たとい》一国の公務たりとも王命を以《もっ》て強て人を仕役《しえき》すべからず。譬《たと》えば阿爾蘭《アイルランド》の鎮台[2]若《もし》くは外国在留の公使の如《ごと》きは、仮令大官高位なりとも、その本人の意に逆《さからい》て之を命ずべからず。蓋《けだ》しその人の本意にあらざる者へ、強て国外の仕役を命ずるは、その名は美なりと雖ども、その実は敬して之を遠《とおざ》くるなり。但《ただ》し国王の命を以て国外の役《えき》に強て用ゆべきものは、只《ただ》水夫と兵卒とのみ。水夫兵卒の職は乃《すなわ》ち国の典常[3]に洩《も》るゝものなり。

第三　英人の備有する第三の通義は即《すなわ》ちその私有の通義なり。私有の通義とは、各人 私《わたくし》に有する所の物を、その人の自由に従て之を用い、自由に之を処し、自由に之を楽《たのし》み、国の法律を敗《やぶ》るにあらざれば分毫《ぶんごう》も敢《あえ》て他の抑制を受けざるを云《い》う。元来国法の主意も、人の通義を妨《さまたぐ》るにあらず、乃ち之を保護するを主務とせり。蓋し英国の法に於ては、人の私有を至大至重のものとして極《きわめ》て之を貴び、啻《ただ》に之を害せざるのみならず、仮令全国人民の大利を起すべき事件ありと雖ども、一人の私有を害することは敢て之を為さず。譬えば今新たに路《みち》を作るに、某人[5]私有の地面内に交亙《こうこう》[4]するときは大に衆人の為《た》めに便利なりと雖ども、主人の然諾《ぜんだく》[6]を得るに非《あら》ざれば、何人《なんぴと》たりとも敢てその地を犯すを得ず。この時に当り国法を以て施すべき処置は、只その人をして至当の価値を以て之を売らしむるのみ。且《かつ》又政府にて仮令この処置を施すとも、宜《よろ》しく謹慎を加え決して威力を恣《ほしいまま》にするを得ず。

天下衆庶の公利を謀《はか》るとも之が為めに一人の私有を強奪するを得ざるの例は、只前条の一事のみならず、英律の内にはその例極めて少なからず。譬えば英国の人民は、仮令その本国を防守しその政府を保持する為めなりと雖ども、国民自己に全く然諾したる所に非ざれば、之を促がして税を収めしむべからず。即ち国民の自己に然諾するとは、議事院に出席する国民の名代《みょうだい》人にて之を許すを云う。古来銭貨出納《すいとう》の事に付き、屢々《しばしば》議事院にて法令を定め、その令に云《いう》あり。王室の特権に托し、議事院の然諾を待たず、或《あるい》は議事院にて許したる時限を違《たが》え、或は議事院にて定めたる法に背き、以て国王の為めに金を集むるものは曲事たるべしとなり。銭穀の権

1 **遠謫の科**　遠くに流される罪。流刑相当の罪。　2 **鎮台**　明治四（一八七一）年から各地方に置かれた陸軍の司令部、軍団。明治二十一（一八八八）年に師団と改称。　3 **典常**　人として守るべき道。常典に同じ。　4 **交亙する**　通わす。めぐらす。　5 **某人**　あるひと。　6 **然諾**　承諾。承認。

柄は下院に在り。初篇英国の条及び議事院談を見て之を知るべし。[1]

右の条々は、各人備有する一身無係の通義を説き、その要略を示したるものにして、即《すなわ》ちその通義は一身を安穏《あんのん》にし、一身を自由にし、私有を保護する三綱の通義なり。然《しか》りと雖《いえ》ども、国の政治を明《あきらか》にし、他の細目に係《かかわ》る通義を存して国民に付与し、以《もっ》て三綱の大義を助け之《これ》を保護するに非《あら》ざれば、法律も亦《また》一片の廃紙に属し、正義の名ありてその実は無益なるべし。蓋《けだ》しその細目に係る条、左の如《ごと》し。

甲　議事院の体裁、威力、特権、是《これ》なり。

乙　王室の特権を抑制して明かにその分限を定め、国王をして必ずその分を守らしめ、民人の然諾《ぜんだく》を得るに非ざればこの分限を踰越《ゆえつ》すること能《あた》わず、又公然と之を犯かすこと能わざらしむることとなり。

丙　冤《えん》[2]を被り害を受けたる者は、直に裁判局に赴て之を愬訴《しゅうそ》すべし。是即ち英国人民の備有する所の第三の通義なり。英国に於《おい》て、人の生殺を専らにし人の自由を制しその私有を与奪するの権は、只《ただ》法律に在るのみ。故に裁判の官局は、平常これを開て国人の訟を聴き、法律に従てその曲直を断じ、「マグナ・チャルタ」の大法を守らざるを得ず。蓋しこの大法の主意は、人を犯し人を害する者あれば、その罪人は宗門の人にても世俗の人にてもその区別を問わず、必ずその罪を糺問《きゅうもん》し、[3]賄賂《わいろ》を禁じ、言路を開き、時日を延引すること無く、公明正大の裁判を行うべしとのことなり。

丁　又或《あるい》は非常の事に遇《あい》て侵害を被ることあるに臨《のぞ》み、法律の定式を仰ぐもその不平を訴るに由《よし》なきときは、乃《すなわ》ち又一種の達路[4]ありて、この路に由《よ》り、以てその冤を白《しろ》しその屈を伸すべし。即ちこの達路とは、英国人民の備有する所の通義にして、冤《えん》を被り如何《いかん》ともすべからざるときは、直に躬《みず》から国王に訴え、或は議事院に訴うることなり。その法令に云《い》うあり。英国人民は直に国王に訴え或は議事院に訴うるの権あり。若《も》しこの直訴を咎《とがむ》る者あらば曲事たるべしと。但《ただ》し斯《かく》の如く直訴を許すときは、又従て謹慎を加え、その流弊を防がざるべからず。若し否《しから》ざるときは、人民或は愁訴に托して朋党《ほうとう》を結び、[5]軽挙妄動、以て世を誤り太平を妨《さまたぐ》ることあればなり。

1 **銭穀の権柄は……之を知るべし**　政府財政の審議・決定は下院の権限。なお本書では初編巻之三の「英国」の項はすべて割愛した。また、「議事院談」は福澤訳の『英国議事院談』（『福澤諭吉全集』第二巻所収［岩波書店］）。　2 **冤**　無実の罪。ぬれぎぬ。　3 **糺問**　問いただす。尋問する。　4 **一種の達路**　別の経路。　5 **朋党を結ぶ**　徒党をくむ。

収税論

一国の公費を給するの法を論ず

○天下衆庶[1]の製作したる財貨産物は、独《ひと》り人々の私用に費すのみならず、亦《また》その一部を分て一般の公用に供せざるべからず。之《これ》を名《なづ》けて公費と云《い》う。但《ただ》しこの財貨を集めて之を費すものは衆庶の代人なり。衆庶の代人とは何ぞや。政府を云《いう》なり。

この公費を給するには税額[2]の法を以《もっ》てす。譬《たと》えば国家、今一事を起さんとして若干の金を要するときは、その金高を国中の人民に配当し、各人をしてその一分〔部〕を出さしむ。之を名けて税と云う。既《すで》にこの税金を収れば、之を用いて事務を行うものは、即《すなわ》ち衆庶の代人なり。抑《そもそ》もその財貨を用いその産物を費すの事情は、公私共に毫《ごう》もその趣《おもむき》を異にせず。物を費すときはその物の品位[3]を消滅しその物の用を失却するものなり。今爰《ここ》に一人あり。火薬に火を点ずれば、忽《たちま》ち之を焼て、その初め火薬を製するとき費したる時間の価《あたい》時は即ち金に同じ[4]と之を製するに用いたる材料硝石、硫黄、木炭の類。とを消滅し、全くその品位を失て痕跡《こんせき》を見ず。是《こ》れ独り一人の点火者のみ然《しか》るにあらず。抑も千百の人、相共に之を焼くとも、その品位を滅却するの状情は彼是《これ》相異なるなし。又爰に土工[5]を起して千人の役夫《えきふ》を用い千人の食料を給するときは、その費用も亦《また》大なり。然り而《しこう》してこの土工を一人にて企つるも百人相共に謀《はか》りて之を企るも、その物を費すの状情は相異なることなし。是等の異同は固《もと》より三歳の童子も亦知る所なれば、喋々《ちようちよう》弁論を用るに及ばず。主人身《み》自《みず》から家を焼かざるも、隣家の火に由《より》て類焼するときは、その家を失うの実は相同じ。主人身自から金を失わざるも、番頭[6]の不正に由て損亡するときは、その産を破るの実は亦相同じ。何ぞ必《かならず》しも主人身自から手を下して然る後《のち》始めて家を破り産を失うと云わん。概して之を云えば、元来政府は只《ただ》一国人民の代人にして、国民に代て事を為《な》すものなるが故に、国民私有の財を費すに当《あた》て、政府の手を仮り之を費すも、国民躬《みず》から手を下だして之を費すも、その物を没了[7]しその品位を消滅するの理は彼是同一なり。

前説既に事実に於《おい》て然るなり。故に物を費すの法規も亦公私同一ならざるを得ず。物を費し随《したがつ》て新《あらた》に物を生ずるに当り、土木を費して家を生じ、米を費して酒を生ずるの類なり。その生じたる物は有形にても無形にても之を論ずること無く、只その初め費したる物よりも更に価の貴きものを生ずれば、之を有

1 天下衆庶　世界中の人民。万民。　**2 税額**　課税もしくは税収。　**3 品位**　value（価値）。　**4 時は即ち金に同じ**　Time is money.「時は金なり」ということわざ。　**5 土工**　土木工事。　**6 番頭**　商店使用人中の長。　**7 没了す**　失いつくす。

益の費[1]と名《なづ》く。家と酒とは有形なれども政刑[2]の徳沢は無形なり 即《すなわ》ち之《これ》を政治上に論ずれば、国民租税を納《おさむ》れども、その租税の価《あたい》よりも更に尚《なお》貴き政治の保護を被るなり。若《も》し然《しか》らずしてその生ずる所の物、反《かえっ》てその費したる所の物より賤《いや》しきときは、之を無益の費と名く。斯《かく》の如《ごと》きは則《すなわ》ち国民、その税を納るより、寧《むし》ろこれを私《わたくし》に貯置《たくわえお》くを善《よし》とす。或《あるい》は又然らずして、徒《いたずら》に物を費し嘗《かつ》てその代の物を生ずるを見ずんば、之を全損と名く。斯の如きは則ち国民その税を納めずして之を海に投ずるに等し。啻《ただ》に海に投ずるに等しきのみならず、海に投ずるには労苦なく之を做《な》し得《う》べけれども、税を集るには自然その雑費あるを免《まぬか》れざるがゆえに、寧ろこれを海に投じて雑費を省くを善とす。尚《なお》之より甚《はなはだ》しきものあり。物を費して租税を納め、毫《ごう》もその応報を見ず、却《かえっ》てその税金を誤用して、以て暴政を行うの資と為すに至ては、その害その悪、推挙に暇《いとま》あらず。人民の膏血《こうけつ》を絞り人民の私有を奪て啻にその報《むくい》を得せしめざるのみならず、その財を集めて之を暴君汚吏の手に付与し、反《かえっ》て之を以て人民を窘《くるし》め、無二の通義を奪うが如《ごと》きに至ては、実に禍《わざわい》の大なるものと云《い》うべし、不幸の甚《はなはだ》しきものと云うべし。

世人動《やや》もすれば云うことあり。一般の公用に金を費すときは国の富を致すべし。或は国を富《とま》すに至らざるも、尚且《かつ》金貨の融通を盛《さかん》にし、世の便益と為《な》り、且その金は常に国内に在て外方に出でざるが故に、決して害あるの理なしと。然りと雖《いえ》ども今この頗僻《はへき》[3]の説を論破すること甚《はなは》だ容易なり。乃《すなわ》ち之を論破せんには、仮に一国の公用を設け、国産の生ずる始めより之を費す所の終りに至るまで、蹤跡《しょうせき》[4]を追い始末を問うべし。政府より国民に税金を促すときは、国民はその産物を金貨に易《かえ》て之を収税吏の手に納む。之を第一段とす。之に次《つい》で又政府の吏人は、この金を以《もっ》て兵卒の為《た》めに武器戎服《じゅうふく》[5]等を買う。之を第二段とす。この時に及ぶ迄は未《いま》だ物の品位を失わず、亦《また》之を費すこと無し。只《ただ》物を以て金に換え、金を以て物に易《か》えたるのみにして、国民より納めたる物は、その状《かたち》を変じて官の武庫に存在せり。然りと雖ども末段に及び、この武器戎服を用ゆるに至ては、即ち初め国民の手より収税吏に納めし所の物を消滅してその品位を没了するが故に、是《これ》亦国の富有[6]を滅却するなり。豈《あに》之に由《より》て以て国を富すと云うべけんや。

或人《あるひと》又云う。前の論ずる所は真に是《ぜ》なりと雖ども、その消滅したるものは金貨に非《あら》ず。金貨は只此《この》手より彼《かの》手に移りたるのみ。国民の手より収税吏の手に移りしときは、或は報あり、或は報なし。官吏の手より用達《ようたし》の手に移りたるときは、その報として武器戎服の得あり。その報の有と無とは先《ま》ず之を置き、金貨は常に滅消すること無く、三手、四手、或は十手を歴《へ》るとも、

1 有益の費　profitable consumption（有益な支出）。 2 政刑　行政と司法。 3 頗僻の説　かたよった説。 4 蹤跡　蹤跡。あと。 5 戎服　軍服。 6 富有　富。

その価《あたい》は同一なり。只爰《ただここ》に消滅して形を失いたるものは武器戎服《じゅうふく》なれども、国民身自《みみず》からこの金を以《もっ》て衣服器械を買い、私《わたくし》に之《これ》を費やすも、その状情相異なる無ければ、何ぞ公私の弁を為《な》さんや。

答て云《い》う。然《しか》り、物を費すの状情は公私の別なし。物を費すとは物の品位を消滅することなれば、之《これ》を消滅してその益あるかその益なきかを決するの法も亦《また》、公私同一なり。只宜《よろ》しく着眼すべきの要訣は、その物を費し随《したがっ》て得る所の利益、実に費す所よりも大なるか、抑《そもそ》も費す所に均《ひと》しきか、或《あるい》は費す所よりも小なるかの事件なり。

右所述の公費の法則は常に行われて妨《さまたげ》なしと雖《いえ》ども、その詳《つまびらか》なるを知らんと欲せば、必ず先《ま》ず心を平《たいらか》にし知を明《あきらか》にし、以てその情実を論ずるを要す。蓋《けだ》し公費と云い私費と云うも、その実は趣《おもむき》を異にすることなし。物を費し随て新《あらた》に物を生ずると雖ども、その生ずる所の物は必しも常に有形ならんことを期すべからず。或は目以て見るべからず、或は手以て握るべからざるものあり。今政府を維持するが為めに、物を費して租税を納め、その報《むくい》として生ずる所のものは、手に触るべきの有形物なしと雖ども、その実は国民の所得甚大なりとす。乃《すなわ》ちその所得とは何ぞや。一身を安穏《あんのん》にし、私有を保ち、恥辱に遠《とおざ》かるを得べき、善政美風の徳沢《とくたく》を蒙《こうむ》る、是《これ》なり。抑《そもそ》もこの善政美風の物たるや、権衡《けんこう》[1]以て量《はか》るべからず、縄墨《じょうぼく》[2]以て度《はか》るべからず。然りと雖ども人民の幸福を保ちその生産を安《やすん》ずるが為《た》めには、片時も之を欠くべからず。譬《たと》えば国民教育の為めに税を納るもこの類なり。人民教育の為めに税を納めてその子に教育を受るものは、徳沢を蒙るの大なること固《もと》より論を待たず。仮令《たとい》、子なき者にても、天下一般の教育に由《より》て人の聞見を開き世の風俗を美にするときは、我一身は以て安かるべく、我私有は以て固《かた》かるべし。人を使役して事を為せばその事善《よ》く成り、人の為めに物を製すればその物を求むるもの多く、その物を用ること広し。斯《かく》の如《ごと》くなるときは、仮令教育を受くべき子弟は之なしと雖ども、自己の身に得るの徳沢既《すで》に大なりと云うべし。又世人の、明徳を明にし、礼義を重んじ、交際の風を盛《さかん》にし、その趣向を高上にし、国家の流風[3]を修めて善美に進ましめ、人民の裨益《ひえき》を興《おこ》すの俗を鼓舞し、以て之を勧めんが為めに天下の財を費すも亦この類なり。故に此等《これら》の趣《おもむき》を以て、大厦《たいか》高楼[4]を建設し学校、寺院の類なり壮麗を極め佳美を尽し、或は治乱《ちらん》興廃の大事を不朽に表し塔碑を建て祭日を祝するの類を云うなり或は発明工夫を以て人知の域を広くし、有益の術を改新したるもの蒸気機関、伝信機等の発明を云うへ恩賞を与るが為め、天下の財を費すも、誰か敢《あえ》て之を難ずるものあらん。是等の

1 **権衡**　はかりの錘（おもり）と棹（さお）。均衡。平均。　2 **縄墨**　大工道具の「すみなわ」。法度、規則。　3 **流風**　風潮。また、先人の残したすぐれた風俗習慣。　4 **高楼**　高い建物。

公費は経済家の論に在ては固《もと》より許す所なり。只《ただ》経済家の要訣《ようけつ》は、斯《かく》の如《ごと》く天下の財を費して随《したがっ》てその益を生じ、その益する所とその費す所と軽重相称《かな》わんことを欲するのみ。

公費を給するに二法あるを論ず

○税法に二様の別あり。一を分頭税と云《い》い、一を物品税[1]と云う。分頭税とは国民私有の物に付き、その人に配当して直にその人より取る所の税なり。合衆国にて東北の諸州 この条は亜米利加の原書を反訳したるものゆえ、専ら合衆国のことを云うなれども、欧羅巴諸国にても皆分頭税と物品税との区別あり。 にては、年々税額の簿籍を作て、州民の某よりは幾許《いくばく》の税を出《いだ》さしめ、某よりは幾許の高《たか》を払わしむるとのことを定るを例とす。但《ただ》しこの分頭税の割合を定むるが為《た》めには、故《こと》さらにその吏を命じて、之《これ》を収税吏と唱う。国民若《も》しこの税の割合を見て分に過ると思うときは、乃《すなわ》ちその私有の高を訴え、この高に従て税を減ぜんことを請《こ》うべし。然《しか》るときは改てその情実を糺《ただ》し、減税を許すことあり。譬えば地税を二十分一の割合と定め、此に一区の地あり。之を売買して価千両なり。之を人に貸せば地代四十両を取るべし。故に政府へ納る税は二両なり。然るに収税吏はこの地より三両の税を取らんと云うときは、地主より不平を訴え、事実を述てその税を二両に減ずべし。然れどもその地主なる者、欺詐の心を抱き、事実千両の地面を所持して、之を七百五十両の価なりと偽り、その地税を一両二歩に減ぜんことを訴るときは、収税吏は直に七百五十両の金を以てその地面を政府に買取るの権あり。故に地主は二歩の金を盗まんと欲して二百五十両を失うなり。収税の吏人は常にこの法を以て国民の不正欺詐を防ぐと云う。 物品税とは物を製して之を費すに至るまでの間、此《この》人の手より彼《かの》人の手に移るときに、その物品の価《あたい》に従て収る所の税を云う。

合衆国に於《おい》ては、外国より輸入する品物は、その到着のとき直に税を収るを例とす。この税は品物を引受る商人より之を払い、商人は又その品物を他人へ売るとき、本価の外《ほか》に税の高を加うるが故に、次第に人の手を経て、遂《つい》にこの品物を用ゆる人の手に落るときは、その物の定価より貴《たか》きこと正しく税の高を加えたるに等し。譬《たと》えば大巾《はば》の羅紗《ラシャ》一「ヤールド」[2]に付き二「ドルラル」の税を収るときは、この羅紗を買うものは定価の外に二「ドルラル」を払えるなり。又方今《ほうこん》この原本は千八百六十六年の開板なり[3]合衆国にては、石炭一「トン」に付き二「ドルラル」の税を収る故に、この国にて外国の石炭を用ゆる者は、定価の外に尚《なお》二「ドルラル」を払うなり。斯《かく》の如《ごと》く外国の石炭より税を収むるが故に、自国の石炭も自然騰貴《とうき》して、定価よりも二「ドルラル」を増すに至れり。

今爰《ここ》に一論あり。分頭税を収るも物品税を収るも、均《ひと》しく国民の財を以《もっ》て天下の公用に供するの主意にして、その実は相異なることなし。然《しか》れば則《すなわ》ち二法の内、何《いず》れを可也《なり》とすべきかと。物品税の法を主張する者の説に云《いわ》く、物品税を収るには収税吏と国民との間に争論を起すこ

1　**分頭税・物品税**　direct tax, indirect tax（直接税・間接税）。　2　**ヤールド**　ヤード（yard）。英国の長さの単位。一ヤードは三フィート、約九一・四センチメートル。　3　**この原本は千八百六十六年の開板なり**　福澤が使用したのは、この年の増刷版であった。それゆえ、開版（板）は新版を意味するものではない。

と少きが故に、分頭税を収るよりも更に便利なり。譬《たと》えば外国より品物を輸入するに、その着到[1]する処は僅《わずか》に所定の数港に過ぎず。この港に着到すれば、一時にその輸入品の税を収るが故に、時を費すこと少くして大に煩労《はんろう》を省くべし。且《かつ》輸入税を払いし者は、その品物を他人へ売るとき、物の価《あたい》に税金の高《たか》をも加えて之《これ》を取るが故に、税の軽重に心を関すること無くして、之《こ》れが為《た》めに議論を起すもの少し。斯《かく》の如《ごと》く、甲は乙に売り、乙は丙に売り、次第に数人の手を経ると雖《いえ》ども、改めて自己の手より税を出すこと無きが故に、その価の貴《たか》きを知らず。終にその品物を用る人に至り、或は価の貴きを覚るも、その以前に買いし時と比較して更に貴からざるときは、その人も亦《また》心に関すること無し。或《あるい》は又以前の価よりも稍《やや》貴きことあるも、総じて物価高低の変あるは世界通常の事なれば、必しも之を政府収税の故に帰せず、或は他事の故に由《より》て一時価の騰貴せしことゝ看做《みな》すもの多し。故に人或は云《い》う、国の人民は物品税を納めて之を覚えずと。然《しか》りと雖《いえ》ども予《よ》以為《おもえ》らく、人民敢《あえ》て之を覚えざるに非《あら》ず、只幾許《ただいくばく》の税を納めしやを知らず、何《いず》れの時に之を納めしやを知らず、或は之を納めしや納めざりしやを知らざるのみ。之に反して分頭税を納《おさむ》るには、人民皆何れの時に之を納めしやを知り、幾許の高を納めしやを知るが故に、之に心を動かすこと甚《はなは》だし。之が為めに動《やや》もすれば人民の不平を生じ、時としては政府の命を拒むことあり。甚《はなはだ》しきに至りては、人皆吝嗇《りんしょく》の心を抱て税を納むるを嫌い、遂《つい》に国内至急の要件をも成し能《あた》わざるの弊を生ずるに至ることあり。

前説既《すで》に斯の如しと雖ども、物品税を収るには分頭税を収るよりも不正に陥るの弊多し。物品に就《つい》て税を取れば、その税を払うものは税の多寡《たか》を知らざるが故に、収税の趣意を督察《とくさつ》[2]して之を議論するもの少《すくな》し。譬えば酒を運送し或は之を輸入するときに税を取れば、畢竟その税を払うものは酒を買て飲む人なれども、その酒を買うとき別段に税と名づけて金を出さゞる故に、酒の価は貴と雖ども、税金の然らしむることとは思われずして、自然苦情を訴えざるなり。故に収税吏はこの機に投じ、不正の処置を施して、無偏無党の大義を失するの害なきにあらず。故に人の上に在て国家の事務を行うものは、収税の事に於《おい》て衆を害し寡《か》を利すること甚だ難事にあらず。且《かつ》この私曲を行うにその事跡を暗昧《あんまい》にすべきが故に、国民も自然その処置如何《いかん》を解せず、乃《すなわ》ち知らず識《し》らず籠絡《ろうらく》の中に在て敢《あえ》て不平を抱《いだ》くことなし。固《もと》より分頭税にもこの弊なしと云うにはあらず。或は各州相互にその租税の任を譲る等の悪弊あれども、只《ただ》その弊の行わるゝこと物品税に於《おけ》る如《ごと》く甚しきに至らず。且その際に当て不正の処置あれば、衆人皆その蹤跡《しょうせき》を了し得るが故に、自然曲事の行わるゝこと少きなり。

前条所記の如く、物品税の法は甚だ整斉《せいせい》ならずと雖ども、その論は姑《しばら》く擱《さしお》き、他に又一個の

1 **着到**　到着。　2 **督察**　よく調べただすこと。

弊あり。即《すなわ》ち物品税の法は、国民をして公費の為《た》め税を出《い》ださしむるに、その出《いだ》す所の税の多《た》寡《か》と、国民の一身に被る所の保護の軽重と、互《たがい》に相支吾《しご》せり[1]。元来物品税は、その物を費す所の人より払うものなれば、その人の政府より被る所の徳沢《とくたく》の深浅に従て払うに非《あら》ず、只《ただ》その費《ついや》す所の物の多寡に準じて之《これ》を納るなり。故に今、百万「ドルラル」の産を有する人にても、物を費して一身に奉ずること役夫《えきふ》の生計の如《ごと》く為《な》るときは、百万金を有するの富豪も一「ドルラル」を持つの役夫も、天下の公費に金を投ずるの高《たか》は同様なり。然《しか》れば之を公平と云うを得ず。

分頭税に於《おい》ても亦《また》この弊風なきにあらず。或者《あるもの》の説に云《いわ》く、分頭税を払う者は、その売物の価《あたい》を貴《たか》くすれば、自然その任を他人に譲るの様にて、之に由《より》て税額の一部を償うべしと。この説全く不可とせずと雖《いえ》ども、弊風の及ぶ所、物品税の如く甚《はなは》だしきに至らず。分頭税を払うが為め、その売物の価を貴くせんとするも、人の私有尽《ことごと》く商売品のみにも非ざれば、その売るべからざる所の物に就《つい》ての税額は、自《みず》から之を払わざるを得ず。故に云く、分頭税を一様に収るときは、その法必ず物品税よりも公平にして、国民より税を出すの多寡と、その政府より徳沢を被るの深浅と、相称《あいかな》うを得べし。

前論の外に又分頭税の法を善とすべきの理あり。即ちその法よく合衆政治の旨に適するとのことなり。抑《そもそ》も衆庶会議、合衆政治の旨は、国民を以《もっ》て国権の基と為し、人々身《み》自《みず》からその身を支配するを以て大綱領と為すものなれば、今斯《かく》の如き政府を立んとし、却《かえっ》てその国民をして、何等の税を払うやを知らしめず、何《いず》れの時に之を払うやを知らしめず、何様の法に従て之を払うやを知らしめざるは、正しくその政治の旨に戻《もと》れるものと云うべし。総《すべ》て衆庶会議の政治に於ては、その国民に対して銭穀出納《すいとう》等の事件を一切秘密にすべからず。国民は啻《ただ》に税額を払うの多寡を知るのみならず、その払いし所の税金を政府に集めて之を用るの処置如何《いかん》をも、傍《かたわら》より察知せざるべからず。蓋《けだ》し国民の之を知ること愈々《いよいよ》詳《つまびら》かなれば、政府の之を用ること愈々正に帰して、始て一国人民の安全を保つべきなり。右の次第を以《もっ》て考うれば、世人或《あるい》は物品税の説を主張し、物品税を収るも国民にはその税の重きを覚えずと云《い》うものあれども、その説甚《はなは》だ不可なり。人の之を知らざるとて暗昧《あんまい》の間にその物を取るの理あらんや。民の税を収て民之を覚えざるときは、決してその税を取るべからず。国民よく税額の多寡を知り、公費の出納を察し、上に不正の処置あらば下より之を発《あば》かんとて、之を窺《うかが》い之を探り、以て始て上下の和合を保存すべきなり。

1　**支吾す**　反する。

収税の主意を論ず

○前条に云《い》える如《ごと》く、一国の人民はその政府より徳沢《とくたく》を被るの深浅に随《したが》て税を納むべきの理あり。譬《たと》えば爰《ここ》に二人あり。その一人は家産十万「ドルラル」を有し、今一人は千「ドルラル」を有す。之《これ》を政府の法に由《より》て均《ひと》しくこの二人を保護するときは、千「ドルラル」の人は十万「ドルラル」の人よりも百分一の税を払て可なり。この論や既《すで》に正しと雖《いえ》ども、未《いま》だ事情の詳《つまびらか》なるを尽すに足らず。国民の家産税[1]分頭税なり[2]を収るに、富商大賈《ふしょうたいこ》はこの税を払て憂色なく、自《みず》からその奢侈《しゃし》を減ずるにも及ばざれども、貧民に至ては然《しか》らず。仮令《たとい》その家産より払う所の税額些少《さしょう》なりと雖ども、或《あるい》はこの割合を納るが為《た》め衣食の欠乏を致すことあり。然りと雖ども、今この弊風を救んが為め、故《こと》さらに富人の家産より重税を取るべきや否《いな》やの論は姑《しばら》く擱《さしお》き、只《ただ》国民はその政府より被る所の徳沢の深浅に従て、その払う所の税に多寡《たか》あるべきの理は既《すで》に明白なり。今物品税の割合を平均して、諸品一様に税額を定るときは、則《すなわ》ち国民貧富の別なく一様に税を出すの理なれば、その法却《かえっ》て公平と云うべからず。故に物品税を収るには、物の種類に従て軽重の等差を設け、人生に欠くべからざるの要品は無税と定め、或は無税ならざるも極めて之を軽くすべし。之に反して奢侈に属する品物は、故さらにその税を重くし、一国公費の

〔大〕太半はこの税金を以て資となすべきなり。

今この論を拡めてその詳《くわしき》を求むるときは、左の条々を決すべきなり。

第一　国民私有の高《たか》に分限を立て、その分限より少きものは税を取ること勿《なか》るべし。貧民の用ゆべき衣服、夜具、并《ならび》にその飼う所の牛馬豚豕《とんし》の如きは、無税品の内に掲ぐべし。

第二　人生必用の品物は無税なるべし。若《も》し止《や》むを得ずして税を取らば、極てその割合を軽《かるく》すべし。此等《これら》の品物を費すの多少は、貧人にても富人にても同様なれども、富人は之を買うに只その産の一部を散ずるのみ。之に反して貧者は、その必用の衣食を買わんが為め、終歳所得の利を殆《ほと》んど用い尽して尚《なお》足らざる者あり。何《いず》れの国にても五穀、薪炭《しんたん》、粗布、鉄類の税を収るときは、その国の人民、之が為めに安楽を失う而已《のみ》ならず、終《つい》には生活を支うる能《あた》わざる

1 **家産税**　家屋や敷地など固定資産に対する税。初編巻之一の「収税法」では、これを地税家税とし、家産税は営業税、所得税の類としていた（本書一九頁）。いずれにせよ、稼得者もしくは保有者から徴収する直接税という点は同じである。 2 **分頭税なり**　家産の持主から直接徴収するので、「分頭税なり」としているが、分頭税という訳語自体は人頭税（poll tax）とまぎらわしく、直接税の訳語としては不適切である。『福澤全集』（明治三十一年刊）の「緒言」において福澤は明治のはじめ頃、direct and indirect tax の訳語に困り果てたと記している。

の甚《はなはだ》しきに至ること間《まま》これあり。

第三　驕奢淫逸《きょうしゃいんいつ》[1]に属するの品物は最もその税を重くして可なり。蓋《けだ》しその主意は、敢《あえ》て人の随意を妨《さまた》げんとするには非《あら》ざれども、一身の奢侈《しゃし》の為《た》めに財用を浪費するものは、之《これ》をして政府の費用を助けしむるも敢て妨《さまたげ》あるの理なければなり。その次は生活を安楽にし蓄財を求むる所の品物よりしてその税を取るべし。その故は人として衣食住を安楽にするものは、その私財の一部を分ち政府の公費に供するも之を憂るに足らず。又蓄財の方法あるものは、政府の保護を被るの代りとして、毎年所得の利を以《もっ》てその一部を分ち政府の用と為《な》すも、自然その理あればなり。故に毛氈《もうせん》[2]の類生活を安楽にする物なりは五穀、薪炭《しんたん》生活に必要なる物なりよりもその税を重くすべし。農夫の荷車、商人の貨船蓄財の為めに用る物なりはその税を取るべしと雖《いえ》ども、都下士商の乗車は之と同等の税額に為すべからず。〇前条既《すで》に云《い》える如《ごと》く、一国の公費は一国人民の負任[3]なれども、決して之を厭《いと》うべからず。凡《およ》そ良民たるものは甘《あまん》じてこの重任を負うべし。その故はこの報《むくい》として得る所のもの甚《はなは》だ大なればなり。人若《も》し之を疑わしく思《おもわ》ば、試《こころみ》に自《みずか》ら顧思[4]せよ。今安全として政府の下に立ち、些少《さしょう》の税を払い、以て甚大の保護を被るに非ずや。仮に今この保護を廃し、身《み》自《みずか》らその身を守り、自らその私有を保護せんと欲しなば、幾多の金を費してその用に足るべきや。人或《あるい》は遊楽の為めに旅行する者あり。美服盛饌《せいせん》[5]の為めに金を費す者あり。甚《はなはだ》しきは放蕩《ほうとう》を為し淫逸に耽《ふ》けり悪事を行うを以て家を破るものあり。是等《これら》の浪費を以てその政府に納る所の税額に比すれば、固《もと》よりその多寡《たか》軽重を論ずるに足らざるなり。故に一国の良民は活眼を開て善《よ》く公費の出納を察し、決してその不正に任すの理なしと雖ども、世間一般の裨益《ひえき》たるべき事あらば、決して鄙吝《ひりん》[6]の心を抱かず、勇《いさ》んで財を出し、同心協力、以てその事を助成せざるべからざるなり。

又爰《ここ》に数句を贅言《ぜいげん》[7]し、以て政府に蓄財するの弊風を論ずること、下件《くだん》の如し。抑《そもそ》も政府に税を納め、その入、その出より居多《きょた》[8]にして、余剰の金を貯《たくわう》るときは、必ず悪《にく》むべきの弊を生ずるものなり。政府に金を有すれば、国内金貨の権を握り、その勢《いきおい》に乗じて遂《つい》に偏頗《へんぱ》不正を逞《たくまし》うするに至ること間多《まま》し。故に政府をして余剰の金を貯《たくわ》えしむるは、徒《いたずら》に有害無益の権威を付与し、その暴戻《ぼうれい》[9]を恣《ほしいまま》にするの資なりと云うべし。若しこの金を聚斂《しゅうれん》せずして国民の手に在らしめなば、生利の資[10]と為るべきに、彼に取て此《これ》に貯え、無益の用に供するのみならず、甚しきに至て

1 **驕奢淫逸**　ぜいたくや遊興。　2 **毛氈**　羊毛からつくられる敷物。じゅうたん。　3 **負任**　負担。　4 **顧思**　顧みて思う。反省する。　5 **美服盛饌**　美しい衣服とごちそう。　6 **鄙吝**　いやしい。けち。　7 **贅言**　よけいな言葉。付言。　8 **居多**　多くなる。大部分を占める。　9 **暴戻**　乱暴で道理に反すること。　10 **生利の資**　生活の糧。

は悪事を行うの資と為《な》すことあり。豈《あに》悲まざるべけんや。大凡《おおよ》そ世界広しと雖《いえ》ども、建国多しと雖ども、政府に余剰の金を貯え、以《もっ》て私欲貪婪《どんらん》の流弊に陥らざるものは、古今未《いま》だ曾《かつ》てその例を見ざるなり。

一国の財を費すべき公務を論ず

○国の財を集めて之《これ》を費すべき公務の箇条は左の如《ごと》し。政府を維持保固するが為《た》めに財を費し、人民を教化長育するが為めに財を費し、宗旨を護持保存するが為めに財を費し、国家の営繕[1]に財を費し、貧民の救助に財を費し、軍国の備用に財を費す等、皆是《これ》なり。今この次序を以て逐《ちく》件之《けんこれ》を論ぜんこと左の如し。但《ただ》しその財を費すの旨は前論に於《おい》て既《すで》に詳悉《しょうしつ》なれば、この条に於ては只《ただ》その要《かなめ》を掲明し、以て備考に供す。

第一　政府を維持するが為めに財を費す事

　この条は公費の内にて最も緊要なるものなり。世に政府なくば曾て人間の交際あるべからず。人間の交際なければ曲を蒙《こうむ》るとも之を訴るに所なく、私有を得るとも之を保つに道なかるべし。然《しか》りと雖《いえ》ども、政府を建《たて》んとするには吏員なかるべからず。吏員を用《もちい》んとするには之に給料を与えざるべからず。若《も》し給料を与えざれば職を奉ずる者なかるべし。故に政府を維持せん為めの費用を論ずるは、その理甚《はなは》だ公《おおやけ》にして且明《かつあきらか》なり。

甲　経済家[2]の要務は、政府の吏員を用るに、各々その職務を奉じ、善《よ》くその任に堪え、以て事業を成し得べき人物を選ぶに在り。抑々《そもそも》政府の職務は頗《すこぶ》る難事多きが故に、非常の才幹《さいかん》[3]あるに非《あら》ざればその任に当るべからず。乃《すなわ》ち博識多聞、書を読み教を被り、義を守り節を知り、確乎《かっこ》不《ふ》抜《ばつ》、世間第一流の名ある人物にして、始めて事業を成し得べし。然るに今若しこの要旨を失い、誤て下流の人物を用いなば、猶《なお》良工の成すべき業を以て賤工《せんこう》に与え、遂《つい》にその事を敗《やぶ》るが如し。豈《あに》不経済の甚《はなはだ》しきものにあらずや。

乙　前条の故を以て、刑法官、議政官、為《い》政《せい》官の如きは、その職務に堪ゆべき人物を選び、その才幹に応じてその給料を与えざるべからず。譬《たと》えば第三等の訟師に与うべき給料を以て、刑法官の大長に与え、その才幹を用んとするは、実に無知無識の吝嗇《りんしょく》と云うべし。且又人を用るに当り、その人、身《み》自《みず》から私業を営《いとなみ》て得べき金よりも更にその給料を少なくし、却《かえっ》てその人をして天下の事務を司《つかさど》らしめんとするは、豈《あに》鄙《ひ》吝《りん》の処置にあらずや。

或人《あるひと》云《いわ》く、政府の吏員へ給料を多く与るときは、世人皆争て仕官を求め、金を貪《むさぼ》るの弊風

1 **営繕**　建物の維持管理。 2 **経済家**　広義の「経済」家、すなわち政治家をさすか。 3 **才幹**　才能。

を生ずべしと。予《よ》答て云《いわ》く、吏員の給料を減ずるとも決してこの弊風を除くに足らず。仕官に熱中する者の多寡《たか》は依然たるべし。只《ただ》給料を多くすれば学者士君子をして熱中せしめ、給料を少なくすれば皂隷《そうれい》小夫[1]をして熱中せしむるのみ。只君子を用れば世の益となり、小夫を用れば世の害となるの差あるのみ。今仮令《たとい》大に給料を減じ、政府枢要《すうよう》の職に任ずる者へその給料を与うること、僅《わずか》に小夫の賃銭に等しきことあらんか。乃《すなわ》ち斯《かく》の如《ごと》く為《な》すとも、この官職を得んとして熱中する者は、尚《なお》依然旧の如く多かるべし。只その仕官に熱中するの争《あらそい》は、乃ち皂隷小夫の間に行われて、学者士君子は必ず之を争うを欲せざるのみ。

　前条給料の論は必ず行われて妨《さまたげ》なき便益のものなり。譬《たと》えばその政府の職に任ずるに当り、本人の身分に爵位《しゃくい》を付与し、或《あるい》は之《これ》を以《もっ》て学者士君子の栄誉と為すの国風なれば、仕官の給料は他の職業に於《おけ》るよりも少なくして可なり。又在職の年限なき者は年限ある者よりも給料を少なくして可なり。故に一国人民の地位を一様同等に定め、政府の職を奉ずる者と雖《いえ》ども、之に爵位を付与することなく、之を尊敬すること無きの理を主張し、その風の盛行する国に在ては、官員の給料必ず多からざるを得ず。且《かつ》又在職の年限あれば、之が為《た》めその退職の後に営求すべき生計の道をも失うが故に、その給料も亦《また》之に準じて貴《たか》からざるを得ず。此等《これら》の人、その職に在るに当りて、善《よ》く信実を尽し公務を奉ずれば、その功を賞するが為め、退職の後、之に扶助金[2]を与えざるを得ず。

第二　人民を教育するの為め財を費す事

人民の教育に二様の別あり。一を常教[3]と云《い》い、一を学教[4]と云う。常教とは何ぞや。人のこの世に生れ、通常の産を営求するが為め、欠くべからざる所の聞見知識を導くの教《おしえ》なり。語学、書画、数学、地理、歴史、物産学、窮理学、経済学、心学等の一班を云う。此等は皆是平人の常に心得あるべき学科にて、必ずしも学者先生にして始めて之を知るの教には非ざるなり。この教を設けんには、公《おおやけ》に一国の税を収めその費用に充《あ》つべし。蓋《けだ》しその故は、国民各々学問の一班を知れば、相互にその裨益《ひえき》を被るべければなり。殊《こと》に衆庶会議の政治に在ては、人を教育してその徳沢《とくたく》を被ること最も大なり。

右の如く常教を設るが為め税を収るに当り、そのこれを収るの法方《ほうほう》と、之を収て又之を費すの法方とを論ぜざるべからず。教育の税を収るは、他の税を収るが如く、之を集めて官庫に貯《たくわ》え、教師に給料を与ること、尋常の吏人に給料を与るが如くすべし。之を一法とす。又或は市《し》井《せい》郷里に学校を建て、その地の長荘[庄]屋、名主の類をしてその地より費用の金を集めしめ、之をその長

1 **皂隷小夫**　志の低い小人、または下級の役人。 2 **扶助金**　年金。助成金。 3 **常教**　common education（普通教育）。 4 **学教**　scientific education（上級、高等教育）。

の手に托し、乃《すなわ》ち之《これ》をして学校を監督せしめ、教師を取扱わしむべし。之を第二法とす。以上両様の得失利否を案ずるに、第二法を以《もっ》て上策とす。この法に従えば、各処の人民、皆自家の利否を謀《はか》り、その学校に心を用ること深切にして、金を費すことも亦苟且《またかりそめ》ならず。随《したがっ》て教師を選任するにも、自《おのず》からその才徳を用て人選を誤ること勿《なか》るべし。之に反し一個の本政府より数《あま》多《た》の教師を選《えら》み、国内の諸方に送らんとすれば、その人選のときに当り、或《あるい》は失誤多く、或は誠実の意を失うことあるを免《まぬか》れず。国民は固《もと》よりその選挙の事に関らず、その給料の多寡《たか》をも知り得ざれば、自然その教授の可否如何《いか》んを注思すること無くして、終《つい》には生徒教育の本旨を錯《あやま》るの弊風を生ずべし。

前条所論の第二法に従《したがわ》んとするときは、その処置甚《はなは》だ簡易なり。乃ち市井郷里の大小を計り、その人口の多寡に従て、一処の学校を設くべきものは必ず之を建てしめ、その費用を供せんが為《た》めには政府の権を以て税を収め、その収めたる税金は之を集めてその地の人民に托し、出納《すいとう》の任を専らにせしむべし。蓋《けだ》しその人民は、自己の膏血《こうけつ》を絞り集めたる金なれば、この金を用るも工夫を尽し、不経済の処置を為《な》さゞること必《ひっ》せり。○且《かつ》又右の如《ごと》く学校を盛《さかん》にするときは、教師も亦随《したがっ》てその人員を多くせざるを得ず。故にこの教師たるべき人物を成育するが為め、又一種の学校を設けざるを得ず。斯《かく》の如くして全国の内に教化の大本を定立すれば、その主意互《たがい》に相支吾《しご》すること無くして、諸学の進歩亦随て一様なることを得べし。

第二の教育を学教とす。学教を修め天下に広布し、之《これ》に由《より》て衆庶の裨益《ひえき》を成すとのことは、固《もと》より論ずるを待《また》ず。試《こころみ》に見よ、方今《ほうこん》諸国に在て発明工夫の功績多く、人知益々《ますます》開け徳沢《とくたく》益々大なるは、皆学教の賜《たまもの》にあらずや。故にこの学教を盛にせんが為め天下の財を費すは、その所為実に公明正大と云《いう》べく、且有知有識と云べきなり。

学問の道を研究し之を修ると、学問の道を公布し之を広むるとの二件は、同一の人にして成すべきなり。且又その所用の器具も両様相同じきが故に、この二件は常に相符して一科と為せり。又学教を建るにも二条の要訣あり。第一、既《すで》に所有せる知学[1]を世に弘むることなり。第二、既に所有せるものへ新《あらた》に知学を増益することなり。この二条は両様共に緊要のものにて、必ず之を兼有せざるべからず。諸方の学校を見るに、その一を忘れ能《よ》くその二を成せしは、未《いま》だ曾《かつ》て之あるものを見ず。○右の論は姑《しばら》く擱《さしお》き、今此《ここ》には政府より学教の為めに高科の学校を建て、学を修め道を広めんを勉《つとむ》るに当り、その費を少なくしその事を善《よ》くする所以《ゆえん》の法を示すのみ。

学校を開んが為め、必用なる器械書籍を購いその家屋を建るには、非常の多費なるが故に、

1 **知学**　知識。学識。

平人に在て能《よ》く成し得《う》べきことに非《あら》ず。或《あるい》は偶々《たまたま》平人にて学校を開く者あるも、元金を償うが為《た》め自然その生徒の学費を貴《たか》くするが故に、富人に非ざれば入学して教《おしえ》を受る能《あた》わず。故に政府にて学教の設《もうけ》を為《な》すは、元より富人の為めに非ず、只《ただ》貧民の学に志して学資に乏しき者を恵むの主意なれば、政府の職分として学教に必用の具書籍器械家屋の類を備えざるべからず。

右の如《ごと》く政府にて器械、書籍、家屋を供し、この品物を用いて学教を授るに当り、その教師たる者はこの品物を用るが為め借賃を政府へ納むべきや否《いなや》の議論を決するは甚《はなは》だ容易なり。唯《ただ》その借賃を払えば教授の給料を貴くし、之《これ》を払わざれば給料を賤《ひく》くするのみ。

教師に与る給料は、その人の才学と器量とに従い多寡《たか》あるべし。学術教授の産業[1]教授を以て銭を得るは農工商の業を営むに異ならず。故に之を産業と云う。を進め、之を鼓舞作興《さっこう》し[2]、必ずその人をして学力の深浅と誠実の厚薄とに因《よ》て生計の道を得せしめんとするには、給料の多寡を以て之を制するに若《し》くは無し。按《あん》ずるに我亜米利加《わがアメリカ》合衆国に於《おい》て、大学校の教師[3]へ給料を与るに、その高《たか》を一定して曾《かつ》て機宜《きぎ》に応ずるの処置なきは[4]、教育の為め大に不便なるに似たり。故に今一種の学を盛《さかん》にせん為めその入用の元金を備えなば、之を用るの法は宜《よろ》しく本論の旨に従い、人の才学と器量とに準じて之に給料を増減すべし。

又貧生を教育するが為めその元金を備えなば、之を行うの法は左の旨に基づくべし。

第一　只《ただ》貧書生を恵むのみにて、之が為《た》め学校一般の教授料を賤《ひく》くすべからず。譬《たと》えば教授の給料貴《たか》くして、甲某の自力を以《もっ》てその教授を受ること能《あた》わざるときは、之を扶助して教育を授くべし。是《こ》れ天下の美事なり。然《しか》れども貧者は只甲一人にして、乙、丙、丁の学生は皆至当の教授料を納むべきものなれば、貧生一人の為め他者の学費を減ずるの理なし。

第二　前論に云《い》える如《ごと》く、教師に与る給料はその学力の深浅と誠実の厚薄とに因《より》てその多寡《たか》あるべしとの旨を失すべからず。仮令《たとい》今爰《ここ》に一の学校を設け、その学費を廉《れん》にし、これが為めに生徒常に充満するも、その教師を処するの法宜《よろ》しきを失い、教授の職掌を勉《つとめ》る者も怠る者も、その給料を与ること同一なるときは、この学校は啻《ただ》に教の風を助けざるのみならず、反《かえっ》て世の文学を衰微せしむるに至るべし。

第三　学校に大中小の順序あらば、下等の学校に於《おい》て謹慎勉強する者を挙げ、その褒賞《ほうしょう》として之を上等の学校に遷《うつ》すべし。此《こ》の如くするときは、大に下《か》学校の生徒を励まし、正しくその人物の才不才に準じて学費を給し、名実相支吾《しご》すること無きを得べし。

1　**学術教授の産業**　原書には professional industry とある。この訳は福澤の割註にあるような理解によるもので、教師を聖職とみなしていた当時としては格別な注釈。 2　**鼓舞作興**　ふるい立たせて盛んにすること。 3　**大学校の教師**　college officers のこと。 4　**機宜に応ずる**　場合に応じた。

又爰《ここ》に論ずべきの一事あり。学教を進めんが為《ため》に天下の衆人各々自力を用れば、その従て生ずる所の功験は、その力を用る所の方向に由《より》て異同あり。衆人若《も》し財を愛して教育の冗費《じょうひ》を少なくせんと欲するときは、その欲する所に従て之《これ》を少なくすべき而已《のみ》にて、他に所得ある無し。生徒の学費を納ること極めて少なければ、教師の給料を受るも亦《また》極めて少なかるべし。故にその教授の品位も亦極めて賤《いや》しからざるを得ず。今五両の金を以《もっ》て二十五両の布帛《ふはく》を買うの術ありとて自《みず》から誇張するものあらば、人誰か之を愚と云わざらん。若し此《こ》の如《ごと》き愚人あらば、試《こころみ》にその所欲に従てその物を買わしむべし。遂《つい》には自己に之を発明せん。抑《そもそ》も五両の金を投じて買いし物は、果して五両の価《あたい》より貴《たか》からざれば、人民教育の価に於《おい》ても之に異なるなし。教師の給料、或《あるい》は一年五百「ドルラル」のものあり、或は一千「ドルラル」のものあり、或は二千乃至三千「ドルラル」なるものあり。然《しか》るに今五百「ドルラル」の金を投じて三千「ドルラル」の教師を使役せんと欲するは、豈《あに》大なる謬誤《びゅうご》[1]に非《あら》ずや。試に問う、この金を以てこの人を使役し、果して意の如《ごと》く事実に行《おこな》われ得るか。天下古今未《いま》だ曾《かつ》て此の如き妙計あるを聞かず。

只管《ひたすら》教育の冗費を減ずるを以て旨となすときは、教育の分量は増すと雖《いえ》ども、その品位は下落せざるを得ず。譬《たと》えば何等の品物にても、その品位下落するときは、随《したがっ》て之を求むるものも減ぜざるを得ず。故に只《ただ》その品の美ならざるのみならず、遂《つい》にはその分量をも併せて減少するに至るべし。世上の物、何品にても之を求むるもの少ければ、之を作る者も亦少くして、自然その物を減少するの理なり。人民教育に在ても亦然り。教授の法宜からず、その風俗正しからざるときは、世人の之を学ぶもの少し。之を学ぶもの少ければ、之を教る者も亦自然に減じて、遂には世の文学を衰微敗壊せしむるに至るを云なり。

前論に反して、天下衆人の力を用る所、教育の法を修めその風俗を正すに在らば、自然その品位を貴《たこ》うして人心を鼓舞し、学に志すもの多く、学問の風規を興張し[2]、その教《おしえ》を蒙《こうむ》らんと欲するもの日増月進するが故に、唯《ただ》教育の品位を貴《たか》くするのみならず、その分量をも弁《あわ》せて大に亦増加すべし。故に云《いわ》く、人民教育の法はその価の廉《れん》ならんより、寧《むし》ろその品の美ならんを貴《たっと》しとす。

第三　宗旨を護持するが為《た》め財を費す事

宗旨を護持するが為めの冗費《じょうひ》は、会社結盟の中間《なかま》[3]即ち我が云う所の講中[4]なりにて相弁ずべきものなれば、必ず政府の下に立つ所の世俗衆人をして尽《ことごと》くその責に任ぜしむるを要するの理なし。蓋《けだ》し宗旨の教は、古来政府の存亡に関せずして常に繁栄せしものなれば、必ずしも政府の扶持を仰がずして可なり。或人《あるひと》云《い》う。宗旨に帰依すれば、その人の徳誼《とくぎ》を修め、知識を開き、世の風俗を美

1 **謬誤**　誤謬。あやまり。　2 **興張す**　盛んにする。　3 **会社結盟の中間**　ここで「会社」は組合の意味。「結盟の中間」は割註にあるとおり「講中」ないし「社中」のことである。　4 **講中**　同業者等の組合、寄合の仲間。

にして、人各々その徳沢《とくたく》を被るが故に、この法を保護するが為《た》めには、亦《また》各人をして財を出さしめざるべからずと。予答て云《いわ》く、然《しか》らず。宗旨の設《もうけ》あるに由《より》て人各々その徳沢を被るとの説は誠に是《これ》なりと雖《いえ》ども、本来宗旨を立るの意は、人々をして徳沢を蒙《こうむ》らしめんと欲するには非《あら》ず。唯《ただ》人々相共に宗旨の教《おしえ》を被り、以《もっ》て自《みず》から為めにするのみにて、人の為めにするには非ず。或《あるい》は之《これ》に由《より》て自然世の風俗を新《あらた》にしその徳沢の他人に布《し》き及すことあるも、是《こ》れその然《しか》るを計らずして然るものにして、その本人に於《おい》ては毫《ごう》も之に関係する所あらざれば、今偶然その徳沢を被りしとて、強《しい》て之が為め財を出《いだ》さしむるの理はあらず。譬《たと》えば隣人その地面に家を立て、偶々《たまたま》之に由て我家の溝墻《こうしょう》[1]となり、我に益することあると雖ども、本来隣人の家を立てし旨は、自己の便利を計りしものなれば、仮令《たとい》我家に在てその徳沢を被るとも、我より銭を出してその造営の費を償うの理なし。然らば宗旨護持の論も、隣人の家に異なることなかるべし。

宗旨を護持するが為め公然国民の税を収むべしとの説を主張するものあり。云く、政府を維持するには宗旨の教なかるべからず、宗旨の教を護するには権力を以てその費用の金を集めざるべからずと。この論却《かえっ》て是《ぜ》なりと云うべからず。宗旨を存すれば政府を立るの一大助たるべしと雖ども、之が為め強て国人の財を収むべしとの説は理に戻《もと》ること大なり。予輩の論に拠《よ》れば、何等の事情あるも決して宗旨の為めに税を収むべからず。国民その政府に請《こ》うて会社を結び宗旨法教に従事するも、他の商人等の組合を立て商業を営するに異ならず。政府よりその会社を准《ゆる》すの意も、敢《あえ》て宗旨を重んじて故《こと》さらに之を命ずるに非ず。只《ただ》宗旨の信心は、一身の幸福を求むるのみにして、世の害を為《な》さゞるが故に之を准すなり。

第四　国内の営繕に財を費す事

海岸を測量し諸港を営繕するが如《ごと》き、外国貿易の為めに必用なる事は、之を一国の公費と為《な》して官府の手に任せざるべからず。又街道を開き、通船の為めに川を堀〔掘〕り、蒸気車の為めに鉄道を敷くが如き、内地の営繕は、之を平人[2]に任して私に為さしむるを善とす。此等《これら》の工役を企て元金を費して利益を得べき目的あれば、衆人皆悦《よろこん》で之を為すべきなれども、若《も》し所得を以て所失を償うに足らざるの恐《おそれ》あらば、政府にても平人にても決して之を企ること勿《なか》るべし。只内地の営繕に付き、その工業[3]の大なるが為めに、平人の自力にて元金を給する能《あた》わざるか、或はその工業に関る所の権力頗る重大に渉《わた》り、之を平人の会社に委任し難きことあるときは、政府より手を下し之を企つべし。但《ただ》し政府の公費を以て之を企るとも、その出納を制するの法は、

1 **溝墻**　みぞとかきね。ここでは「しきり」、「くぎり」を意味している。　2 **平人**　平民。普通人。　3 **工業**　社会公共資本の建設工事。

平人の私費に於《お》けるものと曾《かつ》て相異なること無し。

第五　貧人救助の為《た》め財を費す事

鰥寡孤《かんかこ》独廃疾《どくはいしつ》[1]の者を救助するは、宗旨法教の職分なれば、宜《よろ》しく自意の処置に任すべし。故に風俗淳厚[2]にして宗旨を重んずる国にては、貧民を救助するに人々の自意に任し、私有を分《わかち》て衣食を与るものあり、或《あるい》は衆人相共に謀《はか》り救窮の会社[3]を結ぶものあり。

前条の論は既《すで》に理の当然なりと雖《いえ》ども、或は事の情に由《よ》り、平人の自力を以《もっ》て速《すみやか》に救助の処置を施すべからざることあり、或は之《これ》を施すべきも費用大にしてその任に堪る能《あた》わざることあるが故に、老幼病者の活計なき者へは、一国の公費を以て衣食を給するも、理に於《おい》て妨《さまたげ》あること無し。

右の如《ごと》く他の扶助を仰ぐ者と雖ども悉皆《しっかい》廃人なるに非《あら》ず。〔大〕太半は之を用て力役《りきえき》に服せしむべき者なり。或は亦《また》技芸に達したる者も少なからず。抑《そもそ》もその本人の為めに謀るに、躬《みずから》行《おこない》を懶惰《らんだ》になすより、寧《むし》ろ至当の力役を勤めなば、反《かえっ》て心に慊《こころよ》きを覚うべし。故に貧民へ職業を授けて之を勤めしむるは、仁愛の主意にして、且亦《かつまた》経済の要訣《ようけつ》なり。貧民の力を役しその技能を用て巧《たくみ》に之を処置すれば、その所得の利を以て大抵《たいてい》救助の費用を償うに足るべし。故に救窮の法を設けんとするには、十分に元金を備えて力役の場所を設け、扶助を願う者あれば、且之を使役し、且之に与うるに衣食を以てす。乃《すなわ》ち是《これ》を策の得たるものと云《い》う。合衆国東北の諸州に於ては、一邑《いちゆう》又は一郡の公費を以て田地を買い、貧民扶助の資に備えしものあり。実験に拠《よ》るに、この法を以て貧民を扶助すれば、初め田地を買うときの元金を費すのみにて、その後は法を正しくして措置を施し、貧人を役してその地を耕さしめ、その所得の利を以て諸雑費を償い得べし。或は啻《ただに》之を償うのみならず、時としては出納を平均して余《あまり》ありと云う。都《すべ》てこの類の法を推して之を用れば、貧民救助の費用は甚《はなは》だ少なくして、実に力役する能わざる者へも、厚く扶助を加うるを得べし。

第六　軍国の備《そなえ》に財を費す事

多く銭を費やさずして国を保するの法は、正理を守り事を処すること寛大にあるを上策とす。然《しか》れども若《も》し止《やむ》を得ずして戦争に従事するときは、経済の要務は乃《すなわ》ち防禦《ぼうぎょ》の策略を遠大にし、之を学識に基本し、事をして遺漏《いろう》なからしむるに在り。故に辺地海岸を測量して地理を詳《つまびらか》にし、敵兵の侵《おか》すべき地には盛《さかん》に城砦《じょうさい》を築て防守を厳にし、食を足し兵を足し、欠乏の患《うれい》なから

1 **鰥寡孤独廃疾**　つれあいをなくした老人や病人、身体障害者。　2 **淳厚**　まごころがあって思いやりがあること。　3 **救窮の会社**　貧民救助の団体、組織。

しむべし。又平生よりして軍旅[1]の学校を設け、国の公費を以《もっ》て之を扶持し、この学校にて教育を蒙《こうむ》り能《よ》くその業を遂《と》げたるものへは、平日公費を以て衣食を給し、一旦事あるに当《あたり》て軍役を命ずるの備《そなえ》となすべし。都《すべ》て是等《これら》の措置区画は、これを施すに先《ま》ずその利害損益を察すべし。実にその主意を達して全く益あるを見ば、費用の大小は固《もと》より問うことを須《もち》うべからず。乃《すなわ》ちその金を費すの法方は、本来経済学の所係に非《あら》ざれば、宜《よろ》しく兵学教師の説に従て之を採用すべし。但《ただ》し経済学の要は、財を惜吝《せきりん》[2]せずして第一流の人物を選用し、防禦の策略を設けて之を実地に施さしめ、その所得の実効と所失の冗費《じょうひ》と、軽重宜しく相称《かな》わんことを欲するのみ。

西洋事情　二編　巻之一　終

1 **軍旅**　軍隊。　2 **惜吝**　もの惜しみすること。

西洋事情　二編　巻之二（抄）

福澤諭吉　纂輯

魯西亜《ロシア》

史記[1]

千六百四十五年、ロマノフ[2]死して太子アレキス[3]立つ。この君再び娶《めとり》て両《ふたり》ながら子あり。先妃はフュードル[4]及びイワン[5]を生み、後妃はペイトル[6]を生めり。千六百七十六年、フュードル、父の位《くらい》を継ぎ、千六百八十二年、死して子なし。死に臨《のぞ》み遺命してペイトルに位を伝えり。蓋《けだ》しイワンの虚弱なるが故なり。死後に至り国中の士族、或《あるい》は先君の命を奉じてペイトルを立てんとする者あり、或はイワンを助けて位を得せしめんとする者あり、国論沸騰して定らざること久し。その乱階[7]を尋るに、イワンの姉ペイトルの異母姉なりソヒヤ[8]なる者、奸才《かんさい》あり、イワンの暗弱[9]を利してこれを位に即《つ》かしめ、已《おの》れ自《みず》から政権を握らんとするの陰謀よりして、遂《つい》にこの騒乱を醸《かも》したるなり。同年第五月に至り国中の議、漸《ようや》く定り、イワン及びペイトルを立てゝ一国両君と為《な》し、国の大権はソヒヤの手に帰し、二幼君の後見《こうけん》職と称して、百事皆その裁断を経ざるものなし。ペイトルは偽て懶惰《らんだ》放蕩《ほうとう》を事とし、嘗《かつ》て朝政に参《あずか》ることなく、独《ひと》り自《みず》から後日の事を思慮して憂苦の色を顕《あら》わさず。七年の星霜《せいそう》を経て、年甫《はじめ》て十七歳、国中一貴族の女を娶《めと》れり。これを事業の始《はじめ》とす。爾後《じご》漸《ようや》く姉の羈絆《きはん》[10]を脱して、既《すで》に蛟竜《こうりゅう》[11]の勢《いきおい》あり、亦《また》池中の物に非《あ》らず。これより先《さ》き瑞西《スイス》の士人レホルト、[12]蘇格蘭《スコットランド》の士人ゴルドン[13]なる者あり。ペイトルこの二士を養て腹心の臣と為し、共に謀《はか》りて事を行い、英断を以《もっ》てソヒヤを捕え、これを寺院に禁錮し、その寵臣プリンスガリチン[14]を放逐《ほうちく》せり。イワンも亦自《みずか》ら位を辞し、全国の政治始てペイトル帝の親裁に帰せり。

この時に至るまでペイトルは嘗て教育を被《こうむ》りしことなく、性情猛劇にして沈湎冒色《ちんめんぼうしょく》[15]の悪習を

1 **史記**　ロマノフ朝以前の史記は割愛した。 2 **ロマノフ**　ミハエル・ロマノフ。以下、ロマノフ朝歴代の皇帝（ツァーリ）名、在位期間は現在通行の片かな表記で、この巻の末尾に一覧表として示す（三〇六頁）。 3 **太子アレキス**　アレクセイ・ミハイロヴィッチ。 4 **フュードル**　フョードル三世。 5 **イワン**　イワン五世。 6 **ペイトル**　ピョートル一世。ピョートル大帝。 7 **乱階**　騒乱の起こるきざし。 8 **ソヒヤ**　ソフィア。摂政（在位一六八二―八九）。 9 **暗弱**　道理がわからず、いくじがないこと。 10 **羈絆**　束縛。 11 **蛟竜**　中国の想像上の動物「みずち」。竜の子で、水中にひそみ雲雨に会うと天にのぼり竜になるという。まだ志を得ない英雄、豪傑のたとえ。 12 **レホルト**　フランツ・ヤコヴレヴィッチ・ラフェルト、またはフランソワ・ルフォール（一六五六―九九）。 13 **ゴルドン**　パトリック・ゴードン。 14 **プリンスガリチン**　ヴェ・ヴェ・ゴリツィン（一六四三―一七一四）か。 15 **沈湎冒色**　酒色におぼれふけること。

成せりと雖《いえ》ども、天稟《てんぴん》果断の英才を抱《いだき》て一時に国内の改革に従事し、新《あらた》に軍制を立て将士の階級を定め、天子躬《みず》から兵士の列に加わり、鍛練《たんれん》の実功を以《もっ》て次第に登級し、国内の貴族をして尽《ことごと》くその例に倣《なら》わしめり。又古来魯国に船舶なきを患《うれ》い、和蘭《オランダ》及びフェナイスの船工を雇て小船を造らしめ、これをペイプス湖[1]に浮《うか》べり。蓋《けだ》し魯国海軍の濫觴《らんしょう》[2]なり。又此《こ》の時魯国の港アルカンゼル[3]に和蘭《オランダ》船及び英国船の碇泊《ていはく》せるものあり。ペイトル躬からこの船に乗り、近海を渡航して実地の術を試み、次《つい》で又国内の少年数名を選び、フェナイス及び和蘭へ遣《やり》て航海術を伝習せしめり。千六百九十六年、土耳古《トルコ》を攻め、アゾフ海[4]の地を幷《あわ》せたるも、自国に海軍を開かんとするの目的なり。同年ペイトルはその妃を離縁せり。海軍の事に付き皇妃より異存を建言せし故なりと云う。又ペイトルはその国人の風俗を観て、未《いま》だ蛮野の臭を脱せざるを患い、これを文明に導かんが為《た》め、専ら欧羅巴《ヨーロッパ》西方の諸国に交《まじわり》を結び、その物を見、その言を聞き、その流風を自国に移さんとせり。且《かつ》又自己の無学なるを知り、深くこれを恥て、独《ひと》り自《みず》から謂《おも》えらく、人を教えんとするには己《おの》れ自からこれを学ばざるべからずと。乃《すなわ》ち国事を棄《す》て、微服[5]して外国へ遊学せり。于時《ときに》千六百九十七年なり。近臣数人と共に国を去り、先《ま》ず和蘭に行きサールダム[6]の造船局に入て造船の役夫《えきふ》と為《な》れり。伝え云《い》う、当時ペイトルは毎朝早起、自《みず》から茶を煎《いり》て食し、食終て業に就《つ》き、終日勉強して賃銭を受ること尋常の役夫に異なるなしと。又云う、ペイトルは身体長大にして力あり、歩行疾速にして業作軽快、顔面肥大にして円《まる》く、眉毛茶褐色にして、巻髪屈回、その容貌これを一見して怖るべしと。○右の如《ごと》く造船の諸術を学ぶ余業には、窮理《きゆうり》、天文、地理の学より、医術、解剖に至るまで、尽《ことごと》く研究せざるはなし。千六百九十八年第一月、和蘭より英国に行き、留《とど》まること八月にして復《ま》た和蘭へ帰らんとする時、英国王ヰルレム[7]一小船を贈り、学術の教師数名を載せて共に去れり。○英蘭両国に遊学の間、既《すで》に造船航海術の奥義を究めたれば、又陸軍の法を学ばんと欲し、墺地利《オーストリア》の兵制は全欧羅巴洲に冠たるを伝聞して、乃《すなわ》ちその首府ヰンナ[8]に赴き、墺帝レヲポルト[9]に面晤《めんご》[10]して陸軍の事を談じ、又去て伊太里《イタリア》に行《ゆか》んとするとき、国内の士族、乱を起したるを聞き、急にヰンナを辞して微服してモスコーに帰れり。于時千六百九十八年第九月なり。帝の未《いま》だ帰国せざる前に、将軍ゴルドン、兵を発して賊を討し、一万人を殺して七千人

1 **ペイプス湖**　チュド湖。エストニア東部とロシア西部のプスコフ州との境界にある湖。　2 **濫觴**　物事の始まり。起源。　3 **アルカンゼル**　アルハンゲリスク。ロシア西部、アルハンゲリスク州の州都。白海に臨む港湾都市。　4 **アゾフ海**　黒海北部の支湾。クリミア半島の東部とタマン半島とに囲まれた内海。　5 **微服**　人目につかない粗末な服装。しのび姿。　6 **サールダム**　ザーンダム。オランダ南西部の都市。東インド会社の造船所があった。　7 **英国王ヰルレム**　ウィリアム三世（一六五〇—一七〇二）。　8 **ヰンナ**　ウィーン。　9 **墺帝レヲポルト**　レオポルド一世（一六四〇—一七〇二）。　10 **面晤**　向かいあって話すこと。面会。

を捕え、事既《すで》に平《たい》らぎたれども、帝は尚《なお》これを以《もっ》て足れりとせず、囚俘《しゅうふ》[1]七千人をも尽《ことごと》く死刑に処し、或《あるい》は縊《くび》り或は斬《き》り、古来未曾有《みぞう》の残酷を極めたりと云《い》う。爾後《じご》尚国内の物論穏かならず、乱を起すこと二度に及べるを以《もっ》て、帝乃《すなわ》ち意を決して士族の兵隊を廃し、新《あらた》に日耳曼《ゼルマン》の兵制墺地利の制ならんに倣《ならい》て隊伍の式を定め、魯西亜《ロシア》の軍制こゝに於《おい》て一新せり。

○帝既に諸国を遊歴してその文明の風を慕い、自国の民を開化せんと欲して、自《みず》から謂《おもえ》らく、魯人をして他国の学術を学ばしめんとするときは、その服飾も亦《また》他の風に従わざるべからずとて、国中に命じ、西方諸国の風に倣て衣服の制を改め髭《ひげ》を剪截《せんせつ》すべしとの令を下《く》だしたるに、左右近臣は速《すみやか》に命を奉じたれども、頑愚の民はこれを悦《よろこ》ばず。帝乃ち新法を設けて、長衣長髭の税を定め、諸都府の関門に衣服の見本を掲げて、税金を出《い》だすを欲せざる者は、この制式に従て衣服を短くし兼て亦その髭をも剪《き》るべしとの厳命を布告せり。○従来魯西亜にては、外国人と貿易する者は死罪に処するの法なりしが、ペイトルに至てこの法を廃し、専ら外国の貿易を励まし、外国の書を取て飜訳せしめ、法則を設けて出版を盛《さかん》にし、海軍及びその他の学校を開くこと甚《はなは》だ多し。

○国内の改革、漸《ようや》くその条理を得る[2]に従い、乃ち又外国の事務に注意し、魯の旧地イングリヤ[3]及びカレリヤ[4]当時瑞典の領地となれりを恢復《かいふく》せんとして、ポーランド及び嗹《デンマーク》国の君と好《よしみ》を通じ、瑞典《スウェーデン》を攻めんことを謀《はか》り、帝自《みず》から六万の兵を卒〔率〕い、大砲百四十五門を引て、ナルウ5の城を囲み、将軍コロイ及びドルコルキに事を託して、自からノウゴロット6に退陣せり。この時に当て瑞典王第十二世チャーレス7、齢《よわい》未《いま》だ十八歳に満たず、即位僅《わず》かに二年にして国事に慣れざれども、天《てん》稟《ぴん》武勇の胆略8あり。寇《こう》至るを聞て乃ち起《た》ち、自《みず》から兵を指揮してこれに赴き、先《ま》ず魯軍の先鋒を破り、尚《なお》進でナルワに至り、僅《わず》かに八千の兵卒と十門の大砲を以て六万の大軍に向い、遇《たま》ま雪風朦冥《もうめい》9なるに会し、雪に乗じてその本陣に迫り、短兵接戦、立どころにその隊伍を乱《み》だり、走るを追い留るを斬《き》り、殺傷その数を知らず。武器を棄《す》てゝ降《くだ》る者三万人、その将士と雖《いえ》ども、降伏の後、始て敵は僅かに八千の小兵なりしを知れりと云《い》う。于時《ときに》千七百年第十一月晦日《みそか》なり10。これより第十二世チャーレスの威名、全欧羅巴《ヨーロッパ》に轟《とどろき》て、或は之《これ》を慕う者あり、或は之を恐る

1 **囚俘**　捕虜。 2 **条理を得る**　体制づくりが整う。 3 **イングリヤ**　ペイプス湖（チュド湖）の東に位置するロシア領。 4 **カレリヤ**　フィンランドの東に位置するカレリア自治共和国。 5 **ナルウ**　ナルワとも。ナルヴァ。エストニア共和国北東部の都市。 6 **ノウゴロット**　ペテルブルグの南南東一六〇キロ、イリメニ湖近くの都市。 7 **第十二世チャーレス**　カール十二世（一六八二―一七一八）。 8 **胆略**　大胆な策略。 9 **雪風朦瞑**　吹雪のためあたり一面が暗いこと。 10 **帝自から……千七百年第十一月晦日なり**　ナルヴァの戦い。北方戦争（一七〇〇―二一）のはじまり。

ゝ者ありて、一時に人の耳目を驚かしたりと云《い》う。魯の兵は既《すで》に未曾有《みぞう》の敗衄《はいじく》[1]を取たれども、帝敢《あえ》てその節を変ぜず、従容として云《いわ》く、瑞敵[2]暫《しばら》く利を得ると雖《いえ》ども、我が師《いくさ》なり、我は必ず彼に勝つの術を彼に学ばんのみと。爾後《じご》益々《ますます》生兵を募《つの》り、武器を製し、操練怠たることなし。大砲を造らんとするに金を得ず、乃《すなわ》ち寺院の鐘を鎔《と》かしてこれを鋳《い》り、大砲百門、野戦砲百四十三門を得たり。これよりして魯の兵力漸《ようや》く振い、且《か》つ瑞典《スウェーデン》王は専ら南征して後を顧ざるが故に、魯人はこの機会に乗じて北境の地を略し、瑞の兵と戦て互《たがい》に勝敗あり。千七百一年に至てマリインボルフ[3]の地を取り ペイトルスボルフの西南二百余里にあり 翌年又ネワ河畔[4]の地を押領《おうりょう》して、新都ペイトルスボルフ[5]の造営を始めり。この時に至るまでペイトルスボルフの地は、不毛の湿土にて寒気甚《はなはだ》しく、人の住居すべき里にあらざれば、群臣遷都の議を止る者多しと雖ども、帝これを聞かず。兵馬混乱の際に大土工を興し、その工未《いま》だ半《なかば》に至らず、屡々《しばしば》瑞典の寇《こう》ありて、魯の兵利あらず。千七百七年カリシの戦[6]にて、魯の将軍メンチコフ[7]始て一勝利を得たるのみ。○魯瑞の兵を交ること既に久し。仏蘭西《フランス》政府その間に居て讐を解かんとし[8]、屡々瑞典に書を贈りたれども、瑞典王チャーレスは既に決心し、必ず魯西亜《ロシア》の首府モスコーの城下に至て魯君と盟《ちか》わんとて、仏蘭西の説に従わず。ペイトルこれを聞き、笑て云く、チャーレスは歴山王《れきざんおう》[9]の事を行わんとすれども、独《ひと》りダリウス[10]なきを如何《いかん》せんと。ダリウスは往古ペルシャの君にて歴山王に滅されたるもの 千七百七年第八月瑞典王チャーレス、四万五千の兵を卒〔率〕い大挙して魯に入る。前にナルワの戦には八千の兵に向て敗走したる魯人なれば、チャーレスのこれを蔑視すること甚《はなは》だしく、自《みず》から謂《おもえ》らく、我一鞭《いちべん》を以《もっ》て魯人をモスコーの外に駆逐《くちく》するのみならず、天地の間にその処を得せしめざるべしとて、先《ま》ずデレスデン[11]より侵入し、ポーランドを経て、翌年第二月、ゴロノドに至れり。魯西亜西境の地なりペイトル帝は辺境の人民をして内地に退かしめ、満を持して敵の至るを待つの勢《いきおい》あれども、チャーレスこれを意とせず、益々進で後を顧みず、次第に深入するに従い、地理を弁ぜず方向を知らず、山林の間には路《みち》に迷い、河沢を渡らんとして大砲を失う等、その危難少なからず、未《いま》だ敵に逢《あ》わずして損する所既に甚《はなは》だし。漸く時日を経るに従い、食料も亦《また》乏しくして、糧を敵に藉《よ》らん[12]とすれども、魯人は早く既にその地を払て内地に退きたれば、糧食の掠《かす》むべきものな

1 敗衄　戦いに敗けること。**2 瑞敵**　スウェーデンの敵。**3 マリインボルフ**　マリエンブルク。ポーランド北部の都市。**4 ネワ河**　ネヴァ川。ロシア西部、レニングラード州中部を流れる。**5 ペイトルスボルフ**　サンクト・ペテルブルグ。**6 カリシ**　カルス。トルコ北東部、カルス州の州都。**7 メンチコフ**　メーンシコフ（一六七三―一七二九）。ピョートル一世の寵臣。**8 讐を解かん**　敵対関係をやめさせようとして。**9 歴山王の事**　アレキサンダー大王の事跡。**10 ダリウス**　ダレイオス三世（在位、前三三六―三三〇）。アレキサンダー大王に征服された古代アケメネス朝ペルシアの王。**11 デレスデン**　ドレスデン。ドイツ東部、エルベ川中流沿岸の都市。**12 糧に敵に藉らん**　兵の食糧に撤退した敵のものを利用する。

く、家屋の舎《やどり》すべきものなし。蓋《けだ》し魯人得意の策略に陥りたるなり。この後百年、仏帝第一世ナポレオンが魯西亜に攻入しときも、魯人は自からモスコーの都府を焼て内地に退き、仏兵これがために窘《くるし》められたり。初めチャーレスは直にモスコーに入らんとするの目的なりしが、冬に至るまで未《いま》だ決戦の機会を得ず、寒気漸《ようや》く迫て兵士の苦しむこと甚《はなは》だしきを以《もっ》て、乃《すなわ》ちその策を変じ、先《ま》ずポルトワの城[1]モスコーの南四百余里に在りを抜《ぬき》て城中の衣食を取り、春天雪解るを待て事を謀《はか》らんとて、ドニプルの河[2]を渡てガダチに陣せり。この時に至て兵士の飢《き》寒《かん》に死せる者既《すで》に甚だ多し。ペイトル窃《ひそか》に喜で云《いわ》く、時至れりと。乃《すなわ》ち兵を出して防戦せしめ、互《たがい》に勝敗あり。第六月中旬、自《みず》から精兵七万人を卒〔率〕いてボルスケラドニプル河の枝流の河畔に陣せり。魯瑞の兵、衆寡《しゅうか》既に敵せず。加之《しかのみならず》チャーレスは数日前その股に疵《きず》つけて自《みず》から指揮すること能《あた》わず。その両将レンスコルド及びレイヱンホープト[3]に事を任したれども、号令一に出《い》でず、兵士の進退意の如《ごと》くならず、唯《ただ》一戦を以て勝敗を決し、チャーレスは僅《わず》かに数人を従えて土耳古《トルコ》に遁《のが》れ、将士兵卒、魯の軍門に降《くだ》る者一万八千人。これをポルトワの戦争と云《い》う。于時《ときに》千七百九年第七月八日なり。チャーレス土耳古に遁れて留ること五年、土の大臣に説き屢々《しばしば》兵を起して魯西亜《ロシア》を攻めたれども、その志《こころざし》遂《つい》に成らず。○ペイトル帝はポルトワの一戦を以て外患を除き、爾《じ》後《ご》は意を専らにして国内の事務を脩《おさ》め、新都ペイトルスボルフに防禦《ぼうぎょ》の備《そなえ》を設け、造船局を建て、船艦を造り、波戸場《はとば》を築き、港を浚《さら》え、力《つと》めて貿易の道を開かんとし、土木の工に四万の役夫《えきふ》を用いたりと云う。千七百十三年、政府の官吏をモスコーより新都に移し、千七百十五年に至て帝宮落成、遷都の事始て成れり。翌年皇妃カタリナと共に欧羅巴《ヨーロッパ》諸国に遊び、和蘭《オランダ》のサールダムに至れば、十八年前寓居の家、依然として存在せり。昔日《せきじつ》は単身独歩の船匠、今日は一国至尊の皇帝、知己朋友を会して旧を話し、皆感涙を垂れざるものなし。その景況恰《あたか》も錦を衣《き》て故郷に帰るが如《ごと》し。仏蘭西《フランス》に至るときも政府の待遇甚《はなは》だ厚し。逗留の間 夥《おびただ》しく書籍器械を購《あがない》て 携《たずさえ》帰《かえ》りしと云う。○魯西亜と瑞典《スウェーデン》との不和なること年既に久し。千七百十八年、瑞典王チャーレス死して漸《ようや》く平和に復し、千七百二十一年、ナイステット[4]に於《おい》て和約を結び、瑞典東境の地を割《さき》て魯西亜に与え、両国の好《よしみ》、始て相通ぜり。

○爾後《じご》ペイトルは富国の策に心を用い、都府の街道を補理し、通船の川を掘り、製造局を建て、物産の法を励まし、尺度秤量を平均し[5]、裁判刑法を正《た》だし、学校を開き、病院を建て、千七百二十三年には首府ペイトルスボルフに大学校の基本を起せり。又政府官吏の人情を和《やわ》らげ風儀

1 ポルトワ　ポルトヴァ（ポルタバ）。ウクライナ東部、ポルタバ州の州都。　**2 ドニプルの河**　ドニエプル川。ロシア南西部からベラルーシ、ウクライナを流れる大河。　**3 レイヱンホープト**　アダム・ルードヴィヒ・レヴェンハウプト。　**4 ナイステット**　ニスタット（ニースタード）。フィンランド南西部、ボスニア湾岸の港町。　**5 平均す**　同一基準にする。

を脩《おさ》めしめんが為《た》め、貴族の少年輩をしてその妻と共に欧羅巴《ヨーロッパ》西方の諸国に遊歴せんことを命じたり。○千七百二十二年より翌年に至るまで、南の方ペルシャを征伐して裏海[1]近傍の地を幷《あわ》せり。これをペイトル最後の師《いくさ》とす。帰路病を得て久しく治せず。太子アレキシ[2]は謀反《むほん》に坐せられて獄に下り、千七百十八年、既《すで》に獄中に死したるを以《もっ》て、皇妃カタリナに位《くらい》を譲り、一年を経て千七百二十五年第二月八日、ペイトルスボルフに崩ぜり。齢《よわい》五十二。在位四十三年なり。

○ペイトル帝諸方に遊歴して家に帰りし後《のち》は、出ては戦争を事とし、入ては国内の事務を脩め、成学に暇《いとま》あらずと雖《いえど》も、魯国改革の実効を見れば、その学業の所得を証するに足れり。帝は常に朝第五時に起き、終日孜々《しし》として[3]寸暇なしと雖も、夜に入り事を終れば、火酒[4]の甕辺《おうへん》に坐して独《ひと》り大杯を傾け、人事不省に至らざれば止まず。天稟《てんぴん》の性質猛劇にして、酔《よい》に乗ずるときは、平生親愛する所の者と雖も、これに害を加ること敵を御《ぎょ》するが如《ごと》し。帝常に云《い》う、余は自国の過《あやまち》を改めたれども、未《いま》だ自身の過を改ること能《あた》わずと。帝に対して礼を失する者あれば直にこれを鞭《むち》ち、縉紳《しんしん》貴族と雖《いえ》ども嘗《かつ》てその罪を仮《ゆる》さず。甚《はなは》しきは皇妃カタリナも鞭韃《べんたつ》を免《まぬ》かれざりしと云う。姉を捕え、子を殺し、初縁の妃を離別し、無辜《むこ》の士族を屠《ほふ》る等、その罪小ならずと雖ども、帝の栄名は常に諸帝王に冠たり。蓋《けだ》し自国の富強を謀《はか》り人民の幸福を致さんがため千辛万苦を嘗《な》めたる者も、帝の如きは亦甚《またはなは》だ稀《まれ》なるが故なり。魯国歴代の諸君を枚挙《まいきょ》し、国の為めに善を施したる実功を論ずれば、ペイトル以前ペイトルなし、ペイトル以後ペイトルなし、実に空前絶後の英主と称すべし。

○女帝カタリナ[5]即位の後も、先帝の余業を継ぎ、老臣メンチコフ及びブトルリンと共に謀《はかり》て、益々《ますます》国事を理し、海陸軍を盛大にし、税額を減じ、流罪の人をシベリヤより呼返《よびかえ》して、専ら寛仁の趣意を示し、墺地利《オーストリア》と和して外患を防ぎ、支那に使節を遣《やり》て貿易の約を結びたり。[6]清の雍正年中なりカタリナ在位二年にして死し、遺言して第一世ペイトル帝の孫に位を伝えり。年甫《はじめ》て十一歳なり。これを第二世ペイトル[7]とす。幼君輔佐の諸大臣を命じたれども、唯《ただ》その名を存するのみ。実事の権柄《けんぺい》はメンチコフの手に在りて、内外の事、その裁断を仰がざるものなかりしが、内議の大臣ドルゴロキ[8]と権を争い、罪を得てシベリヤに謫《つみ》せられたり。千七百三十年幼帝痘瘡《とうそう》に罹《かかり》て俄《にわか》に死し、乃《すなわ》ちコルランド公の夫人アンナ[9]を奉じて女帝と為せり。アンナは第一世ペイトルの異母兄イワンの女なり。アンナ帝即位の初め、国内の士族、帝室の勢《いきおい》を殺《そ》いで権を分た

1 裏海　カスピ海。 **2 太子アレキシ**　皇太子アレクセイ。 **3 孜々として**　つとめ励んで。 **4 火酒**　ウォッカ。 **5 女帝カタリナ**　エカテリーナ一世。 **6 支那に使節を……結びたり**　キャフタ条約（一七二七）の締結。 **7 第二世ペイトル**　ピョートル二世。 **8 ドルゴロキ**　アレクセイ・ドルゴルーキー公爵。 **9 コルランド公の夫人アンナ**　クールラント辺境伯と結婚していたアンナ帝。

んことを企てたれども、帝の英断を以《もっ》てその隠謀を破り、ドルゴロキ等の諸大臣を退け、内議の官を廃して廟堂執政官の体裁を一新せり。千七百三十一年キルジース[1]の地を幷《あわ》せ支那の西裏海の東次《つい》で又シベリヤの地方を尽《ことごと》く幷呑《へいどん》して、北東の海浜に達し、アルーシャン及びベリングの諸島を発見するに至れり。この二島はカムサツカと北亜米利加との間にあり千七百四十年アンナ死す。その姪孫第七世イワン、[2]生れて未《いま》だ期年に満たず。立てゝ即位の礼を行い、寵臣コルランド公を以て後見の職に任じたり。尽《ことごと》く皆先帝アンナの遺命なり。イワン即位の後一年にして、第一世ペイトル帝の女エリサベス・ペイトロウナ、[3]兵を挙て幼君を廃し、自立して帝と称す。同年瑞典《スウェーデン》と戦てこれに勝ち、ヒンランド[4]の地を幷せり。この時に至て魯西亜《ロシア》の法律漸《ようや》く寛大に赴き、死刑を廃し惨酷《さんこく》なる鞠《きく》問《もん》[5]の法を止めたり。又ヱリサベスは文学に心を用い、諸都府に大学校を設けて、一国の文化次第に隆盛に赴けり。千七百六十二年エリサベス死し、姉の子、位を継ぐ。これを第三世ペイトル[6]とす。在位数月にして内乱を生じ、帝の位《くらい》を廃して遂《つい》にこれを毒殺せり。蓋《けだ》し皇妃カタリナの隠謀なり。ペイトル位を廃せられ、皇妃これに代る。即《すなわち》第二世カタリナ[7]なり。カタリナは君夫を弑《しい》するの大罪を犯すと雖《いえど》も、天稟《てんぴん》治国の才幹あり。簒立《さんりつ》[8]の後は専ら国事に意を用い、自国の富強を謀《はか》るには外国と和するの急務なるを知て、七年の師《いくさ》に関係せる兵を解き、外を顧みずして内を治るの策を施せり。この時に当《あたり》て魯西亜の朝廷には人物多く、文武の官、皆その人を得て、兵備益々《ますます》整い文教愈々《いよいよ》脩《おさま》り、欧羅巴《ヨーロッパ》洲内にて大国の列に加わり、これを恐れざるものなし。千七百七十二年より千七百九十五、六年に至るまでの間に、ポーランドの人を煽動《せんどう》して内乱を生ぜしめ、乱に乗じてその国土三分の二を魯西亜に幷せ、又土耳古《トルコ》と戦て屢々《しばしば》勝ち、黒海の北岸は尽く魯の版図《はんと》に帰したり。千七百八十三年にはゼヲロジヤ[9]の地方黒海と裏海との間にありも魯西亜の保護を仰ぎ、千七百九十三年にはゼフェル日耳曼北方の地を幷せ、千七百九十五年にはクーランド[10]も属国と為《な》れり。第二世カタリナ在位の間に土地を開くこと二十二万五千里方、人口数百万を増し、又南方豊饒《ほうじょう》の地には外国より家を移して来《きた》り住する者あり、その数五万人より多し。国内の諸方に人民教育の学校を設け、貧人救助の法を立て、貿易を広くし航海を盛《さかん》にし、農を勧め工を励まし、全国の制度更に一面目を改め、千七百六十六年、新法を議する為め諸州より名代《みょうだい》の議人[11]を召したることあり。魯西亜の政治には古来未曾《みぞう》有の挙動と称すべし。千七百九十

1 **キルジース**　キルギス地方。　2 **第七世イワン**　イワン六世。　3 **エリサベス・ペイトロウナ**　エリザヴェータ・ペトローヴナ。　4 **ヒンランド**　フィンランド。　5 **鞠問**　罪を調べて問いただすこと。　6 **第三世ペイトル**　ピョートル三世。　7 **第二世カタリナ**　エカテリーナ二世。　8 **簒立**　君位を奪ってその位につくこと。　9 **ゼヲロジヤ**　グルジア。　10 **クーランド**　現在のラトビア共和国リガ湾南岸地域の古名。
11 **名代の議人**　代表の議員。

六年、第二世カタリナ死し、太子立つ。これを第一世ポール[1]とす。ポール帝の即位は正《まさ》に仏蘭西《フランス》騒乱の時に当り、全欧羅巴洲《ヨーロッパ》に干戈《かんか》動かざる所なし。ポール帝は英吉利《イギリス》、墺地利《オーストリア》、ネイプル、土耳古《トルコ》と連合して仏蘭西に敵し、千七百九十九年三月大軍を出だして仏蘭西を伐《う》たしめたり。この出師《すいし》[2]に〔於《おい》て〕魯の将軍ソワロフ[3]その軍略を逞《たくまし》うして英名を諸邦に轟《とどろ》かし、本国の声価もこれが為《ため》一倍せりと云《い》う。爾後《じご》魯西亜《ロシア》は連合の諸国と不和を生じて兵を引き、嗹 国《デンマーク》及び瑞 典《スウェーデン》と結約して局外中立を守り、或《あるい》は窃《ひそか》に仏蘭西を助るの勢ありしが、英吉利及び墺地利の政府より反間《はんかん》[4]を放ち、魯西亜の貴族を煽惑《せんわく》して国内の乱を醸成し、且《かつ》ポール帝も晩近《ばんきん》強暴を恣《ほしいまま》にして人心を失えるを以《もっ》て、二、三の貴族相謀《はかり》て帝を暗殺せり。于時《ときに》千八百一年第三月二十三日なり。ポール帝死して後、太子アレキサンドル[5]位《くらい》に即《つ》き、漸《ようや》く内乱を治めて平和に復したり。即位の後、又墺地利、英吉利、瑞典及びネイプルの諸国と連合して仏蘭西に敵し、千八百五年、将軍コトソフ大兵を卒〔率〕いてモラビヤ[6]墺地利の地に進み、墺の兵と合して仏軍とオーストルリチ[7]に戦て敗走し、千八百七年第二月アイロー[8]の戦には勝敗相半《あいなかば》したれども、同年第六月十四日、フリードランド[9]の血戦に大敗を取り、止《やむ》を得ずして和を乞い、アイヲニヤンの諸島[10]地中海ギリーキの西岸にあり及びゼウェルの地を割《さい》て仏蘭西に与えり[11]。既《すで》に仏蘭西に和すれば英吉利に親睦を破らざるを得ず。英人これを憤《いきどおり》て魯西亜の貿易に害を加ること甚《はなは》だ大なり。且《かつ》瑞典王第四世ゴスターフ[12]も魯西亜と連合せし故を以て、その位を失いその国を亡《ほろぼ》したれば、是亦《これまた》魯の敵なり。然《しか》れども魯西亜帝は独《ひと》りナポレオン[13]と信を通じ、世変に乗じて諸方の地を并呑《へいどん》し、嘗《かつ》て他国の利害を顧ることなし。斯《かく》の如《ごと》くすること五年にして千八百十年に至り、魯仏の和親復《ま》た破れり。その由縁《ゆえん》は仏蘭西帝、ポーランドの政府を起さんとせしに付き、魯人これを拒《こばみ》て条約を破りたるなり。千八百十二年仏蘭西帝ナポレオン五十万の大軍を卒〔率〕いて魯西亜を攻め、普魯士《プロシア》、伊太里《イタリア》、サクソニー等の諸王も皆出兵して仏軍に従い、第九月七日モスコハに血戦して大に魯西亜の守兵を破り、尚《なお》進てその旧都モスコーに入りしとき、魯人自《みず》から火を放て都府を焼き深く内地に退きたるを以て、仏の兵、食料を得ず、飢《き》寒《かん》の為《ため》に命を落すもの十に八、九、ナポレオン残兵を引て帰る。爾後《じご》仏の兵威復た振わず。遂《つい》に千八百十五年に至りワートルロー[14]の一戦

1 **第一世ポール** パーヴェル一世。 2 **出師** 出兵。 3 **ソワロフ** スヴォロフ。 4 **反間** 敵国に入りこみ敵情をさぐって味方に知らせること。間諜。スパイ。 5 **太子アレキサンドル** アレキサンドル一世。 6 **モラビヤ** モラバ。チェコ東部の地方。 7 **オーストルリチに戦て** アウステルリッツの三帝会戦。 8 **アイローの戦** アイラウの戦い。 9 **フリードランド** ベルリンの北約一二〇キロメートルにある地。 10 **アイヲニヤンの諸島** イオニア諸島。 11 **アイヲニヤンの……仏蘭西に与えり** ティルジット条約。 12 **第四世ゴスターフ** グスタフ四世（一七七八—一八三七）。 13 **ナポレオン** ナポレオン一世。二編巻之三（本書三一五頁以下）参照。 14 **ワートルロー** ワーテルロー。

にてナポレオンはシント・ヘレナ島[1]に流されたり。同年欧羅巴《ヨーロッパ》諸国の使節キンナに会し、[2]千八百十八年にはアレキスラシャペルに同盟して各国互《たがい》に和約を結び、魯西亜《ロシア》の威名特に赫々《かくかく》たり。

○この時に当《あたり》て欧羅巴諸邦に、衆庶会議の政論を主張する者と、君主特権の説に左袒《さたん》する者と、議論相分れ、魯西亜帝は固《もと》より特権の説を執《とり》て動かざれども、亦《また》国内の開化を懈《おこた》らず、専ら富強の術を施し、宗旨を改革し、下民の教育を励まし、風俗次第に敦《あつ》く、人口日に繁殖し、日耳曼《ゼルマン》より家を移して住する者も千を以《もっ》て計《かぞ》うと云《い》う。千八百二十五年、アレキサンドル死し、その弟、位《くらい》に即《つ》く。これを第一世ニコラース[3]とす。これより先《さ》き陸軍の兵士に不平を抱《いだ》くもの多く、国中一般既《すで》に反乱の萌《きざ》しありしが、国喪に乗じて事を発《おこ》し[4]たれども、新帝の勇力、直にこれを制圧し、その首魁《しゅかい》を捕えて或《あるい》は殺し或は流し、事速《すみやか》に平定せり。ペルシャの政府も魯君の死を聞て叛《そむ》きしを以て、将軍パスケウヰッチを遣《や》り、伐《うち》てこれに勝ち、裏海近傍の地を取り、八千万「ルーブル」の償金を促してその罪を免《ゆる》せり。一「ルーブル」は三十八匁二分五厘に当る千八百二十八年、土耳古《トルコ》を攻て亦《また》これに勝ち、翌年和を講じてダニウブ[5]河畔の数城を取り、巨万の償金を出《いだ》さしめり。千八百三十年、ポーランドの人、兵を挙てその国の独立を恢復《かいふく》せんとしたれども、魯帝の威力に勝たず。千八百三十二年、魯西亜の政府にて法令を下《く》だし、以後ポーランドは魯国内諸州の列に加え、その議事員を廃しその兵備を止め、その人民をして次第に魯国の風俗に化せしむべしとの旨を布告せり。この他数十百年の間、魯西亜に併呑《へいどん》したる土地、甚《はなは》だ広くして、その人民の風俗各処に相異なるを以て、これを一致せしめんが為《た》め、近来は頻《しき》りに魯西亜の国語を弘め、寺院を建立して人を教化せり。千八百五十三年、宗旨の事に付き土耳古に使節を遣《や》り、魯国政府より請求する所の趣意を述べしに、土耳古の人これに従わず、遂《つい》に両国の和親を破り、同年第七月、魯西亜の大軍、土耳古の北境より侵入して、遂には土の政府をも倒さんとするの勢《いきおい》あり。英仏の政府これを見て黙止するを得ず、魯をして土耳古に勝たしめなば、欧羅巴諸国の間に威力の平均を失い、禍《わざわい》必ず自国に及ばんとて、乃《すなわ》ち兵を起して土耳古を助け、数年の大戦争と為《な》れり。これをセバストポル[6]の戦と云《い》う[7]。魯西亜は英仏土の三大国に敵して兵を交え、水陸の戦争互に勝敗あり。事未《いま》だ終らずして千八百五十六年第三月、魯帝ニコラース死し、太子第二世アレキサンドル[8]位に即き、始て英仏と和を結びたり[9]。この戦に於《お》て魯西亜は僅《わず》かに

1 シント・ヘレナ島　セント・ヘレナ島。 **2 同年欧羅巴……ヰンナに会し**　戦後処理のためのウィーン会議。 **3 第一世ニコラース**　ニコライ一世。 **4 これより先き……事を発し**　デカブリストの乱。 **5 ダニウブ河**　ドナウ川。 **6 セバストポリ**　セバストーポリ。ウクライナ南部の港湾都市。 **7 千八百五十三年……戦と云う**　クリミア戦争。 **8 第二世アレキサンドル**　アレキサンドル二世。 **9 英仏と和を結びたり**　パリ条約締結（一八五六）。

ベスサラヒヤ[1]の小地を失い、黒海に海軍を専らにするの権を落したれども、英仏の兵も亦《また》所失多しと云《い》う。千八百五十八年より千八百六十年に至るまでの間に、日本及び支那と貿易の条約を結び、爾後《じご》支那政府より満州[2]の地を取り、黒竜江[3]の近傍、尽《ことごと》く魯西亜《ロシア》の版図《はんと》に帰したり。◯古来魯西亜は四隣の地を蚕食《さんしょく》して境界を開くを以《もっ》て国政の趣意とし、歴代その策を勉《つとめ》て懈《おこた》らず。左の表は年代に従い領地の広さを示すものなり。

年代	方一里を一坪と為したる数
千四百六十二年	三十九万四千
千五百五年	七十九万二千
千五百八十四年	二百六十七万六千
千六百四十五年	五百四十二万七千
千六百八十九年	五百六十三万
千七百二十五年	五百八十四万一千
千七百六十三年	六百八十一万六千
千八百二十五年	七百零五万

千八百三十七年	七百五十万
千八百五十五年	七百八十二万一千五百四十六

北亜米利加《アメリカ》にある三十九万四千方里の領地は、千八百六十七年第六月二十日の条約にて合衆国政府に売渡したり。その価七百二十万「ドルラル」なりと云う。

1 **ベスサラヒヤ**　ベッサラビア。おおよそ現在のモルドバにあたる地域。

2 **満州**　中国東北地方の旧称。

3 **黒竜江**　アムール川。

ロマノフ朝歴代皇帝一覧

皇帝（ツァーリ）名	生年	在位期間
ミハイル・ロマノフ	1596	1613-45
アレクセイ	1629	1645-76
フョードル３世	1661	1676-82
ピョートル１世	1672	1682-1725
		（1696まで共同統治）
イワン５世	1666	1682-1696（共同統治）
エカテリーナ１世	1684	1725-1727
ピョートル２世	1715	1727-30
アンナ・イヴァノーヴナ	1693	1730-40
イワン６世	1740	1740-41
エリザヴェータ	1709	1741-61
ピョートル３世	1728	1761-62
エカテリーナ２世	1729	1762-96
パーヴェル１世	1754	1796-1801
アレキサンドル１世	1777	1801-25
ニコライ１世	1796	1825-55
アレキサンドル２世	1818	1855-81

（編者作成）

西洋事情　二編　巻之三（抄）

福澤諭吉　纂輯

仏蘭西《フランス》史記[1]

この君[2]は幼年の時より祖父[3]の行いを悦《よろこ》ばず、即位の年二十歳、既《すで》に人望あり。第十五世ロイスの末年には、仏蘭西の政府、内外の戦に敗衂《はいじく》し、政治敗壊の極度に至《い》たれども、その文学は嘗《かつ》て衰微せざるのみならず、益々《ますます》盛美を致して諸邦を圧倒し、恰《あたか》も武に敗して文に勝つの勢《いきおい》あり。第十六世ロイスの世に至り、この文学を以《もっ》て旧弊を一新せんとしたれども、如何《いかん》せん、国内中人以上の種族、放僻邪侈《ほうへきじゃし》の習《ならい》、既に性と為《な》り、旧物の安《やすき》を甘んじて新法を悦ばず、国王の天資美なりと雖《いえ》ども果断の勇なく、且《かつ》又新法を行わんとする者も、誠実の大義を失して惨酷《ざんこく》に過ぎ、一旦事を発するに至ては、酔えるが如《ごと》く狂するが如く、事を発するを知て事を脩《おさむ》るを知らず、遂《つい》に数十年の間、全国の大乱に陥りたるなり。蓋《けだ》しこの大乱の本《もと》を醸《かも》したるは年既に久しと雖ども、別に又その近因あり。千七百七十六年、亜米利加《アメリカ》にある英国所領の人民、本国の苛《か》政《せい》を厭《いと》うて独立の兵を揚げ、自《みず》から亜米利加の合衆国と称し、英人と戦て屢《しばしば》利あらず、使を仏蘭西に遣《やり》て援兵を乞いしに、仏蘭西王は之《これ》を救うの意なしと雖ども、国中の人民及び政府の官吏も、常に英国の旧怨を報《むく》い国辱を雪《すす》がんとするに切なれば、この好機会を空《むなし》うする能《あた》わず、遂に亜米利加人の請求に応じて、千七百七十八年、パリスに於《おい》て亜仏両国の条約を結び、その後西班牙《イスパニア》、和蘭《オランダ》も亦《また》これに与《く》みして、共に亜人の独立を助けり。海上の戦には英人頻《しきり》に勝利を得て、東印度《インド》にある敵国の所領は大半これを奪い、和蘭の如きは海外所轄の地を殆《ほと》んど失い尽したれども、仏人は西印度の諸島を取り、欧羅巴《ヨーロッパ》の諸方に於《おい》ても英、仏、西班牙の間、互《たがい》に勝敗あり。亜米利加にても戦争久しく決せず、独立の兵、漸《ようや》く強盛の勢を得て、千七百八十一年合衆国の将軍ワシントン及び仏蘭西の将軍ラ・フェッテイ[4]、亜、仏両国の兵を以て英の将軍コ

1 史記　カペー朝からブルボン家ルイ十五世までの史記は割愛した。　**2 この君**　第十六世ロイス。ルイ十六世。　**3 祖父**　第十五世ロイス。ルイ十五世。　**4 ラ・フェッテイ**　ラファイエット（Lafayette または La Fayette 一七五七—一八三四）。フランス貴族。アメリカ独立戦争に従軍し、ワシントンとともに英軍と戦って勝つ（一七七七—八一）。母国の一七八九年以後における革命期には国民衛兵の司令官になったが、立憲君主制を望む中道派のスタンスを取り、過激派とは一線を画した。しかし自由主義者として数年オーストリアの虜囚となり、その後もナポレオンの帝政とは相容れず、その間は田紳となって逼塞した。一八三〇年の七月革命後には再び国民衛兵司令官となってルイ・フィリップを王位につけることに尽力して引退（七月王政）。

ルンワリス[1]と戦て大に勝ち、是《ここ》に於《おい》て英国の政府も合衆国の独立を許し、各国和を講じてその旧に復したり。仏蘭西《フランス》人は亜米利加《アメリカ》の戦争に功を成せしと雖《いえ》ども、その成功を以《もっ》て却《かえっ》て自国の騒乱を促せり。この時仏蘭西の宰相にネックル[2]なる者あり。理財に長ぜり。戦争の費冗《ひじょう》を償わんが為《た》め、国債の法を以て財を集め、国債次第に増し、収税の法も亦随《またしたがっ》て苛刻《かこく》なるを以て、下民の怨望《えんぼう》するは固《もと》より論を俟《ま》たず。且《かつ》又金を出して政府に貸したる者は、国債の廃壊せんことを恐れて物論日に喋々《ちょうちょう》たり。又先《さ》きに亜米利加に行き、その独立を助けて戦いし者は、数年の間、亜人に接して苦楽を共にし、自《みず》から不羈《ふき》自由の風に浸潤して、帰国の後もその気象を脱すること能《あた》わず。既《すで》に本国の苛政《かせい》を厭《いと》い、顧て一線の水を隔て英吉利《イギリス》を望見《のぞみみ》すれば、亜米利加の戦争に利を失うと雖ども、自国の政体は嘗《かっ》て変動せず、人民皆自由の風化に浴し、意気揚々として太平を楽めり。仏人は内外の景況を比較し、彼を想い此《これ》を見て、自《おのず》から亦《また》寛大自由の風を慕わざるを得ず。是に於て当時の宰相カロンネ[3]、一議を発し、従来貴族及び僧官と称して税を免ぜし者へも、国中一般の法に従て定額を出さしめんとし、ウェルセール[4]に貴族を会して商議数日に及べども、事遂《つい》に行われず。民情益々《ますます》不平なり。宰相カロンネはその説の行われざるを以て退職し、ブリンネ[5]之《こ》れに代《かわり》たれども、二年を経ずして又職を辞し、乃《すなわ》ち復《ま》た前の宰相ネックルを召して帰職せしめたり。初めネックルは貴族僧官の憤《いきどおり》に触れて位《くらい》を失いしが故に、再勤の後は専ら衆庶の議論に左袒《さたん》してその地位を固くせんと欲し、王に説き、衆庶の会議を開けり。実に千七百八十九年なり。第五月五日ウェルセールパリスの西南十里に在るに於《おい》て開議の始《はじめ》には、国王もその席に臨《のぞ》み、事情平穏にして後患《こうかん》なかるべきに似たれども、その実は然《しか》らず。貴族縉紳《しんしん》の内にも、オルリーンの君[6]の如きは、その党与も多く、窃《ひそか》に衆庶を煽動《せんどう》して事を起さしめんとし、且《かつ》僧侶の賤《いや》しき者も、平生僧官の驕傲《きょうごう》を悪《にく》で尽《ことごと》く下流の人に与《くみ》せるが故に、衆庶は益々勢《いきおい》を得て、会議に出席せる名代人《みょうだいにん》なる者、自《みず》から国会[7]ナショナルアッセンブルと称して独立の体裁を成せり。政府は威を以て之《これ》を畏《おど》さんとし、大に兵士を集め、且《かつ》この事端《たん》を開きしは宰相ネックルの罪なりとてその官職を剝《は》ぎしに、人心益々動揺して穏《おだやか》ならず、将《ま》さに大事を発せんとするの勢あれども、仏蘭西《フランス》の貴族は従来下民を軽蔑するの風に慣れ、貧賤の者を見ること犬馬の如《ごと》く、唯《ただ》兵威を以て圧伏すべきものと思い、嘗《かつ》て警戒の心なく、遇《たま》ま市街に国会の群集せるを見て、官兵

1 **コルンワリス**　コーンウォリス。本書六七頁参照。 2 **ネックル**　ジャック・ネッケル（一七三二―一八〇七）。 3 **カロンネ**　カロンヌ（一七三四―一八〇二）。 4 **ウェルセール**　ヴェルサイユ（宮殿）。 5 **ブリンネ**　ブリエンヌ（一七二七―九四）。 6 **オルリーンの君**　オルレアン公ルイ・フィリップ・ジョゼフ（一七四七―九三）。フィリップ平等公ともいう。七月王政のルイ・フィリップの父。 7 **国会**　国民議会。

を遣《や》りこれを撃たしめしに、事変忽《たちま》ち破裂し、一都府の挙動、恰《あたか》も一身の如《ごと》く、頃刻《けいこく》の間に市民変じて兵士と為《な》り、自《みず》から護国兵《ナショナルガールド》と称して、大小砲を集め、武器を携る者三万人、老兵扶助の病院[1]に屯《たむろ》せり。同年第七月四日バルチル城[2]を襲て城将を殺し、その強盛殆《ほと》んど当るべからず。この時に至て仏蘭西《フランス》の全国、党与二類に分れてその分界甚《はなは》だ明《あきらか》なり。朝廷に附属せる貴族及び国内の諸方に在る封建世禄《せいろく》の余類は、難を凌《おか》してその身分の権を保たんとし、中人以下の輩は、一旦の成功を得たるが故に、破竹の勢《いきおい》に乗じて貴族の暴権を一掃せんとするのみ。国王はその中間に挟《はさ》まり、躊躇《ちゅうちょ》して帰する所を知らず。第八月に至り、二名の貴族ノイヱー[3]、デガイロン[4]なる者、民心を鎮撫《ちんぶ》せんが為《た》め、従来貴族の身分に附たる特権を棄《す》て、仏蘭西国中に封建世禄の痕跡《こんせき》を絶たんとの説を首唱して、之《これ》に同意する者多かりしと雖《いえ》ども、嘗《かつ》てその益なく、徒《いたずら》に民庶の侮《あなどり》を取るのみ。国会の人はその成功を固くせんとし、ウェルセールより国王を迎えてパリスに帰り、之を御《ぎょ》すること囚俘《しゅうふ》の如くし、新《あらた》に政体を設け、王を要して新政に従うべしとの趣《おもむき》を誓わしめり。是《これ》より先《さ》き貴族王族の脱走する者、多く辺境に集り、コンデイの君[5]を奉じて勤王の兵を挙げ、その勢固《もと》より微々たりと雖《いえ》ども、国王は僅《わず》かに妻子と共に宮内に居り、鬱々として楽まざれば、乃《すなわ》ち出奔して脱走の兵に帰せんことを謀《はか》りしに、その密謀発露して又禁錮せられ、更に一層の苦難を増したり。千七百九十二年、ブロンスウィークの君[6]、墺地利《オーストリア》、普魯士《プロシア》及び脱走の兵に将として、国会の巣穴を覆《くつがえ》さんとするの新聞あり。仏人これを聞て大に怒《いか》り、王宮に乱入して先《ま》ず国王及び王妃王子を捕え、政治改革の説を悦《よろこ》ばざる者はその罪を問わずして尽《ことごと》く之を殺し、惨酷《さんこく》至らざる所なし。就中《なかんずく》「ジャーコビン」7の党類とて、ダントン8及びロベスピール9なる者、その魁首と為《な》り、最も殺伐を極めたりと云う。騒乱の初《はじめ》には国会の議論も平穏を主とし、只管《ひたすら》仏蘭西の旧法を改革して民庶の通義を固くし、王室の権威に分限を定めて、上下一様にその処を得せしめんとするの趣意にて、専ら軽挙暴動を制し、殊《こと》にラ・フェッテイアメリカより帰りし将軍。前に出ず。の如《ごと》きは、護国兵の長官と為りて、固《もと》より民庶共議の大義

1 老兵扶助の病院　アンヴァリッドの廃兵院。**2 バルチル城**　バスティーユ城砦。**3 ノイヱー**　ノアイユ子爵（一七五六―一八〇四）。**4 デガイロン**　エギョン公（一七六一―一八〇〇）。**5 コンデイの君**　コンデ公（一七三六―一八一八）。**6 ブロンスウヰークの君**　ブラウンシュバイク公（一七三五―一八〇六）。**7 ジャーコビン**　ジャコバン派。**8 ダントン**　G・J・ダントン（一七五九―九四）。ジャコバン派に所属し、一七九二年にはジロンド党によって司法大臣となり、公安委員会のメンバーとなったが、君主制再興に加担したとしてサン・ジュストに告発され、処刑された。**9 ロベスピール**　M・ロベスピエール（一七五八―九四）。フランス革命の立役者。ジャコバン・クラブに属し、盟友サン・ジュストとともに力を蓄えロベスピエール派をつくり、急進的エベール派、隠健なダントン派を排除して独裁権を握るが、一七九四年の共和暦テルミドール九日に反対派によって逮捕され、翌日断頭台に送られた。

を主張すると雖《いえ》ども、仏蘭西《フランス》の人情風俗を察し、決して勤王の旨を失わず。危難の際に当て屢《しばしば》王族の生命を救う等の処置を施し、力を尽して改革の成功を全うせんことを勉《つと》めたれども、事変一度《ひとた》び発してその勢《いきおい》復《ま》た止むべからず。「ジャーコビン」の党与、次第に暴威を振い、遂《つい》に国王を廃せんとするの議を発して、第十二月二十日、国王を裁判局に下《く》だし、政体の趣旨に従うこと信ならずとて、無根の罪を強い、翌年第一月二十日、法場に於《おい》て斬首せり。年三十九、見る者涙を垂れざるはなし。○国王殺害の後は、共和政治と称して、「ジャーコビン」の党類、事を用い、政府の挙動、恰《あたか》も狂するが如《ごと》くなれども、その狂に触るゝ者は之《これ》を殺し、国中の人、皆惶恐《こうきょう》[1]せざる者なし。残忍既《すで》に甚《はなはだ》しく、不信の心、又随《したがっ》て生じ、当時事を用る者の説に、耶蘇《ヤソ》の宗旨は徒《いたずら》に人心を惑溺《わくでき》[2]せしむるものなれば、之を廃すべしとて、寺院を毀《こぼ》ち、寺領を没入し、寺の宝器を鎔《と》かして銭を鋳《い》り、その銭を以《もっ》て兵士に与え、国中に布告して云《いわ》く、以後仏蘭西人は自由不羈《ふき》の趣意を信じ、公明正大の理に帰依し、この大義を以て天神に代《か》うべしと。粗暴も亦甚《またはなは》だし。名は自由なれどもその実は然《しか》らず。今般の革命を以て仏蘭西の政治は暴を以て暴に代えたるのみならず、改革を望みし者も自由を求て却《かえっ》て残虐を蒙《こうむ》ると云うべし。

○欧羅巴《ヨーロッパ》諸邦の人も仏の景況を傍観すること能《あた》わず、各国同盟して兵を挙げんとし、国内にも政府の暴を悪《にくん》で叛《そむ》かんとする者あり。仏蘭西の政府は坐して之を待たず。敵に先《さきんじ》て事を起し、内外の血戦に屢々《しばしば》利あり。爾後《じご》パリスの人も漸《ようや》く「ジャーコビン」の兇悪を厭《いと》い、千七百九十四年、その党類を捕て死刑に処し、是《これ》より共和政府の体裁、次第に平穏に帰し、兵威は益々盛《さかん》なり。千七百九十五年、和蘭《オランダ》を伐《う》ち、一挙して全国を減〔滅〕じ、普魯士《プロシア》は国論を変じて局外中立を守り、西班牙も仏に与《く》みしたれば、同盟の兵にて仏人と戦う者は唯《ただ》英吉利《イギリス》と墺地利《オーストリア》とのみ。同年、仏蘭西の兵は六度《た》び大戦して六度び勝ち、都城一百二十四処を攻取《せめとり》たりと云《い》う。但《ただ》し海上の戦には常に英人に勝たず、千七百九十六年、仏、墺の間、暫時《ざんじ》の休戦を約し、大に兵備を整えて又戦わんとす。この時に仏蘭西共和政府の兵に将たる者はナポレオン・ボナパルテなり。[3]ナポレオンは仏蘭西の属島コルシカ[4]の人なり。千七百六十九年第八月十五日、アヤチヨに生れ、幼にして奇才あり。ブリンネの兵学校[5]に入り、十六歳の時、大砲士官の位を得たり。千七百九十四年、ツーロン[6]を攻るとき仏の領地にて政府に叛きしものなり始て戦場を試みて功を成し、世人皆その非凡なるを知れり。その後故《ゆえ》ありて官を免ぜられ、パリスに居ること五年、貧困極て甚《はなは》だしと雖《いえ》

1 惶恐す　おそれる。 **2 惑溺**　一つのことに迷いおぼれる。本心を失うこと。 **3 ナポレオン・ボナパルテ**　ナポレオン・ボナパルト。以下三二三頁までは彼の一代記になっている。 **4 コルシカ**　地中海のコルシカ島。 **5 ブリンネの兵学校**　ブリエンヌ幼年学校。 **6 ツーロン**　トゥーロン。地中海に面した軍港町。マルセーユの東に位置する。

ども、勇気嘗《かつ》て衰えず、その志《こころざし》の行われざるを憤り、或《あるい》は東洋諸国に行かんことを想い、独《ひと》り自《みず》から歎じて曰《いわ》く、亜細亜洲《アジア》には六億の人口あり、世界中事を為《な》すべきの地なり、欧洲は既《すで》に傷耗して見るべきものなしと。居無何《まもなく》千七百九十六年、仏の政府、兵を発して墺地利《オーストリア》と勝敗を決せんとするに当り、再びナポレオンを用いて伊太里《イタリア》伊太里の北方墺地利の領地なり征伐の将軍に命じたり。于時《とき》に将軍の年二十六歳なり。ナポレオンは始て大兵を指揮し、直に南方に出《い》で丶海岸の地よりアルペン山[1]を越えんとし、その絶頂に至りしときは、兵士皆困耗して歩《あゆみ》を進むること能《あた》わず。ナポレオン怒《いか》りて曰く、飢寒《きかん》困耗は兵家の常事なり、その苦を嘗《なめ》て熟練を得べし、何ぞ之《これ》を恐る丶に足らん、伊太里の地に至らば衣食の饒《ゆたか》なるを得べし、功名の美なるを取るべしとて、馬に鞭《むちうち》て山より下り、その勢《いきおい》瀑布《ばくふ》の如《ごと》く、忽《たちま》ち墺地利とピデモン[2]との合兵を破り、チューリン[3]ピデモンの首府の城下に迫て之を降《く》だし、伊太里南方の地を取て仏蘭西《フランス》に併せり。墺地利帝も禍《わざわい》の自国に及ばんことを恐れて和を乞い、仏蘭西に敵するものは唯英吉利《ただイギリス》の一国のみ。仏蘭西の海軍は千七百九十四年の戦に英の水師提督ロルド・ホーウ[4]の為めに破られ、西班牙《イスパニア》の軍艦も千七百九十七年の戦に失い尽して、英の海軍に敵すべきものなし。ナポレオンは既に瑞西《スイス》に克《か》ち、羅馬《ローマ》の法王をも廃し、天下に敵なしと雖《いえ》ども、唯意の如くならざるものは英吉利のみなるを以《もっ》て、乃《すなわ》ち工夫を運《めぐ》らし、エジプト亜非利加の東北を取て英人の東印度《インド》へ往来する者を妨《さまた》げ、その貿易の路《みち》を絶て英国富強の源を塞《ふさ》がんとの策を立て、千七百九十八年、水陸の兵を装い、エジプトを攻め、不日にしてその北方の地を取りしに、英の軍艦その跡を追て地中海に入り、第八月一日、アブーキル5の港にて仏艦に逢《あ》い、英の水師提督ネルソン6、一夜の戦に仏の艦隊を破り、或《あるい》は焼き或は奪い、仏船の遁《のが》るゝものは僅《わず》かに二隻のみ。この二隻も次《つい》で又英人に奪われたり。実に古来未曾聞《みぞう》の大勝利なり。ナポレオンは独り絶域に居り、本国と応援の路を失うと雖ども心に関せず、次第にエジプトの内地に入り、又東に向て小亜細亜トルコの領地の地を攻め、至る処勝たざるはなし。千七百九十九年に至り、本国の政府に事故あるを聞き、ナポレオンは機に乗じて大事を謀《はか》らんとし、兵隊の指揮を副将に託して窃《ひそか》にパリスに帰れり。帰路、地中海には英国巡邏《じゅんら》の軍艦多しと雖ども、これを知るものなし。これより先《さ》き仏蘭西の政治、漸《ようや》く旧に復して、王政の体裁を成し、議事官を両局に分て、一を旧議員とし、一を五百議員と名づけ、別に

1 アルペン山　アルプス山脈。**2 ピデモン**　ピードモント（ピエモンテ）地方。ジェノヴァ湾の北、イタリア、フランス両国にまたがる地域で、十八世紀まではサボイが統治していた。**3 チューリン**　ピードモントの首府があった。**4 ロルド・ホーウ**　ロード・ハウ。**5 アブーキル**　アブーキール。エジプトの港湾都市。一七九九年英仏間の海戦が行われた。**6 ネルソン**　H・ネルソン（一七五八―一八〇五）。海軍提督。アブーキール、ならびにトラファルガーの海戦（一八〇五）でいずれも勝利をおさめた名将。

「ギレクトル」[1]なる者を立て丶両局の上に位し、行政の権は「ギレクトル」の官員に属せり。ナポレオン帰国のときは、墺地利《オーストリア》とネイプル伊太里の一国と同盟して再び仏蘭西《フランス》に敵し、魯西亜《ロシア》も亦《また》墺に与《くみ》し、仏の形勢甚《はなは》だ危し。国人皆ナポレオンの英名を慕い、この人に依頼して国威を興張せんとするの心あるを察し、乃《すなわ》ち大議を発し、旧政体を一新して「ギレクトル」の官員を廃し、自《みず》から仏蘭西共和政府の大統領と為《な》り、寸兵を用いずして全国の権柄《けんぺい》を奪い、これより十五年の間、仏蘭西の歴史はナポレオン一人の伝なり。ナポレオン国権を執《と》りし後、遇《たまた》ま魯西亜と墺地利との間に不和を生じて、同盟の勢《いきおい》漸《ようや》く振わず。ナポレオンはこの機に投じ、大挙してアルペン山を越え、ベルナルドの絶頂[2]海面より高きこと八千尺四時雪ありより直に下て敵の後に出《い》で、墺軍は不意を襲われて進退を失い、尚《なお》力戦したれども遂《つい》にナポレオンの鋒《ほこさき》に当ること能《あた》わず、兵器を置て降参せり。この一戦を以《もっ》て墺地利帝も再び和睦を乞い、仏に敵するものは又英の一国となれり。

　ナポレオン既《すで》に諸邦の兵を破り、その志願は唯英国を圧倒するの一事なれども、英の海軍はネルソンの勇略を以て、向う所、勝たざるはなし。概して云《い》えば仏蘭西は陸に敵なく、英吉利《イギリス》は海に敵なし。獅子、山に嘯《うそぶ》き、蛟竜、水に蟠《わだかま》り、互《たがい》に雌雄を争て互に近づくを得ず、双方勝敗の決し難きを知り、始て和睦の談判に及び、千八百一年、アミーンに於《おい》て英仏の和議成れり。[3]

○英仏和睦の後、ナポレオンは専ら国内の事務に心を用い、宗旨の法を寛にして人心を籠絡《ろうらく》し、国の政治を次第に立君の体裁に変じ、大統領の在職を生涯の期限に定め、万機皆統領の独裁に出《いで》ざるものなし。○アミーンの条約に従えば、英人は地中海のマルタ嶋[4]を棄つべき約束なれども、貿易の権を失わんことを恐れてその約に従わず。加之《しかのみならず》千八百三年第五月、英国の政府より強償の令[5]初編第二巻十六葉に出を出だして、英国所領にある仏船を取押えしに、ナポレオンは仏蘭西国内に居る英人を捕え、士商の別を問わず尽《ことごと》く獄に繋《つなぎ》てその讐を復し、英仏の敵対復《ま》た一新せり。仏兵大挙して英を攻めんとし、軍装を整るときに当て、遇ま国内に乱を生じ、ナポレオンを殺さんとする者あり。乃ちその党類を捕て刑に処し、この勢に乗じてナポレオンは帝位に昇らんとし、使《つかい》を羅馬《ローマ》に遣《やり》て法王を召し、千八百四年第十二月二日パリスに於《おい》て即位の礼を行い、仏蘭西皇帝第一世ナポレオンと称せり。欧羅巴《ヨーロッパ》の人驚愕《きょうがく》せざる者なし。

1 **ヂレクトル**　directeur（仏）。総監督。　2 **ベルナルドの絶頂**　サン・ベルナール峠。　3 **アミーンに於て英仏の和議成れり**　一八〇二年ナポレオンが英国と結んだ和平協定。アミアンの和約。　4 **マルタ嶋**　地中海シチリア（シシリー）島の南にある小島。　5 **強償の令**　本書では割愛したが、初編巻之二、亜米利加の「政治」の項には次のような割註がある。【非常のとき一国の主長よりその臣民へ免許状を渡し、海上に於て敵国の船を取押え、強いて味方の損失を償わしむることあり（後略）。】

西洋事情　二編　巻之三　終

西洋事情　二編　巻之四（抄）

福澤諭吉　纂輯

仏蘭西《フランス》［続］

史記

千八百五年、魯西亜《ロシア》、瑞典《スウェーデン》、英吉利《イギリス》の三国同盟して、仏蘭西皇帝ナポレオンに敵し、後、墺地利《オーストリア》、普魯士《プロシア》も同盟に与《く》みして、皇帝の野心を制せんとし、墺地利帝先《ま》ず兵を発してバワリヤに入り仏の境に臨《のぞ》めり。仏には前年より英を攻めんとして兵備既《すで》に整《ととのい》たれば、乃《すなわ》ちこの兵を発して墺地利を伐《う》ち、直にその首府キンナに迫てこれを降《く》だし、次《つい》で又墺地利の残兵、魯西亜の大軍に合し、オウストルリツの原[1]に仏軍を迎《むかえ》戦《たたかい》て又敗績〔潰〕[2]し、墺、魯の二帝は辞を卑《ひくう》して和を乞い、仏蘭西の新帝に帰順して唯《ただ》命是《これ》従うのみ。仏帝はオウストルリツの陸戦に大勝利を得たれども、同年タラフハルガル[3]西班牙南西の境の水戦には、仏蘭西、西班牙《イスパニア》の軍艦隊、英の水師提督ネルソンの為《た》めに破られ、殆《ほと》んど両国の海軍を失い尽せり。○普魯士王、前車の覆《くつがえ》るを見て之《これ》を戒めず、千八百六年、魯、墺の例に倣《ならい》て仏蘭西を攻めんとせしに、仏帝、兵に将として之を迎え、側《かたわら》よりその陣を突て糧道を絶ち、一戦に普軍を破て又敵を見ず。勢《いきおい》に乗じてその首府べルリンを取り、一月を出《い》でずして普魯士の全国、仏帝の手に落たり。翌年、魯西亜帝、又兵を出だし、普魯士の残兵を集めて、仏軍とフリードランドに戦て勝敗決せずと雖《いえ》ども、この一戦を以《もっ》て魯西亜は面目を改め、魯、仏の両帝、親《みず》からチルシトに会し、双方互角の条約を結び、[4]普魯士王も魯帝の周旋を以て旧地の半《なかば》を得たり。○仏帝ベルリンに於《おい》て各国へ命を下《く》だし、英国の産物を欧羅巴《ヨーロッパ》本州へ輸入するを禁じたり。蓋《けだ》し貿易を妨《さまた》げて英人を苦しめんとするの策なり。この時に至て仏蘭西の国力盛大を極め、漸《よう》やく国内の営繕に心を用い、橋を架し、川を掘り、道路を修理し、殿堂を建立し、府内の壮麗、又昔日のパリスに非《あ》らず。「コード・ナポレオン」[5]と称する律令もこの時に定《さだめ》たるものなり。この律令一度《ひとた》び行われてより、仏蘭西の政治は至悪の極より至善の極に変じ、法令の斉整《せいせい》なること欧羅巴諸邦に冠たり。蓋し仏帝の天資、用兵に妙なるのみならず、治国の才も亦《また》凡ならざるなり。○西班牙の君チャーレス、[6]暗弱にして国政

1 オウストルリツ　アウステルリッツ。一八〇五年ナポレオン率いるフランス軍とロシアとオーストリアの連合軍がここで戦い、連合軍が降伏した。当時オーストリア領、現在はチェコ領。 **2 タラフハルガル**　トラファルガー沖。ここの海戦でネルソンが大勝利をおさめた。 **3 敗績**　大敗。 **4 チルシトに……条約を結び**　チルジットの和約の締結（一八〇七）。 **5 コード・ナポレオン**　ナポレオン法典。 **6 西班牙の君チャーレス**　カルロス四世（一七四八―一八一九）。

大に乱る。仏帝この機会に投じて別に西班牙《イスパニア》と条約を結び、葡萄牙《ポルトガル》に迫て英国と交《まじわり》を絶たしめ、随《したがっ》て又葡の王室を廃するの命を下《く》だし、葡萄牙の君は英船に乗て南亜米利加《アメリカ》のブラジリに出《しゅっ》奔《ぽん》し、国亡びたり。仏帝又西班牙の内乱に乗じ、欺《あざむき》て西班牙王を捕え、「ボルボン」姓の君は西班牙に王たるべからずとて、帝の弟を立て丶西班牙王に封じたり。西班牙相続の事は前に出 西班牙の人民これを怒《いかり》て諸方に蜂起《ほうき》し、英の政府も兵を出《い》だしてこれを援《たす》けたれども、仏帝の親征に逢《あ》い、西班牙の兵は尽《ことごと》く敗走し、英人も僅《わず》かに隊伍を全《まっと》うして帰るを得たるのみ。帝の西班牙に在るとき、墺地利《オーストリア》にて再び兵を挙げんとするの報告を得て、急に師《いくさ》を返し、パリスに過《よぎ》らずして直に日耳曼《ゼルマン》の地に出て、軍略を以《もっ》て墺の兵を分たしめ、交々《こもごも》これを伐《うち》て皆これを破り、遂《つい》に墺の首府ヰンナの城下に迫り、ワグラム[1]の一戦にて勝敗を決し、墺帝又和睦を乞えり。この一敗を以ては人皆墺地利の滅亡を期せざるものなかりしに、豈《あに》図らん、和約の箇条甚《はなは》だ寛大なれば、更に又天下の耳目を驚かせり。蓋《けだ》し仏帝の権謀[2]なり。先《さ》きに帝、一貴族の寡婦《かふ》ジョーセフヒン[3]を娶《めとり》て子なし。之《これ》を患《うれう》ること久し。且《かつ》又旧国の王族に婚して自己の権威を固くせんことを欲し、ワグラム戦争の後に、無辜《むこ》の皇妃を離別して、墺地利帝の女マリヤロイサ[4]を娶《めと》れり。于時《ときに》千八百十年なり。この一挙を以て仏帝は大に人望を失したりと云《い》う。○魯西亜《ロシア》帝は仏蘭西《フランス》と墺地利と和睦せるを見て、必ず又魯仏相敵するの勢《いきおい》に至るべきを知り、既《すで》に仏蘭西の条約を重んぜず。

当時魯西亜の人、窃《ひそか》に英の産物を国内に輸入する者あれども、魯帝敢《あえ》て之を咎《とが》めず。ナポレオンこの事情を聞て怒ること甚《はなは》だし。直に兵を発して魯西亜を攻めんとし、群臣之を止《とどむ》れども聴かず。この時に於《おい》て仏蘭西には五十万の兵あり。将士の勇武、伍卒の熟練、天下古今に比類なく、全欧羅巴《ヨーロッパ》洲に於て魯西亜、西班牙、英吉利《イギリス》を除くの外《ほか》は、尽く仏蘭西の命に服して、仏帝は恰《あたか》も諸王の王たるが如《ごと》く、各国の君に君臨して進退意の如《ごと》くならざるはなし。魯西亜の如きは固《もと》より之を蔑視して、出師《すいし》の前既に必勝を期せり。乃《すなわ》ち墺地利に命じて三万の兵を出《いだ》さしめ、普魯士へも二万の出兵を命じ、千八百十二年、仏帝大軍を帥《ひきい》て東に出《いで》て、第五月十六日、日耳曼のデレスデンに会して軍議し、魯西亜征伐の檄文《げきぶん》を布告せり。魯人は戦わずして敵を苦しめんとするの策を決し、未《いま》だ仏兵を見ずして先《ま》ず自《みず》から火薬庫を毀《こぼ》ち、家屋を破り、糧食を尽して、深く内地に退けり。初め仏帝は魯西亜の首府ペイトルスボルフに入らんとするの策なりしが、海軍利あらざるを以《もっ》て策を変じ、旧都モスコーを攻めんとしてスモレンスコ[5]に至れり。こ

1 **ワグラム**　ウィーンの北、ワグラム地方。　2 **権謀**　時機に応じた策略。　3 **ジョーセフヒン**　帝妃ジョセフィーヌ。　4 **マリヤロイサ**　マリー・ルイーズ（一七九一―一八四七）。　5 **スモレンスコ**　スモレンスク。モスクワの西約三六〇キロメートル、ドニエプル川流域に位置する。

の地にて魯西亜《ロシア》の兵、始て見《あら》われ、防戦屢々《しばしば》利あれども、長く戦わず、自《みず》から火を放て邑城《ゆうじょう》を[1]焼き、河を渡て退けり。魯西亜の将軍デトリ[2]、諸軍に号令して次第に内地に引《ひか》んとすれども、兵士の議論沸騰して上命に従わず。遇《たまた》まデトリは軍務宰相に命ぜられて首府に帰り、トコソフ〔コトソフ〕なる者、代て指揮を執《と》り、遂《つい》に兵士の論を鎮ること能《あた》わずして戦議に決し、第九月七日ボルヂノ及びモスクワに仏の兵を迎えて血戦し、[3]暁《あかつき》より暮《くれ》に達して勝敗相分たず、双方の死者八万人に下らず。魯人は残兵を集めて静《しずか》に退き、モスコーの道路に敵を防ぐものなし。仏帝勢《いきおい》に乗じて都府に入りその景況を見るに、府民は早く既《すで》に家を空《むなし》うしてその行く所を知らず、夜に入り府内の諸方より一時に火を発し、仏人これを救わんとすれども、魯の間者、[4]預《あらかじ》め水道の管を絶て汲水の便なく、火焔《かえん》益々《ますます》盛《さかん》にして近づくべからず。四日の間に殆《ほと》んど府内の家を焼尽《しょうじん》して、残れる者は僅《わず》かに五分の一のみ。仏蘭西《フランス》の兵は漸《ようや》く糧食に乏しく、且《かつ》北地の冬に慣れず、饑寒《きかん》共に至り、進退惟谷《これきわま》り、和を講ぜんとすれども魯人これを聴かず。乃《すなわ》ち師《いくさ》を旋《かえ》さんとするに決議して、第十月二十二日モスコーを発し、病傷にて軍に従うこと能わざる者は尽《ことごと》く敵地に遺《のこ》せり。魯の将軍コトソフ[5]早く既にその帰路を要し、マロ・ヤラスレウチに於《おい》て先《ま》ずこれを撃ち、次《つい》で又仏軍の側に沿い、これと並行して兵を進め、隙《すき》を見れば側《かたわら》よりこれを突き、「コサック」の兵隊本編魯西亜の条を見るべし[6]も前後より起《おこっ》て道路を妨《さまた》げ、仏人は一歩を進る毎《ごと》に敵に遭《あ》わざるはなし。数万の兵卒、隊伍を乱《み》だり、輜重《しちょう》[7]を棄《す》て、大砲を奪われ、氷を踏で溺《おぼ》るゝ者あり、橋を渡て墜《おち》る者あり、その艱難《かんなん》、名状に堪えず。仏帝も僅《わず》かに生命を全《まっと》うして第十二月五日、パリスに帰るを得たり。初め帝の師を出せしときは総員六十万人に近《ち》かし。この大兵、生《いき》て帰るものは十分の一のみ。〇この敗軍に乗じて、普魯士《プロシア》の人、その独立を恢復《かいふく》せんとし、仏蘭西に叛《そむき》て瑞典《スウェーデン》及び魯西亜に与《くみ》せり。仏帝は戦争に敗《やぶ》ると雖《いえ》ども、未《いま》だ国民の信を失わず。新《あらた》に兵を募て既に三十五万を得たり。三月の間にこの大軍を装い、第四月十八日、復《ま》た日耳曼《ゼルマン》の地に出《い》でたるに、魯西亜は未だ全軍を出だすに暇《いとま》あらず、その兵の半《なかば》を以《もっ》て普魯士と合し、決戦二回にして遂に仏の為《た》めに敗られ、互《たがい》に休兵を約したれども、その後墺地利《オーストリア》も亦《また》同盟に与《く》みした

1 邑城　スモレンスクの城砦。　**2 デトリ**　バルクラーイ・デ＝トリ（一七六一―一八一八）。　**3 ボルヂノ……血戦し**　ボロディノの戦い（一八一二）。　**4 間者**　スパイ。反間に同じ。　**5 コトソフ**　ミハイル・クトゥーゾフ（一七四五―一八一三）。　**6 本編魯西亜の条を見るべし**　本書では割愛したが、二編巻之二、魯西亜の「海陸軍」の項の次のような割註をさす。【「コサック」とは魯の南境黒海近傍の地なり。この地方の人は田を耕して税を納めず、唯軍役を以て勤と為せり。】　**7 輜重**　軍隊の武器や糧食など、輸送すべき軍需品の総称。

り。○数年以前より英の将軍ヱルリントン[1]、兵を卒〔率〕いて葡萄牙《ポルトガル》、西班牙《イスパニア》の地に上陸し、両国の人民を援《たす》けて仏兵を防ぎ、互《たがい》に勝敗あり。千八百十三年第五月より又戦争を始め、第六月下旬、大に仏蘭西《フランス》の兵を破り、葡、西両国の地に又仏の兵を見ず。○日耳曼《ゼルマン》の地に於《おい》ては仏帝、デレスデンに本陣を定め、同盟の兵これを攻めれども勝たず。第八月より第十月に至るまで、同盟の兵は次第に増加し、同月レイプシックの戦[2]に於ては、仏帝、円陣を設て各方に敵を受け、味方の陣路を近くして応援を便にし、同盟の兵はその外を囲て亦自《またみず》から円陣を成し、周囲遠くして応援不便なれども、随《したがっ》て勝ち随て迫り、十五日はその極度に至れり。実にこの一戦に於ては仏帝も最後の力を尽し、用兵の妙奇を極めて昔日《せきじつ》の名誉を辱《はずか》しめずと雖《いえ》ども、衆寡《しゅうか》敵せず、十六日より十八日に至るまで苦戦して事の成らざるを知り、乃《すなわ》ち囲《かこみ》を突て兵を引たり。○レイプシックの一敗を以《もっ》て世の形勢立《たち》どころに変じ、日耳曼の諸国ハノーウル、ブロンスウヰーキ、ヘッセ等[3]、皆独立恢復を唱え、和蘭《オランダ》も旧《も》との大総領を英より迎て仏の覊絆《きはん》を脱し、甚《はなはだ》しきは仏蘭西の本国にも既《すで》に党類を生じ、或《あるい》は「ボルボン」の王室を起さんとするものあり、或は共和政治に復せんとするものあり。千八百十四年第三月、同盟の兵パリスに入て守兵を破り、同時に英の将軍ヱルリントンは、西班牙より次第に兵を進めて、既に仏蘭西の南境に迫れり。同盟の兵は唯《ただ》仏蘭西帝を罪して仏蘭西人に敵せざるの趣意にて、パリスに入りし後も乱暴の処置なし。議事の官員を命じて仮に政府を建て、第四月十一日、帝位を廃して地中海のエルバ嶋[4]に流せり。但《ただ》しその待遇は頗《すこぶ》る厚し。その他帝家の親族へも相当の扶助を与えて寛大の意を示せり。第五月三日、第十六世ロイスの弟を迎えて即位の礼を行う。之《これ》を第十八世ロイス[5]とす。同月晦日《みそか》パリスに於《おい》て同盟の各国と和睦の条約を結び、万歳の太平、期すべきに似たり。

第十八世ロイスは温良の君にて、即位の後、専ら外国の交《まじわり》を厚くし、その力を仮て国内を鎮《ちん》撫《ぶ》せんことに心を用ゆれども、人民は数十年の戦争に慣れて太平の静《しずか》なるに堪えず、老将勇士、皆脾肉《ひにく》の生ずるを歎[6]ぜざるものなし。且《かつ》外国に迫られてロイスを立てしとのことを以て深く国辱と為し、機会の乗ずべきあらば事を起さんとする者多し。ナポレオンこの事情を察し、密《ひそか》に

1 **エルリントン**　アーサー・ウェリントン（一七六九―一八五二）。G・ウェズレー伯爵の五男。自らの軍功によって栄進して公爵となる。ワーテルローの会戦でナポレオンに勝ち、ヨーロッパ随一の名将と讃えられた。一八二八年大英帝国の首相となったが、こちらは国民大多数の支持がなく、二年後に内閣は倒れた。しかし、政界を引退してからは人気を回復した。　2 **レイプシックの戦**　ライプチヒの戦い（一八一三）。

3 **ヘッセ**　ヘッセン侯国。現在はドイツ連邦。　4 **エルバ嶋**　コルシカ島近くの小島、現在はイタリア領。

5 **第十八世ロイス**　ルイ十八世（一七五八―一八二六）。　6 **脾肉の生ずるを歎ず**　実力を発揮する機会がないのをなげく。

ヱルバ島を脱し、千人許《ばかり》を従えて、仏蘭西《フランス》の南岸カンネス[1]に上陸せり。実に千八百十五年第三月一日なり。全国の人、帝の上陸を聞き、未《いま》だその挙動を見ざるも既《すで》にその名に帰服し、帝旗の向う処、簞食壺漿《たんしこしょう》[2]してこれを迎えざるはなし。兵士雲集して随処にその数を増し、同月二十日、直にパリスに入て、府内の兵隊も尽《ことごと》くこれに応じ、一発の弾丸を費さず、一滴の血を流さず、再挙以来、未だ一月に満たずして、仏蘭西の全国復《ま》たナポレオンの手に帰し、ロイス王は窃《ひそか》に出奔《しゅつぽん》せり。この時に当《あたり》て各国の公使、墺地利《オーストリア》の首府キンナに会同し、遇《たまた》まこの報告を得て乃《すなわ》ち特に条約を結び、ナポレオンを廃するに至るまでは墺地利、魯西亜《ロシア》、普魯士《プロシア》、英吉利《イギリス》の四国、各々十五万の兵を備うべしとの議を定め、仏帝の位《くらい》に復するを許さず。○英吉利、普魯士の兵隊、先《ま》ず白耳義《ベルギー》の境に集り、英の将軍ヱルリントンは白耳義の首府ブロッセルス[3]を本陣に定め、普の将軍ブリューセル[4]はネームルに陣せり。墺地利の兵も伊太里《イタリア》の北方より進でその路《みち》にあり。西班牙《イスパニア》の兵は南より迫り、魯西亜の兵も将《ま》さに戦場に来《きた》らんとせり。仏帝自国に敵を受るの不利を知り、同盟の兵に先《さきんじ》て事を起し、不意に一戦して功を成さんと欲し、第六月十日、二十五万の兵を帥《ひき》いてパリスを出《い》ず。出陣のとき、人に告て云《いわ》く、余はヱルリントンに対して余が用兵の巧拙を試んと欲するのみと。同月十五日、普魯士の先鋒隊を伐《う》ち、進でリグニに至りその本陣に迫れり。仏軍の神速なること殆《ほと》んど人知を以《もっ》て測るべからず。十五日の宵《よい》に至るまで英の陣舎にては毫《ごう》もその動静を知らず。遇《たまた》ま陣中にて宴を開き、酒興方《ま》さに闌《たけなわ》なるに当て、遠方の砲声歌舞を驚かし、半夜俄《にわか》に戦装を整えたりと云《い》う。十六日午時、仏帝親《みず》から本隊を以《もっ》て普魯士の兵を撃ち、血戦時を移して遂《つい》にこれを退けたれども、別将ニイ[5]は英軍と戦て利あらず、翌十七日エルリントン、普魯士の応援を近くせんが為《た》めワートルローに退き、大雨を冒して山上に陣を布《し》き、備《そなえ》を固くして之を守れり。十八日朝、濛《もう》雨昨日の如《ごと》し。仏帝も亦《また》山に陣してヱルリントンの陣と相対せり。方さに是《こ》れ天下の両雄、中原に相逐《お》い、鹿、誰れの手に落るを知らざるの日なり。本日両将の争う所は唯《ただ》時刻に在り。エルリントンは満を持して普魯士の兵の至るを待たんとし、ナポレオンは期に先《さきだ》って勝を決せんとし、午時仏陣よりはげしく大砲を発し、烟〔煙〕に乗じて英軍を犯し、利あらず。第二回は胸甲騎馬隊と歩兵隊とを以て英の中軍を犯し、その騎兵半途にして英の騎馬隊に逢《あ》い、退て大砲隊の後に退きしとき、英の騎兵これを逐《お》うこと遠きに過ぎ、仏兵却《かえっ》て又これを突き大に英の騎兵を破《やぶり》たれども、歩兵隊は進で英に破られたり。第三回は英陣の右翼を犯せり。英の歩兵は数個の方陣に分て碁盤の形に排列し、大

1 カンネス　カンヌ。フランス地中海沿岸、コート・ダジュール。**2 簞食壺漿**　竹の器に入れた食物と壺に入れた飲み物。民衆が飲食物をもって軍隊を歓迎すること。**3 ブロッセルス**　ブリュッセル。**4 ブリューセル**　プリュッヘル（一七二四―一八一九）。**5 ニイ**　ネイ（一七六九―一八一五）。

砲三十門を備てその前面を護り、以《もっ》て敵の至るを待ちしに、仏の騎兵直にその大砲隊を破り、進で方陣に近づけども、英の歩兵は満を持して放たず。漸《ようや》く迫て歩騎相距《へだた》ること十「ヤールド」一「ヤールド」は三尺なりに至り、万弾一時に発して斃《たお》るゝ者数を知らず。然《しか》れども一騎も背を示して退くものなし。尚《なお》進で方陣の間に乗込み、直に銃鎗《じゅうそう》の尖頭《せんとう》に接して死力を尽し、遂《つい》に英の歩兵隊を乱《み》だること能《あた》わず。三回の接戦に七時を費し、皆功を奏せず。英陣の両翼は次第に進み、初めはその陣列凸形なりしもの、漸く変じて凹形と為《な》り、普魯士《プロシア》の先鋒隊も遥《はるか》に林樹の間より見《あら》われり。ナポレオン自《みず》から謂《おもえ》らく、仏蘭西《フランス》帝国の存亡、今日の一戦に在りと。乃《すなわ》ち帝の親兵を分て二隊の縦陣と為し、将軍ニイにその指揮を命じて、これに告て云《いわ》く、敵若《も》し劇《はげ》しく放発することあらば我勝利必せりと。仏の精兵は先《ま》ず大砲を放て直に英の陣を衝《つ》かんとしたれども、英の兵隊はヱルリントンの号令に従て遽《にわか》に放発することなく、地面に伏して弾丸を避け、敵兵の近く迫るに及で乃ち起り、前後四列の横陣を立てゝ一時に放発し、弾丸急雨の如《ごと》く、止《や》まざること久し。遂に仏蘭西の隊伍を乱だり、普魯士の兵もその処に会して遂に全勝を得たり。本日の勝利は独《ひと》り英人の功なれども、その失う所も亦《また》少なからず。死傷の数、将士六百人、歩卒一万五千人なりしと云《い》う。○仏帝パリスに帰り、或人《あるひと》、亜米利加《アメリカ》に出奔せんことを勧めたれども躊躇《ちゅうちょ》して決せず。後、その策に従い、ロシホルト[1]の海岸に至れども、既《すで》に期に後《おく》れて航海の便なく、第七月十五日英の船将メートラントに降《くだ》れり。不日にして各国、議を決し、再びナポレオンの帝位を廃し、亜非利加《アフリカ》西方の孤島シント・ヘレナに流し、禁錮六年にして千八百二十一年第五月五日島に死せり。

第十八世ロイス再び位《くらい》に復したれども、この度《たび》に至ては各国の政府も仏蘭西を遇すること寛大ならず。改めて条約を結び、外国の兵隊を仏の国内に屯し、ナポレオンの時代に諸国より分《ぶん》捕《どり》したる品物をその本国に返し、国境の諸城を外国に預け、ワートルローの軍費を各国へ償うべしとの約を定めり。○仏蘭西の威名俄《にわか》に衰え人民の不平なるは固《もと》より論を俟《ま》たず。然るに国王は外国人の力に由《より》て位に復し、且《かつ》先《さ》きに英吉利《イギリス》へ出奔《しゅつぽん》せしときその待遇厚かりしを以て、専ら英の政府を親しまんとして、既に人心を失し、之《これ》に加うるに国内の政《まつりごと》も旧時の王政に復して、人民の自由を奪わんとするの処置多ければ、物論益々《ますます》穏《おだやか》ならず。窃《ひそか》に党与を分ち、又争論を醸《かも》すの勢《いきおい》あり。千八百二十四年第十八世ロイス死して子なし。弟立つ。之を第十世チャーレス[2]とす。チャーレス即位の初めは政治頗る寛大なるに似たれども、その実は然《しか》らず。王の大

1 **ロシホルト** ビスケー湾岸の港町、パリの南西約四〇〇キロメートルに位置する。一八六二年の福澤の随行した幕府遣欧使節団はここから最後の訪問国ポルトガルの首都リスボンへ向かった。 2 **第十世チャーレス** シャルル十世（一七五七—一八三六）。

に欲する所は、唯《ただ》朝威を興張せんとするに在るのみ。出版の自由を禁じ、衆庶の会議を廃し、人物選挙の法を改る等の処置に由《よ》り、国民の不平を唱る者甚《はなは》だ多し。千八百三十年、亜非利加《アフリカ》の北岸アルジール[1]国を征して之《これ》を滅し、この一挙を以《もっ》て復《ま》た仏蘭西《フランス》の威名を海外に燿《かがや》かしたれども、尚《な》お人心を和するに足らず。同年第五月、新聞紙局の版を没入し、新聞紙の開版を止めんとせしより、遂《つい》に又争乱の端を開き、パリスの府民、護国兵の戎服《じゅうふく》を着して、漸《ようや》く官軍に迫り、官軍の兵隊にも官を去て護国兵に帰する者多く、朝威を以て之を制するを得ず。護国兵はラ・フェッテイ前に出ずを奉じて将軍と為《な》し、仮に政府を設けり。この度《たび》の乱は第五月二十七日に始り二十九日に終りたるを以て、三日の騒乱と称す。第六月晦日《みそか》に至りオルリーンスの君を迎て王位に奉じ、これをロイス・ヒリップ[2]とす。第十世チャーレスは妻子を携て英吉利《イギリス》に出奔《しゅっぽん》せり。是《ここ》に於《おい》て仏蘭西の人民、合衆政治を欲するもの多く、ラ・フェッテイも固《もと》より合衆政治を好み、亜米利加《アメリカ》合衆国の政体を尽善尽美のものと為して中心にこれを慕うと雖《いえ》ども、顧て仏蘭西の風俗を察するに、教育未《いま》だ洽《あま》ねからず人智未だ開けず、人に制せらるゝに慣れて自《みず》から制するを知らず。斯《かく》の如《ごと》き人民を放て遽《にわか》に自主自制の合衆政治を行わしむるは、必ず十全の策に非《あ》らざるを先見して、乃《すなわ》ちその意を枉《ま》げ、国王を立てゝその権威に分限を定むべしとの説を主張し、会議の人もラ・フェッテイの説に同意せり。即《すなわ》ちロイス・ヒリップの王位に昇りし所以《ゆえん》なり。ロイス・ヒリップ即位の初年は、己《おのれ》を虚《むなし》うして民庶の利害を謀《はか》り、農を勧め商を励まし、外国の交際を保て干戈《かんか》を動さず、漸く国の富強を致して民心帰服せしと雖ども、この君は所謂《いわゆる》有始無終者[3]なり。晩年に及で次第にその私欲を逞《たくまし》うし、専ら王室の親族に権威を収めんとして、又国民の苦楽を問わず。千八百四十八年第二月、議事院発会のとき、政府の命を以てパリス府内の某処に民庶の会議を禁ずるとの議を決せり。蓋《けだ》しこの集会は、従来府民の風習にて改革の宴と名《なづ》け、議員選挙の事等を談ずる為《た》めに設るものなれば、政府の命ありと雖どもこれを聞かず。既《すで》に期日に至り府内の人、故《こと》さらにその会に出席して下民の決意を示さんとするの勢《いきおい》あり。政府は兵威を以てこれを圧せんとし、急に隊伍を装い、十万の兵を以て市中を守らしめたれども、兵士は固より市民に敵対して戦うの意なし。群民各処に蜂起《ほうき》して人気愈々《いよいよ》穏《おだやか》ならざる時に当《あたり》て、遇《たま》ま兵隊より発砲して五十二名の市人を殺し、この一挙動を以て忽《たちま》ち戦闘の端を開き、パリスの府内復た一場の戦地と為れり。都下の工商、貧富老少の別なく、各《おのおの》兵器を携えて王宮に迫れども、守衛の兵隊はこれを傍観して防ぐものなし。国王も事急なるを知

1 **アルジール国**　アルジェリア。 2 **ロイス・ヒリップ**　ルイ・フィリップ（一七七三―一八五〇）。フィリップ平等公の長子。在位一八三〇―四七年。 3 **有始無終者**　いったん始めるとけじめをわきまえずやってしまう者。

り、僅《わず》かに生命を全《まっと》うし、家族と共に英国に出奔せり。ロイス・ヒリップ出奔の後は、仏蘭西《フランス》の政体復《ま》た一新して合衆政治と為《な》り、ヂュポンドデロース、ラマルチン、アラゴ、ロルリン、ラモリシール、ページス、カウェーグナック、デコータリアス[1]等の如《ごと》き国内の人物、輩出して事を行うとも、人心一致するを得ず。ラマルチンの如きは専ら人情風俗を察して、当時に行わるべき合衆政治を立てんとし、ロルリンの党はその議論甚《はなは》だしきに過ぎ、貴賤上下の別を廃するのみならず、国財平均と称し、富人の物を取て貧人に分ち、国内に貧富の別もなからしむるの説を唱えり。物論喋々《ちょうちょう》として決することなく、名は合衆政治なれども、その実は政談家の党与を分ち、兵力を玩《もてあそび》て権柄《けんぺい》を奪うの策を施すのみ。同年冬、議員選挙の期に至り、諸局にてロイス・ナポレオン・ボナパルテを用いんとするの議を発して、急に之《これ》を召し、第十二月十日、庶民の入札を以《もっ》て合衆政治の大統領に任ぜられたり。即《すなわ》ち今の仏蘭西皇帝第三世ナポレオン[2]なり。

第三世ナポレオンは第一世ナポレオンの弟ロイス第一世ナポレオンの時和蘭王に封ぜられたりの末子なり。千八百八年第四月二十日、パリスに生れ、幼少のとき専ら母の教育を受けり。千八百十五年、ワートルローの敗後、家族に従て日耳曼《ゼルマン》のオウグスボルフ[3]に遁《のが》れ、この地にて日耳曼の語を学び、次《つい》で又瑞西《スイス》に行き又伊太里《イタリア》に遊び、レバスに従て合衆政治の趣意を聞き頗《すこぶ》る所得あり。千八百三十年、騒乱の時[4]に当《あた》て帰国を歎願したれども、仏蘭西王ロイス・ヒリップこれを許さず。後、英国に行き、又帰て母の旧里トルゴー瑞西の地に帰りし時、遇《たまた》ま第一世ナポレオンの実子レイチスタット病に罹《かか》り、死して後なし。乃《すなわ》ちロイス・ナポレオンを以てその相続に定めたり。蓋《けだ》しロイス・ナポレオンの大志を立て、帝家の旧物を恢復《かいふく》せんとするの心事は既《すで》にこの時に成れり。爾後《じご》頻《しき》りに書を著述して政治の得失を論じ、第一世ナポレオンの策略を記して、その策の仏蘭西国に適当せる所以《ゆえん》を称誉し、暗に人心を煽動《せんどう》せり。千八百三十六年、仏の東境スタラスボルフ[5]の番兵と相謀《はかり》て兵を挙げ、勝たずして囚俘《しゅうふ》に就《つ》き、亜米利加《アメリカ》に放逐《ほうちく》せられ、翌年母の病を聞て窃《ひそか》に旧里に返《かえり》たれども、仏の政府これを許さず。乃《すなわ》ち復た英国に行き、千八百四十年、第一世ナポレオンの旧臣五十人と共に、船に乗て仏の北岸ブーロンに上陸し、兵を募れども応ずる者少なく、又捕えられて生涯禁錮の罰を受け、ハムの城内に閉居せり。この禁錮中に閑暇《かんか》を得

1 デュポンドデロース……デコータリアス　デュポン・ド・ルール、ラマルティーヌなどの一一名からなる臨時政府。　**2 第三世ナポレオン**　ナポレオン三世（一八〇八—七三）。ナポレオン・ボナパルトの弟ルイの末子。　**3 オウグスボルフ**　アウクスブルク。ドイツ、バイエルン地方南部の都市。　**4 千八百三十年、騒乱の時**　七月革命。この機にルイ・フィリップ即位（七月王政）。　**5 スタラスボルフ**　ストラスブール。フランス北東部、アルザス地方の中心地。

て著述甚《はなは》だ多し。皆政治形勢の議論なり。城内に在ること六年、守衛の緩《ゆるやか》なるを窺《うかが》い、一医師の助《たすけ》を得て、役夫《えきふ》の衣服を着し、伴て城門を出《い》で、英国に脱走せり。居ること二年、千八百四十八年の騒乱[1]に及び、始て青天白日の期に遇《あ》い、パリスに召されて大統領の職に就《つ》き、多年の志願を達すべき地位を得たり。これより大統領は専ら人心を収て自家の威力を固くするの策を施し、権謀至らざる所なく、国中大半の人は皆これに籠絡《ろうらく》せられて、統領の威名日に盛《さかん》なり。当時在職の官員も尽《ことごと》く皆有名の人物なれども、ナポレオンの智略に圧倒せられて殆《ほと》んど失路の勢《いきおい》に及べり。千八百五十一年春、将軍チャンガルニールの官を免じて兵権を大統領の手に執《と》り、同年第十二月二日、不意に事を発して議事院を閉し、議員百八十名を捕えて、その魁首《かいしゅ》たる者は直に獄に下《く》だし、勢に乗じて大統領在職の期限を十年に定めり。千八百五十二年、大統領帝位に昇るの議を発して、国中の人民この議に応ずる者多く、第十二月二日、即位の礼を行い、仏蘭西《フランス》皇帝第三世ナポレオンと称す。爾後《じご》仏蘭西の国力益々《ますます》盛大を致して、皇帝の名威、全欧羅巴《ヨーロッパ》洲に轟《とどろ》き、各国の政府、仏帝の喜怒を窺《うかがい》て自国の禍福《かふく》を卜《ぼく》するに至れり。千八百五十四年、英と共に土耳古《トルコ》を救て魯西亜《ロシア》を攻め、二年の大戦争に及び、千八百五十六年、和議成り、千八百五十九年、帝親《みず》から兵に将として伊太里《イタリア》に出《い》で、サルヂニヤの王[2]今の伊太里王なりを助けて墺地利《オーストリア》と戦てこれに勝ち、同年第七月、和議成るに及で、仏蘭西はロンバルヂの地を取れり。

1 千八百四十八年の騒乱　二月革命。

2 ロンバルヂ　ロンバルディア。ミラノを中心とする北イタリア地方。

解説

マリオン・ソシエ

『西洋事情』の出版と福澤

『西洋事情』の三編が刊行されたのは、それぞれ一八六六（慶応二）年、一八六八（慶応四）年、一八七〇（明治三）年のことであった。つまり初編と外編が幕末期のうちに出たのに対して、最後の二編は政府が幕府から維新政府に代わったのちの出版であった。しかし一八七〇年は、明治時代の大きな改革が行われる前であった。日本はまだ江戸時代の社会構造や経済制度に支配されていたのである。当時福澤は三十代半ばであったが、西洋へはすでに三回行ったことがあった。一八六〇年と一八六七年の二度アメリカへ渡っており、一八六二年には一年もかけて遣欧使節団の随員の一人としてヨーロッパの国々を歴訪している。彼は同時代の日本人の中では海外経験がもっとも豊富な西洋のエキスパートの一人であった。彼は蘭学、ついで英学の塾を開いて教師としての経験を重ねるかたわら、幕府の翻訳方で外交文書や新聞の記事なども訳してはいたが、まだまとまった大きな書物は翻訳でさえもやってはいなかったのである。『西洋事情』がどういうふうにできたかについては、福澤本人が初編の「小引」（はしがき）で述べている。一方では外国での見聞を記すと同時に、他方では、洋書を読んで得た知識を翻訳したところもあるといっている。たとえば、商人会社、または病院と貧院などについて述べている箇所は、ヨーロッパで実際にそれらの施設を彼が見学した結果である。その他の部分では、読書して得た知識の翻訳である。しかし翻訳といっても、直訳はしていないし、今日の私たちが考えるような翻訳ではない。むしろ外国語で書かれた内容を良く咀嚼して日本語で表現したといった方が正しいだろう。その結果として『西洋事情』は翻訳調の少ない、当時の日本文としてはとても読みやすい本になったのである。

『西洋事情』のねらい

福澤がどのような目的で『西洋事情』を書いたかについては、やはり本人が初めにそれを説明している。当時（一八六六年）日本人は西洋文明を採り入れようとしていたが、断片的な知識しか入って来ず、一般の日本人が知っていることは実際にとても限られていたし、知ろうとしても書籍がなかったので、なかなか情報を得ることができなかった。そこで福澤は『西洋事情』を急いでまとめたので、文を飾ることもしていないから、読者にこれを新聞の代わりに読んでもらいたいといっている。近代化に必要とされていた情報の中では、とくに西洋の国々の政治や経済が分からなければ、その国の力も理解できず、得た知識も生かすことはできないと福澤は主張する。「……独《ひと》り洋外の文学技芸を講窮するのみにて、その各国政治風俗如何《いかん》を詳《つまびらか》にせざれば、仮令《たと》いその学芸を得たりとも、その経国の本《もと》へ反《かえ》らざるを以《もっ》て、啻《ただ》に実用に益なきのみならず、却《かえっ》て害を招《まねか》んも亦《また》計るべからず」（本書一〇頁）。福澤は日本の近代化そのものを常に目指していた。著作の全体を見ると、彼があらゆる分野に興味を持っていたことが分かる。鉄砲技術について書いたり、教育の大切さを説いたりしている。近代化にかかわることなら興味を持たないテーマがないといえるぐらいだ。

本書巻頭の口絵には初編巻之一の扉絵が複製してあるが、中央には大きく地球が描かれていて、周りに張られた電信線の上を一人の男が走っている。彼は郵便夫で、電信による情報伝達の飛躍的なスピード・アップを表現しているのであろう。イラストの上には「蒸気」「済人」「電気」「伝信」という四つの言葉が記されている。下方には、これらの技術革新に基づく汽車、汽船、さらには上空に揚がった気球、そしてヨーロッパの町の遠景まで描かれている。ただし、四つの言葉のうち「済人」（人をすくうこと）は絵にするのが難しかったのか、それらしい図柄は見当たらないが、福澤は政体や学校、博物館などは、文章によって紹介している。これらの記述が初編巻之一「備考」の内容をなしている。

『西洋事情』では、福澤ははっきりと政治と経済の優先を主張する。いくら先端技術を導入しても、それを活用できる政府や経済機関が近代化されなければ、何にも役立たないと説明する。もちろん歴史、つまり過去に関する興味も大事で、過去に関する知識がなければ未来をつくることはできないという考えも福澤にはあったことは確かである。しかし、『西洋事情』を読んで、とくに注意を払いたいと思うことは、福澤の経済や経済学に対する興味である。福澤がその生涯において書いた著作の中で、関心の中心が大きく変わったのは事実で、ある意味では分かりにくいところでもあるかもしれない。『学問のすゝめ』では近代化に必要なのは教育の発達と個人の精神であって、むしろ政治的なことに目をむけて、経済活動に対する興味をさほど直接的には示さない（教育機関のところで経済に関する教育の普及の重要性を説いてはいるが）。しかし今日福澤の有名な著作として読み続けられているのがむしろ『学問のすゝめ』や『文明論之概略』などであることから、福澤が経済にあまり関心がなかったと結論してはいけない。後に『時事新報』ができてからは、経済に関する文章が大変多くなるし、その前にも一八七〇年代の末に『民間経済録』という題名で、経済学の教科書を書くなど、経済の問題に興味を抱いていたのである。

以上の点から、『西洋事情』は三つの側面から読むことができると思う。まず第一に題名に表されているように西洋の国々に関するあらゆる情報の系統的な集積としてである。第二には日本に当時存在しなかった社会経済、政治の基本原理を紹介する書物としての読み方である。そして第三に『西洋事情』は当時の日本政府や旧社会構造への強い批判の書でもあった。

初編と二編――情報の系統的集積

福澤は最初から一定の視点を選んで西洋の国々の歴史を紹介する。まず「史記」（歴史）、それから「政治」（教育にも言及）、それに「海陸軍」（軍備）、最後に「銭貨出納」（財政）という四つの観点から諸国を分析する。これは非常に簡明で教育的なアプローチである。その方法を初編でアメリカ、オランダそれから英国にも応用する。外編では以下に説明するとおり方向を変えているので別に扱うとして、二編では、あらかじめ読者の理解を得るために、やはり西洋の政治・経済論の二つのテーマを説明している。それからロシアとフランスのケースを取り上げて、歴史、政治、財政を紹介している。西洋諸国について述べられていることのもとになった情報には二種類あり、初めに大雑把な数字を挙げて国々の比較ができるようにしているが、そういう数字はおそらく新聞または年鑑から取っていたと思われる。また、諸国の歴史に関しては、多分歴史の本に基づいて得た知識を使っているのであろう。（各国史については、後の「三ヵ国「史記」ノート」を参照。）

外編——社会・政治・経済の原理

『西洋事情』初編は、広範囲の人々に迎えられ数多く売れたし、また関西では海賊版が横行した。(1) 続いて二編を求める声も少なくなかったのであるが、福澤自身は各国の「史記政治等」を集めるだけでは「一端の科条」を知らせるだけで、もっと一般的な「西洋普通の事情を尽すに足らず」と感じるようになったらしい。それは、たとえていうならば家屋敷の「柱礎屋壁《ちゅうそおくへき》の構成を知らずして、遽《にわ》かに一家中の部曲を検視する」ようなものだから、二編の出版は後回しにし「因《より》て今英人チャンブル氏所撰の経済書を訳し、傍ら諸書を鈔訳《しょうやく》し、……西洋事情外篇と云《い》う。……以て本編の備考と参照すべし」と、外編の「題言」（はしがき）に記している（本書八〇頁）。

外編の原書は *Political Economy* というタイトルであるが、その内容を見ると、「人間《じんかん》交際の学」（social economy）と「経済の学」（political economy）との二部構成になっていることは、「題言」で福澤が断っているとおりである。(2) それにもかかわらず、彼はこの本を簡単に「経済書」と呼んでいる。それは次のような理由に基づく。元来「経済」という語は、中国の古典（王通『文中子』）にあっては「経国済民」（国をおさめ人をすくう）と同じ意味を持っていて、今日いうところの経済よりも広い範囲にわたり、政治や社会をもふくむ言葉であった。本書の前半では社会構成や政治形態を論じ、後半においては狭い意味の経済、すなわち「もの」の生産と消費と貿易、そして「かね」の流れ、賃金・地代・利潤、財政その他を扱っている。福澤はこのことをわきまえ、前者を「人間交際《じんかん》」論、後者を「経済の学」と訳し分けていたのである。

日本で「経済」という語をはじめて書題としたのは儒学者の太宰春台《だざいしゅんだい》で、その『経済録』（一七二九年序）は広義の経済論であったが、これに対して神田の『経済小学』（一八六七年）ならびに福澤の『民間経済録』（一八八七、八〇年）では明らかに経済は狭義の「経済の学」を意味している。

ところで、福澤が外編として訳したのは、この本の第一部、すなわち福澤がいうところの「人間交際の学」が主であって、そこのトピックスは人間、家族、人権と義務、文明開化、貴賤貧富、……諸国民の成立、国際関係、政府とその種別、国法、政府の責任といったものである。第二部「経済の学」のトピックス、たとえば、労働と生産、賃金と資本、独占と競争、外国貿易、貨幣・紙幣等々、狭い意味の経済学を福澤は翻訳していない。その内容が彼の学友、神田孝平《たかひら》によってすでに翻訳されていた『経済小学』と大同小異であるから、当面は重複を避け、余った力を他方面の有益な書物の読解や翻訳に振り向けるのが洋学者の責任であり、それこそ経済学者（アダム・スミス）がいうところの「分業の便利」なのだと、「題言」の結びに記している。(3) 福澤は、巻之一、二に続けて、巻之三では人民の教育について触れたあと、経済の総論、私有財産論を訳すにとどまっている。現在の経済学ではこれらは当然の大前提とみなしていて、詳しく論議しないポイントである。

さらに福澤は、さしあたり日本の経済には関連が薄いと判断した章の翻訳を省いている。(4) そして代わりに、スチーブンソンやワットの小伝、また特許《パテント》、著作権《コピーライト》など知的労働の評価に関する世界の動向を、他の書物や百科事典からピックアップして加えている。『西洋事情』はこのような外編を加えたことによって、国別情報の集積から、近代諸国の社会・政治・経済の原理を日本の読者に伝える書物になったのだということができる。

日本の社会と政治、経済への批判としての『西洋事情』

『西洋事情』は、以上見た通り、西洋の文明国の歴史や、政治、経済の原理と現実を紹介するものであったが、さらに、私の見るところ、それはまた日本の社会、経済を批判し、改革の視点を与えるものであった。そのことは、二編巻之一に収められた二項目の翻訳「人生の通義」（人権）と「収税論」（近代税制論）を見ればはっきりする。(5) これらを「備考」と呼んで二編の初めに載せているが、この形は初編と同様である。各国について書く前に、福澤は「備考」として近代国家に欠かせない仕組みや制度を取り上げ、それを説明している。初編と二編の「備考」を読んで最初に受ける印象は、福澤が日本で知られていない制度や先端技術について、まず読者の理解を得ようとしているように見えることである。ところがよくよく考えると、そこで福澤が述べているのは、実は外国に関する情報知識よりも、日本の政府や社会構造に関する、鋭い批判になっていたということが分かる。そのことがもっとも明らかな例を二つ挙げてみよう。

初編の初めに政治制度を紹介するところで、あるヨーロッパの「政学家」の説を取り上げて、自主任意という項に「士を好むものは士となり、農を好むものは農となり、士農工商の間に少しも区別を立てず、固《もと》より門閥を論ずることなく、朝廷の位を以《もっ》て人を軽蔑せず、上下貴賤各々その所を得て、豪《ごう》も他人の自由を妨げずして、天稟《てんぴん》の才力を伸べしむるを趣意とす」と書いている。(6) これはいうまでもなく江戸時代の社会構造に対するはっきりした反論である。士農工商というヒエラルキーは経済活動への大きな障害であったことを福澤は指摘しているのである。

福澤はまた、国債について、その定義と必要性を述べたあとに、「但《ただ》し令を下すと雖《いえ》ども、富商大賈《ふしょうたいこ》には必ず金を出さしむるとの趣意には非《あ》らず」と加える（本書二二頁）。江戸末期によく行われた町人からの強制的な借り上げ金を否定しているのであり、福澤の門閥制に対する憎悪がここにもよく現れている。

このようなところに福澤の論争家としての精神が潜んでいるように思える。『西洋事情』の最初のトピックス（つまり初編の「備考」で最初に取り上げられた課題）が「政治」であったことも論争家の精神を物語っていると思われる。こうした視点がなければ『西洋事情』は教授的な文章としてしか読まれないかもしれない。『学問のすゝめ』や『時事新報の』社説に現れる情熱や答弁の技巧は、『西洋事情』には欠けていると読者は思うかもしれない。しかし「備考」をよく見れば、批判の鋭さや議論の進め方は間違いなく福澤の得意とするところのものだと認めることであろう。『西洋事情』をこういう角度から読むと、その意味と福澤の著作の中に占める位置は大分違ってくるに違いない。当時日本人の好評を博した理由が明らかになる。二十一世紀に入って福澤諭吉の著作集を出版することで、日本の若い読者が福澤の書物を読み、その文章の力と批判精神を感じることができることは幸いであると思う。

（1） 福澤自身の把握している計数では一五万部、海賊版を数えると二〇万部もしくはそれ以上と見積もっている。ここにいう「部」は初編三巻（または三冊）セットをさすのか、それとも巻または冊をさすのか、はっきりしない。また版元を慶應義塾出版局（または出版社）に切り替えた後々までの売り上げを含めている可能性があることから、やや多めの見積もりになっている。

（2） 原書の正式なタイトルは *Political Economy, for use in schools, and private instruction* である。

著者は匿名になっているため、福澤は「英人チャンブル氏所撰」としているが、これはエジンバラのチェンバーズ兄弟社（W. and R. Chambers）出版の教育叢書（ポケットブック・サイズ）の中の一冊で、一八五二年の刊行である。アルバート・M・クレイグ（ハーヴァード大学）の調査によって、著者はスコットランドの著作家バートン（John Hill Burton）であることが確認された（「ジョン・ヒル・バートンと福澤諭吉」『福澤諭吉年鑑』11号〔福澤諭吉協会、一九八四〕）。

（3）『経済小学』は語注（本書八一頁）に示したとおり、蘭訳経済学教科書の重訳である。原書は英書W. Ellis, *Outlines of Social Economy*, 2nd ed., 1850である。しかし、その内容はバートン流にいうと、「経済の学」、つまりは狭い意味の経済学そのものであった。social economyとpolitical economyとの境界は十九世紀半ばにはまだはっきりと区切られてはいなかったのである。

（4）この点については、杉山忠平著『明治啓蒙期の経済思想』（法政大学出版局、一九八六）一五八頁以下参照。

（5）**ブラッキストーン氏の英律**とは、Sir William Blackstone, *Commentaries on the English Laws* (1765–69) の学徒用簡略版で、通称Studen't Blackstoneと呼ばれている四巻本である。著者は英法の大家。また**エーランド氏の経済書**はアメリカ・ブラウン大学学長Francis Wayland, *The Elements of Political Economy* (1837–) である。この教科書は、上野の戦いの当日（慶應四年五月一五日（一八六八年七月四日）一八人の塾生に対して福澤が購読をしていたことを彼自身『福翁自伝』で語っているので、人々によく知られている。

（6）［この「政学家」］Simon Belihanteは医者であり、オランダ育ちのため蘭語を話したから遣欧使節随員にこの「講義」を引き受けたことが、アルバート・クレイグの探索によってごく最近つきとめられた（慶應義塾福澤研究センター紀要『近代日本研究』第十九巻、二〇〇二年）。

三ヵ国「史記」ノート

西川俊作

このノートはアメリカ、ロシア、フランスの「史記」に関し、歴史家ではない私の読後感若干を記し、読者の参考に供するものである。この三ヵ国の「史記」が同一の原拠本によったものか、それとも各国史によったかは未詳である。各篇の長さは右の記載順にしたがって長くなり、とくにフランス史は長大で二編の巻之三と四にわたっている。そのため初編刊行時に予定していたポルトガル、ドイツ、ならびにプロシアの記述を断念するに至ったことは、二編目録の終わりに福澤自身が断っているとおりである。本書では紙数の多少にかかわりなく、ほぼ十八世紀半ば以降の一世紀間の各国史を収録することとしたが、それでもフランス史は長く、アメリカ史、ロシア史のほぼ倍の分量がある。ただし、アメリカ史ではコロンブスによる大陸発見がごく手短かに触れられているし、またロシア史ではピョートル大帝の治績に相当な筆を費やしているので、カバーしている時代はロシアが十八世紀の前半からとなり、分量の一番少ないアメリカが紙数とは逆に長くなった。

初編のオランダ史（巻之二）、英国史（巻之三）を割愛したのは、オランダ史はあまりにも簡略であって得るところ乏しく、英国史は外編と二編（巻之一）にかなりまとまった歴史記述があるから、割愛して本書の膨らみを押さえたのである。

（1）この三国史はいずれも、その首長、すなわち大統領、皇帝、もしくは王の年代記風の仕立てになっていて、それぞれの治世、在位中の内政・外交（戦争）の記述が主になっている。とくにロシアの場合にはピョートル大帝、フランスの場合はナポレオンにつき多くのスペースを使って、そのヒロイックな一代記が述べられており、英雄史的といえなくもない。だが、若き日『春秋左氏伝』を十一遍も繰り返し読んだという歴史好きの福澤は、筆を振るって、翻訳であるにもかかわらず、精彩に富む叙述を与えている。幕末・維新の担い手となった若い藩士・士族にとっては格好の歴史読み物になったことであろう。

（2）アメリカの独立戦争に義勇軍人として参加し、ワシントン、ジェファソンとの堅い「きずな」を培った、少壮のフランス貴族ラファイエットは、フランス革命においても（二度にわたって）国民衛兵司令官となり、その生涯を通じて自由主義ないし共和主義と立憲君主制を目指す中道派という、いささか両義的な役割を演じたが、この新旧「二つの世界の英雄」についてはアメリカ史ではなく、もっぱらフランス史において、ロベスピエールやダントンをさしおいて、より多くの、そして理解ある立場からの叙述が与えられていることが目をひく。

（3）まず第一にラファイエットをはじめとするアメリカ独立戦争に参加したフランス人たちが自由主義に心酔し、それがフランス革命の「近因」になったとみなし（本書三一〇頁）、第二にラファイエットは「民庶共議」ないし「自主自制の合衆政治」を望みながらも、一八三〇年には――このとき彼はもう七十歳を超えた老将軍であったが――大衆を説得してルイ・フィリップを王位につけたことが特記されている（本書三三四頁）。これが原拠本著者の所説であるか、それとも福澤の解釈のこめられた訳文か、判定はつけがたいが、ラファイエットのスタンスは、福澤が一八六六（慶応二）年ロンドン留学中の福澤英之助に書き送った「大君之モナルキ」（『福澤諭吉書簡集』第一巻〔岩波書店、二〇〇一〕）構想ときわめて近い政治的立場のように見える。（なお、ラファイエットについては、*American National Biography*, Oxford University Press, 1999 による。）

（4）福澤が幕府遣欧使節団随員の一人としてペテルブルグを訪れた一八六二（文久二）年は、この国における農奴解放令の公布（一八六一年）と実施（一八六三年）に挟まれたときであったが、福澤は農奴解放についてはなにも言及していない。それは今まさに進行を始めようとしていた同時代史の一こまであり、過去の歴史ではなかったので触れなかったのは当然であろう。しかし、鋭敏なジャーナリストであった福澤は「政治」の項（本書では省略）には「千八百六十五年の記に拠れば、新法（解放令）益々《ますます》行れ、魯西亜《ロシア》全国の内に売奴の習俗既《すで》に絶えたりと云《い》う」と記している。思いかえせば、『西洋事情』二編の出版は一八七〇（明治三）年であった。

（5）文久二年使節団の目的は兵庫開港の延期、輸入関税の引上げなどにあったが、ロシアに対しては樺太（サハリン）の国境確定も重要な交渉案件であった。しかしそれも、他の案件と同様になんらの成果をも収めることができなかったことは『福翁自伝』に記されているとおりである。そこで福澤は自分がロシアの接待委員から居残り亡命を誘われたというエピソードを語っているが、ロシアはどうも「気のしれない国だ」と警戒気味である。「史記」の末尾には「古来魯西亜は四隣の地を蚕食《さんしょく》して境界を開くを以《もっ》て国政の趣意とし、歴代その策を勉《つと》めて懈《おこた》らず」（本書三〇四頁）という、この国の強い領土拡張欲に留意し、十五世紀半ばから十九世紀半ばに至る四世紀の間にその国土がほぼ二十倍近くに増えた様を示す時系列の表を掲げ（三〇四頁）、さらに直近の一八六七年には合衆国にアラスカの地を七二〇万ドルで売却した事実を記している。なお福澤はアメリカ史の場合にも、独立時の十三州から西に南にまた北に、その国土が拡大されてゆく過程を逐一記録している。これは彼の地政学的認識というべきものである。

（6）最後に、福澤にとってロシアも文明国の一つであったが、アレクサンダー・ガーシェンクロンによれば、ヨーロッパの十九世紀史においてロシアはもっとも後進的な国であり、工業化への「スパート」は、日本と同様、一八八〇年代のことであった。国土面積の違いは別として、ロシアと日本とは十九世紀中に工業化、産業化を始めた最後発国であった、というのがそれからほぼ一世紀後の歴史的評価である（拙稿「スパートと高度成長」西川ほか編『日本経済の二〇〇〇年』日本評論社、一九九六）。

［編者略歴］

マリオン・ソシエ（Marion Saucier）

1957年パリ生まれ。1978年フランス国立東洋言語文化研究所を卒業。1979～1981年横浜国立大学経済学部に留学。1984年パリ第一大学経済学部修士課程終了。1985年日本語アグレガシオンを取得。
現在、フランス国立東洋言語文化研究所で日本語を教えている。1994年から福澤諭吉の研究をはじめ、とくに福澤の経済思想と経済用語について研究を進めている。

西川俊作（にしかわ　しゅんさく）

1932年生まれ。1955年慶應義塾大学経済学部卒業、1961年同大学院経済学研究科博士課程修了、1972年同大学商学部教授。慶應義塾大学名誉教授、経済学博士。『福澤諭吉書簡集』（全9巻、岩波書店、2001～2003）編集委員。2010年逝去。
主な著作に『福沢諭吉の横顔』（慶應義塾大学出版会、1998）、『経済学〔第4版〕』（東洋経済新報社、1994）、『日本経済の成長史』（東洋経済新報社、1985）など。

福澤諭吉著作集　第1巻　西洋事情

2002年5月15日　初版第1刷発行
2013年8月30日　初版第3刷発行

著者――――福澤諭吉
編者――――マリオン・ソシエ　西川俊作
発行者―――坂上弘
発行所―――慶應義塾大学出版会株式会社
〒108-8346　東京都港区三田2-19-30
TEL　〔編集部〕03-3451-0931
〔営業部〕03-3451-3584〈ご注文〉
〃　03-3451-6926
FAX　〔営業部〕03-3451-3122
振替　00190-8-155497
URL　http://www.keio-up.co.jp
装幀――――巖谷純介
印刷・製本――株式会社　精興社

Printed in Japan　ISBN4-7664-0877-2

索　引

1. 本索引は本巻収録著作中の語句を事項索引と、人名・地名・書名による固有名詞索引に分けて掲げ、本文の読み方に従って五十音順に配列したものである。
2. 事項索引に掲げた項目のうち太字のものは、本巻におけるキーワードと考えられる語句である。また、あわせてその語句を理解する上で重要と思われる箇所の最初の頁数を太字で示した。
3. 漢字表記の外国の地名には、そのうしろに現在通行の呼称を片かなで示した。
4. 外国の人名は姓によって項目を掲げ、名はうしろに示した。

事項索引

あ　行

か　行

さ　行

は　行

ま　行

や　行

ら　行

わ　行

固有名詞索引

あ　行

か　行

さ 行

た　行

な　行

は　行

ま　行

や　行

ら　行

わ　行